2007.9～2008.12
铁路交通事故案例

铁道部安全监察司　编

中国铁道出版社

2013年·北京

内容简介

本书为2007年9月～2008年12月铁路交通事故案例汇编。分为运输、机务供电、车辆、工务工程、电务和厂务部门以及其他等七部分。共有铁路交通事故案例205件,其中特别重大事故1件,重大事故3件,较大事故26件,一般A类事故7件,一般B类事故21件,一般C类事故147件。事故案例基本上由事故概况、原因分析、事故责任、事故处理、事故教训、采取措施等内容组成。范围广,内容齐,分类清晰,叙述简练。

可供运、机、工、电、辆等部门的职工学习,也可作为事故分析和安全教育的素材。

图书在版编目(CIP)数据

2007.9～2008.12铁路交通事故案例/铁道部安全监察司编.—北京:中国铁道出版社,(2013.9 重印)
ISBN 978-7-113-12015-3

Ⅰ.①2… Ⅱ.①铁… Ⅲ.①铁路运输-交通运输事故-案例-汇编-中国-2007～2008 Ⅳ.①U298.5

中国版本图书馆CIP数据核字(2012)第055492号

书　　名:2007.9～2008.12铁路交通事故案例
作　　者:铁道部安全监察司

责任编辑:梁兆煜　　**电话:**010-51873314　　**电子信箱:**tdysbjb@126.com
封面设计:崔丽芳
责任校对:张玉华
责任印制:陆　宁

出版发行:中国铁道出版社(100054,北京市西城区右安门西街8号)
网　　址:http://www.tdpress.com
印　　刷:北京鑫正大印刷有限公司
版　　次:2012年3月第1版　　2013年9月第4次印刷
开　　本:850 mm×1 168 mm　1/32　印张:12.875　字数:323千
书　　号:ISBN 978-7-113-12015-3
定　　价:26.00元

目　录

第一部分　运输部门

第二部分 机务供电部门

第三部分　车辆部门

第四部分　工务工程部门

第五部分 电务部门

第六部分 厂务部门

第七部分 其 他

第一部分　运 输 部 门

1

胶济线特别重大事故

一、事故概况

2008 年 4 月 28 日，胶济铁路发生一起列车脱轨、相撞的特别重大交通事故。造成 72 人死亡、416 人受伤。直接经济损失 4 192.5 万元。中断行车 21 小时 22 分。构成铁路交通特别重大事故。

二、原因分析

事故的直接原因是 T195 次列车在限速 80 km/h 的 400 m 半径弯道上以 131 km/h 的速度超速行驶，产生巨大离心力造成车辆脱轨撞车。事故的间接原因：一是有关单位安全管理混乱，有关人员违反规章和作业标准，有关文件、调度命令违规发布且错发漏发；二是岗位责任制不落实，使列车超速行驶没能及时得到制止；三是安全基础管理工作薄弱，一些安全措施未能得到落实；四是监督管理工作不到位，一些安全隐患未能得到及时整改等。从事故责任单位看，济南铁路局淄博车务段王村站岗位职责不落实，安全生产管理存在薄弱环节；济南铁路局淄博车务段对站段安全生产基础管理不到位；济南铁路局调度所管理混乱，违规发布和错发、漏发调度命令；济南铁路局运输处起草的 154 号文件存在严重违规内容，对下属有关单位日常安全监管不力；济南铁路局安全监察室安全监管工作不到位；济南铁路局对运输安全生产管理不力，隐患整改不落实，机关公文管理混乱；北京铁路局北京机务段安全管理存在薄弱环节；铁道部运输局调度部对相关铁路局调整列车运行图工作监督管理不到位，对调度业务的管理不到位；铁道部安全监察司未有效监督济南铁路局整改安全生产方面存在的问题；铁路运输有关规章制度不够完善，部分内容不够严密。

三、事故责任

济南铁路局负事故主要责任。

四、对有关人员的处理

（一）司法处理人员

1. 济南铁路局（常务）副局长、局党委常委，主管运输管理工作。因涉嫌铁路运营安全事故罪，2008 年 5 月 23 日经青岛铁路运输检察院批准被依法逮捕。

2. 济南铁路局调度所列车调度员。因涉嫌铁路运营安全事故罪，2008 年 5 月 16 日经青岛铁路运输检察院批准被依法逮捕。

3. 济南铁路局调度所施工调度员。因涉嫌铁路运营安全事故罪，2008 年 5 月 16 日经青岛铁路运输检察院批准被依法逮捕。

4. 淄博车务段王村站值班员。因涉嫌铁路运营安全事故罪，2008 年 5 月 16 日经青岛铁路运输检察院批准被依法逮捕。

5. 淄博车务段王村站助理值班员。因涉嫌铁路运营安全事故罪，2008 年 5 月 16 日经青岛铁路运输检察院批准被依法逮捕。

6. 北京铁路局北京机务段列车司机。因涉嫌铁路运营安全事故罪，2008 年 5 月 16 日经青岛铁路运输检察院批准被依法逮捕。

以上人员待司法机关作出判决后，由党的纪律检查机关和任免部门按管理权限和程序给予其党纪、行政处分。

（二）给予党纪、行政处分人员

1. 王村站副站长兼技术员，负责接发列车、劳动安全、施工、标准化作业等工作。对安全生产的监督检查和接发列车管理不到位，未认真开展本站职工安全教育工作，对职工未认真执行作业标准的问题失察，对事故的发生负有主要领导责任。给予行政降级、党内严重警告处分。

2. 王村站挂职副站长，负责车站技术教育、车机联控、调车作业等工作。未认真督促检查车站车机联控情况，对车机联控中长期存在的遗漏联系等问题失察；没有组织对新转岗职工进行岗前培训，培训教育工作管理不力，对事故的发生负有主要领导责任。给予行政撤职、党内严重警告处分。

3. 王村站党支部书记兼政工员、副站长，负责王村站党员管理、职工思想教育、稳定和治安等工作，与站长同为王村站安全生产第一责任人；事故发生时在车站值班，全面负责车站工作。对车站职工思想教育工作不到位，致使职工安全意识淡薄；对安全生产工作监管不力，对车站作业人员未执行作业标准的问题失察，对事故的发生负有主要领导责任。给予行政撤职、撤销党内职务处分。

4. 王村站站长兼技术员，负责王村车站全面工作，王村站安全生产第一责任人。未认真履行安全生产职责，督促落实安全生产措施不力；车站长期存在管理混乱、岗位责任制不落实、职工安全意识薄弱等问题，对事故的发生负有主要领导责任。给予行政撤职、党内严重警告处分。

5. 淄博车务段副段长、车机联控领导小组组长，分管安全生产工作。对王村站履行安全生产职责情况监管不力；对段有关科室未发现王村站在执行接发列车及车机联控作业标准方面存在重大安全隐患的问题失察，对事故的发生负有重要领导责任。给予行政降级、党内严重警告处分。

6. 淄博车务段党委书记兼副段长，主持全段党委工作，负责段领导班子建设、队伍建设等工作，与段长同为淄博车务段安全生产第一责任人。对段党委领导班子建设、职工队伍建设抓得不紧，职工安全教育抓得不实；对运输生产一线人员不按作业标准操作等问题失察；对管辖车站存在的重大安全隐患，未采取有效措施予以消除，对事故的发生负有重要领导责任。给予行政降级、党内严重警告处分。

7. 淄博车务段段长兼党委副书记，主持全段行政工作，为淄博车务段安全生产第一责任人。段内贯彻执行《铁路技术管理规程》和标准不力；履行安全管理责任不到位，监督检查流于形式；对管辖车站存在的重大安全隐患，未采取有效措施予以消除，对事故的发生负有重要领导责任。给予行政降级、党内严重警告处分。

8. 济南铁路局调度所列车调度员，事发当时在调度所内值班。在得知通过事故路段的列车存在超速运行的危险后，没有采取有效措施通知 T195 次列车司机限速运行；虽然与 T195 次列车司机进行了通话，但未明确指示在事故路段限速运行，对事故的发生负有主要责任。给予行政撤职、党内严重警告处分。

9. 济南铁路局调度所施工主任，负责施工调度台及本工种的管理工作。对施工调度管理不到位，对施工调度员郑日成违规发布施工调度命令的问题失察，对事故的发生负有重要领导责任。给予行政降级处分。

10. 济南铁路局调度所值班主任，负责本班组的班组管理工作，事发当天在调度所值班。对值班中发现的重大行车安全问题，没有按规定采取果断有效措施及时处理，对事故的发生负有主要领导责任。给予行政撤职、党内严重警告处分。

11. 济南铁路局调度所副主任，负责全局运输生产的日常指挥，协助主任负责调度所管理。忽视安全生产工作，对调度所缺乏有效管理，对有关运输文电落实不到位，对调度员教育培训重视不够，对长期存在的调度命令不规范、指挥用语不明确等问题失察，对事故的发生负有重要领导责任。给予行政记大过、党内警告处分。

12. 济南铁路局调度所副主任，主持调度所工作。对 4444 号调度命令审核、把关不严，没有监督有关人员按规定在紧急情况下让列车停车交调度命令；调度所管理混乱，有关规章的制定、修改不及时；对调度命令的审核、把关程序存在漏洞等问题失察，对事故的发生负有主要领导责任。给予行政撤职、党内严重警告处分。

13. 济南铁路局调度所党总支书记兼运输管理处副处长，与调度所行政负责人同为安全生产第一责任人。对调度命令期存在漏发、错发和用语不规范等问题没有采取有效措施纠正，对职工思想教育工作不到位，导致职工安全意识淡薄，对事故的发生负有主要领导责任。给予行政撤职、撤销党内职务处分。

14. 济南铁路局运输管理处技术科副科长，负责济南铁路局列车运行图编制、编组计划、运输分析等工作。在 154 号文件起草、会签过程中，要求拟稿人员违规加上《胶济客运专线工程施工便线允许速度表》作为附件 4，并在 154 号文件会签后，擅自加上“机务、电务部门要据此修改运监器、应答器数据，调度所不再发布限速命令”等违规内容，对事故的发生负有主要责任。给予行政开除、留党察看一年处分。

15. 济南铁路局运输管理处副处长兼总工程师，分管技术科、设备科，负责列车运行图编制、施工方案和施工计划的编制等。在对 154 号文件进行审稿时，没有纠正“胶济客运专线工程施工便线允许速度表见附件 4”等内容的违规问题，没有发现并纠正 154 号文件未经机务、电务部门会签和遗漏受文单位以及未标明紧急程度等问题，对在 154 号文件中擅自增加违规内容的问题失察，对事故的发生负有主要领导责任。给予行政撤职、党内严重警告处分。

16. 济南铁路局运输管理处处长，负责运输管理处全面工作和全局车务系统的安全管理工作。对运输管理处日常安全管理不严，未采取有效措施解决本部门工作人员责任心不强、业务素质不高、落实有关规章制度不到位等问题；对站段存在的重大安全隐患，未采取有效措施认真进行整改，对事故的发生负有重要领导责任。给予行政降级、党内严重警告处分。

17. 济南铁路局办公室副主任兼秘书室主任、路局应急管理办公室主任。对办公室公文审核人员教育培训不够；没有明确办公室与其他业务部门在公文办理中的职责分工；对审核人员未发现 154 号文件内容严重违规的问题失察，对事故的发生负有重要领导责任。给予行政记大过、党内警告处分。

18. 济南铁路局安全监察室主任、车机联控领导小组副组长兼办公室主任。组织安监部门对全局行车安全工作开展监督检查不到位；对本室工作人员及淄博车务段、王村站履行安全生产职责情况、特别是执行车机联控作业标准情况监管不力；未按要求配备专职监察人员负责车机联控监察工作，对事故的发生负有重要领导责任。给予行政记大过、党内警告处分。

19. 济南铁路局副总工程师兼总工室主任，负责编制《行车组织规则》、统筹协调列车运行图编制等工作。在会签154号文件时，没有纠正“胶济客运专线工程施工便线允许速度表见附件4”等内容的违规问题，对事故的发生负有重要领导责任。给予行政降级、党内严重警告处分。

20. 济南铁路局总调度长，协助路局分管运输副局长负责全局运输日常组织工作。对调度所日常管理情况缺乏有效监管，对职工执行作业标准的情况缺乏有效控制，对调度命令存在错误和漏洞、调度员作业不规范等问题监管不力，对事故的发生负有重要领导责任。给予行政记大过、党内警告处分。

21. 济南铁路局副局长、安全生产委员会副主任委员、安全监管办副主任、车机联控领导小组组长。对全局车机联控工作领导不力；未认真监督检查路局运输管理处、安全监察室、调度所及淄博车务段安全生产责任制的落实情况，对上述四个部门和单位执行基本规章、技术标准、安全管理制度情况的监管不到位，对事故的发生负有重要领导责任。给予记大过、党内警告处分。

22. 济南铁路局党委书记、安全生产委员会主任委员，与局长同为安全生产第一责任人。未采取有效措施落实路局各处（段）的安全生产责任；未采取有效措施整改日常监督检查中发现的问题；不认真落实上级检查提出的整改要求；对安全生产的重点部门和单位安全思想教育不够深入，对路局运输管理处、安全监察室、调度所及淄博车务段未认真履行安全职责的问题失察，对事故的发生负有主要领导责任。给予撤销党内职务处分。

23. 济南铁路局局长、党委副书记、安全生产委员会主任委员、安全监管办主任，济南铁路局安全生产第一责任人。未采取有效措施落实路局各处(段)的安全生产责任；未采取有效措施整改日常监督检查中发现的问题；不认真落实上级检查提出的整改要求；未认真监督检查路局运输管理处、安全监察室、调度所及淄博车务段执行基本规章、技术标准、安全管理制度的情况；对分管运输、安全的副局长履行职责的情况监管不力，对事故的发生负有主要领导责任。给予撤职、撤销党内职务处分。

24. 北京铁路局北京机务段段长、党委副书记。对列车司机落实岗位职责和执行作业标准监督管理不力，对 T195 次列车司机安全意识淡薄、培训教育不到位的问题失察，对事故的发生负有领导责任。给予行政警告处分。

25. 铁道部运输局调度部技术处处长。负责列车运行图编制、调整和组织实施工作。对下属相关人员履行工作职责不到位的情况失察，对济南铁路局发布含有违规内容的 154 号文件监管不力，对事故的发生负有重要领导责任。给予降级、党内严重警告处分。

26. 原任铁道部运输局调度部主任助理、调度处处长，2008 年 4 月 29 日起任济南铁路局副局长、党委常委。任铁道部运输局调度部主任助理、调度处处长期间，对济南铁路局执行《铁路运输调度规则》(简称《调规》，下同)情况监督检查不力，对济南铁路局调度所调度命令存在的漏发、错发和用语不规范等问题监督指导不力，对事故的发生负有重要领导责任。给予降级、党内严重警告处分。

27. 铁道部运输局副局长兼调度部主任。对列车运行图调整和调度业务工作监督管理不到位，对济南铁路局执行《铁路运输调度规则》、《列车运行图编制规则》情况指导和监督检查不力，对调度部相关人员履行工作职责不到位的情况失察，对事故的发生负有重要领导责任。给予记大过处分。

28. 铁道部安全监察司司长。对济南铁路局安全生产管理混乱的问题督促整改不到位，虽然按部领导要求对济南铁路局的安全生产组织过4次检查并提出了整改意见，但未能有效监督落实；对事故的发生负有领导责任。给予记过处分。

29. 原任铁道部总调度长，2008年5月16日任成都铁路局局长、党委副书记。任铁道部总调度长期间，对运输局调度部督促济南铁路局整改调度方面存在问题不力的情况失察，对济南铁路局执行《铁路运输调度规则》、《列车运行图编制规则》情况指导和监督检查不力，对事故的发生负有领导责任。给予记过处分。

30. 铁道部副部长、党组成员，分管运输局、安全监察司。对运输局调度部调度业务管理和对相关铁路局调整列车运行图工作监督管理不到位的情况失察；未采取有效措施督促济南铁路局认真整改安全生产管理混乱的问题；没有根据铁路运输、调度管理出现的新情况及时组织或者部署修订有关规章制度。对事故的发生负有主要领导责任。给予记大过处分。

31. 铁道部部长、党组书记。"4.28"事故暴露出济南铁路局未采取有效措施落实安全生产责任制，在多个环节上严重违反规章和作业标准，存在安全生产重大隐患；北京铁路局北京机务段安全生产管理存在薄弱环节；铁道部有关部门履行监管职责不力等问题。铁道部部长作为铁道部主要负责人，对此负有领导责任。给予记过处分。

五、事故教训

1. 济南铁路局及下属有关单位安全生产管理存在严重漏洞，相关人员严重违反规章和作业标准。

一是济南铁路局淄博车务段王村站岗位职责不落实，安全生产管理存在薄弱环节。①当班作业人员未执行车机联控规定。值班员和助理值班员违反《铁路技术管理规程》(简称《技规》，下同)第268条和《TB/T 3059—2002车机联控标准》的有关规定，没有主动与T195次机车司机进行车机联控，提醒司机限速运行。

②车站负责人对安全生产的关键环节不清，对班组作业人员执行规章制度、作业标准、《车站行车工作细则》（简称《站细》，下同），特别是车机联控作业标准情况监管不到位。车站接发列车及车机联控作业不规范，长期存在遗漏联系、简化用语等重大安全隐患。③安全责任制不落实，职责分工不明确。对发现的违章作业问题未严格按照岗位责任制处理，《车站行车工作细则》对车机联控由谁负责规定得不明确。④对在职职工安全教育和培训不落实，对新上岗、新转岗、新晋级人员未组织教育培训。

二是济南铁路局淄博车务段对站段安全生产基础管理不到位。①车务段安全管理责任不落实，岗位职责分工不明确，组织开展安全教育和培训不到位。②监督检查王村站落实安全生产责任制、规章制度、作业标准、《车站行车工作细则》，特别是执行车机联控作业标准的情况不到位，未能发现王村站在执行车机联控作业标准方面存在重大安全隐患。

三是济南铁路局调度所管理混乱，违规发布和错发、漏发调度命令。①施工调度员违反《铁路技术管理规程》第 181 条的规定，在未确认北京铁路局等有关单位是否按 154 号文件要求修改列车运行监控器数据的情况下，盲目发布了 4158 号调度命令，取消了 4240 号临时限速调度命令，直接导致北京机务段修改了 T195 次列车司机 IC 卡中对事故路段限速 80 km/h 的数据，将事故路段的速度恢复为 145 km/h；违反《济南铁路局调度所施工调度员工作标准》的规定，未经审核发布了 4158 号调度命令。②列车调度员违反《铁路运输调度规则》第 56 条第 5 款的规定，在得到出现危及行车安全的报告时，没有及时指示有关人员立即停车，查明情况，妥善处理；违反《铁路运输调度规则》第 57 条第 2 款的规定，致使 4444 号调度命令发至济南东站时，T195 次列车已经驶离该站；违反《铁路运输调度规则》第 57 条第 14 款的规定，没有安排王村站指示 T195 次列车停车，交付调度命令。③调度所有关负责人未认真履行职责。值班主任对发现的重大行车安全问题，没有按照《铁路运输调度规则》

第 56 条第 5 款的规定，采取果断有效措施及时处理；调度所副主任对 4444 号调度命令审核、把关不严，且未监督有关人员按照《铁路运输调度规则》第 57 条的规定，在紧急情况下让列车停车交调度命令。④对调度人员教育培训流于形式，调度人员岗位职责不清。未按照《铁路运输调度规则》第 62 条的规定组织脱产培训，教育培训仅用简单答题方式进行；岗位责任制不落实，部分调度人员不清楚岗位责任，执行岗位工作标准不到位，长期存在错发、漏发调度命令和调度用语不规范、指挥用语不明确等问题。

四是济南铁路局运输处起草的 154 号文件存在严重违规内容，对下属有关单位日常安全监管不力。①该文件第三条第 5 款“胶济客运专线工程施工便线允许速度表见附件 4。机务、电务部门要据此修改运监器、应答器数据，调度所不再发布限速命令”的内容，违反了铁道部《铁路线路允许速度管理办法》关于线路允许速度报铁道部批准的规定，超出 4 月 19 日至 20 日铁道部召开的调图会的议定事项范围，擅自将事故路段的施工临时限速改为线路允许速度并予公布，直接导致施工台调度员发布 4158 号调度命令，取消了 4240 号临时限速调度命令。②该文件对机务、电务部门提出了工作要求，但未经过济南铁路局机务处、电务处会签，失去了纠正错误的机会；该文件未指定发给与文件执行直接相关的北京铁路局机务处、电务处、北京电务段和机务段，致使文件擅自确定的事故路段 80 km/h 允许速度数据无法纳入 T195 次列车运行监控器。③该文件要求落实的事项属紧急事项，但文件未标明紧急程度，难以确保受文单位在有效时限内收到文件并在可能的情况下纠正文件存在的错误。④对调度所和车务系统落实有关规章制度的情况及存在的管理漏洞监督检查不力，对发现的安全生产隐患未采取有效措施督促整改，对站段执行车机联控情况的监督检查不到位。

五是济南铁路局安全监察室安全监管工作不到位。①未按《济南铁路局车机联控管理办法》的规定配备专职人员负责车机联控监察工作，对车机联控监督检查工作不力。②对济南铁路局运输处、调度所及淄博车务段落实安全生产责任制的情况监督检查不力，对上述三个部门和单位执行基本规章、安全管理制度等存在的问题督促整改不到位。

六是济南铁路局对运输安全生产管理不力，隐患整改不落实，机关公文管理混乱。①没有认真贯彻国家有关安全生产的法律法规、方针政策及铁道部有关运输安全工作的部署和要求。未采取有效措施落实路局各处(段)的安全生产责任；没有认真检查运输处、安全监察室、调度所及淄博车务段执行基本规章、技术标准、安全管理制度的情况。②对监督检查中发现的生产运输和管理中长期存在的安全隐患，未采取有效措施进行整改。2008 年 1 月至 4 月，铁道部 4 次组织检查济南铁路局的安全生产情况，指出了施工管理混乱，调度命令错发、漏发等 29 个方面的问题，并提出了整改措施，但济南铁路局没有将整改措施落实到位。③对机关管理人员的教育、培训和日常管理不力。部分管理人员不熟悉、不掌握有关重要规章制度，对规章制度主要内容理解有偏差；部分人员的素质不适应岗位要求。在 154 号文件会签、审核中，总工室、工务、公文审核等部门均未发现并纠正存在的问题。④机关公文管理混乱。在 154 号文件的发文处理过程中，文件草拟部门审核人擅自修改已会签的文件、违规增加内容；公文处理部门负责人对审核人员的教育培训不够；文件签发走形式，签发人把关不严。

2. 北京铁路局北京机务段安全管理存在薄弱环节。

一是北京机务段安全管理不到位，对机车司机执行一次出乘作业标准监管不力。

二是北京机务段 T195 次列车司机没有按照作业标准进行彻底瞭望，未发现设在距事故路段 1 400 m 处的减速信号牌。

3. 铁道部有关部门监管工作不力，管理滞后。

一是运输局调度部对相关铁路局调整列车运行图工作监督管理不到位。未监督济南、北京铁路局在新的列车运行图实行前将

4 月 19 日至 20 日调图会的议定事项落实到位，只是要求各路局自行交换有关调图资料、互相确认，报部备案。从实际情况看，济南铁路局超出调图会的议定事项范围，在 154 号文件中增加了附件 4 等严重违规的内容，且没有被发现和纠正。

二是运输局调度部对调度业务的管理不到位。①对济南铁路局调度人员教育培训工作指导不力，对其调度人员教育培训存在的问题失察。②对济南铁路局调度所的业务指导和日常监管不力，对其调度员错发、漏发调度命令，调度用语不规范等管理混乱的问题督促整改不力。

三是安全监察司未有效监督济南铁路局整改安全生产方面存在的问题。2008 年胶济铁路发生“1.23”事故后，铁道部安全监察司虽然组织对济南铁路局安全生产管理情况进行了 4 次检查，指出了 29 个方面存在的问题，并派员驻济南铁路局一个月帮促整改，但监督济南铁路局全面落实整改措施不力。

四是铁路运输有关规章制度不够完善，部分内容不够严密。①调度命令审核纠错机制缺失。《铁路运输调度规则》第 57 条第 3 款关于调度命令发布程序的规定不具体、不清晰。从调查看，济南铁路局调度员和铁道部运输局调度部有关人员对该规定的理解和解释不一致，执行中容易产生偏差；铁道部组织开发的计算机软件，没有设计发布调度命令中的签发环节，错发、漏发的调度命令无人审查和纠正。②铁道部制定的《列车运行图编制规则》修订不及时，相关规定不完善。该规则对涉及部分路局的列车运行图调整工作没有制定监督各路局落实调图要求工作的制度，难以防范类似济南铁路局违规擅自增加调图内容的问题。③调度人员资质管理制度不健全，铁路局调度人员只持有岗前培训考试合格证。

六、采取措施

“4.28”胶济铁路特别重大交通事故损失巨大、影响恶劣、教训惨痛，铁路部门要针对事故暴露出来的问题，从安全意识、安全管理、安全基础、安全监督等方面深刻反思，采取有力措施，坚决杜绝和防范类似事故再次发生；要进一步全面贯彻落实以人为本的科学发展观，提高全系统对做好安全生产工作极端重要性的认识，更加重视安全生产工作；坚持“安全第一、预防为主、综合治理”方针，在重大问题的决策、日常工作的安排部署和安全工作与运输、施工、效率等发生矛盾时，做到时时刻刻把安全工作放在首位，不折不扣地落实安全生产方针政策和法律法规，全力做好安全生产工作，确保铁路运输安全。

1. 健全完善铁路安全生产的规章制度。要进一步修订《铁路技术管理规程》、《列车运行图编制规则》、《铁路运输调度规则》等涉及铁路行车基础性规章制度。进一步明确公文办理的拟稿、核审、会签和签发等环节的职责，细化公文紧急程度、发送范围、发送方式的要求，严格公文签收登记制度，防止公文漏发、漏收。加强对列车运行图编制、调整工作的管理，监督各铁路局严格落实调图会的议定事项。健全调度作业人员资格认证制度，严格调度业务培训工作，切实做到调度人员持证上岗。

2. 进一步落实安全生产责任制。要按照《中华人民共和国铁路法》、《铁路技术管理规程》等法律法规和规章要求，进一步健全铁路系统的安全生产责任制，并落实到作业现场，落实到每一个生产环节、每一个工作岗位。充分发挥铁道部、铁路局、站段三级管理作用，做到分级负责、层层监督、层层把关。铁路车务、机务、工务、电务、车辆等有关部门要加强协调，密切配合，强化对安全工作的监督检查，严防部门之间出现管理漏洞。要明确、规范和完善作业岗位人员的岗位职责和作业标准，加大监督检查力度，督促调度、车站值班、列车司乘等关键岗位人员执行铁路有关技术操作规程和作业标准到位。要严格考核干部的安全生产工作，对在安全生产工作上软弱无力的领导班子和干部要及时调整，决不手软。

3. 进一步加强基层基础工作。要严格调度命令的管理，规范发布程序，完善签发环节，并制定严密的调度指挥措施，强化集中统一指挥。进一步完善在非正常情况、突发事件、设备故障等情况下的应急预案，细化应急处理程序，明确信息反馈制度，科学调度，果断处置。要建立健全监控设备管理制度，明确管理职责，严格执行监控设备数据录入、修改、校核的程序，强化运输安全的源头管理，充分发挥安全监控设备设施在确保铁路运输安全中的重要作用。要科学安排工期，从严审批慢行处所，落实运营线路施工的各项安全措施，确保运输安全。要进一步强化对从业人员的业务培训，特别要保证相关作业人员能够熟悉掌握新技术，熟练操控新设备。切实调动广大职工安全生产积极性，维护职工权益，夯实安全生产工作的群众基础。

4. 进一步搞好隐患的排查治理和事故调查工作。要将"4.28"事故中暴露出的问题，作为隐患排查治理工作的重点，认真梳理铁路安全管理中存在的漏洞，在全国范围内彻底排查整改，切实做到排查不留死角、整改不留后患。要在全国铁路系统开展"反两违"活动，针对铁路系统违章作业、违反劳动纪律的突出问题，采取有效措施，堵塞漏洞，防患于未然。按照事故调查"四不放过"原则，严格调查处理各类铁路交通事故，彻底查清造成事故的直接原因以及存在的管理问题，依法依规从严查处事故责任单位和责任人。

2

沪昆线小鸡街站车列溜逸较大事故

一、事故概况

2008年2月4日6时15分，昆明局沪昆线小鸡街站3道停留的一组车列(47辆重车)向贵阳方向发生溜逸，至龙津沟站2、6、12号道岔处，车列后端18～44位车辆脱轨，其中21辆颠覆，45～47位车辆未脱轨。脱轨颠覆后车列发生分离，运行方向前端17辆车继续溜逸，进入宣威站北牵出线，前端1～8位车辆冲出土挡冲入民房，造成民房倒塌，房屋内 6 人被埋，其中 4 人死亡、2 人受伤。相关道岔、信号、线路、接触网设备损坏，车辆报废 35 辆。中断沪昆线正线行车 8 小时 31 分。构成铁路交通较大事故。

二、原因分析

小鸡街站处于高坡风口地段，替班助理值班员对保留车列作防溜时，违反《技规》有关规定，铁鞋没有牢靠固定，没有将人力制动机紧固器拧紧；负责另一端防溜的助理值班员也同样没有将人力制动机紧固器拧紧。在通过列车震动和风力作用下，防溜失效的车列在 2.5‰坡道上向下坡方向发生移动，将未牢靠固定的铁鞋弹出，发生溜逸。

三、事故责任

曲靖车务段负事故全部责任。

四、对有关人员的处理

(一)对曲靖车务段事故责任者及事故相关人员的处理

1. 曲靖车务段小鸡街站助理值班员(站长替班)，在作业过程中未认真履行岗位职责，发生一系列的违法违章作业行为，同时，站长替班在岗期间未认真履行管理职责，严重失职，直接导致事故的发生。负事故直接责任，涉嫌犯罪，移送司法机关依法处理。

2. 小鸡街站助理值班员在交接班时，互控不到位，未督促接班助理值班员现场进行防溜检查，失去了作业人员的现场互控作用。负事故间接责任，给予开除路籍，留路察看 1 年处分。

3. 曲靖车务段段长、党委书记，安全管理不到位，现场管理失控，负事故直接领导责任，责成曲靖车务段段长、党委书记向路局写出深刻检查，给予撤职处分，按正科级安排工作。

4. 曲靖车务段主管安全副段长、主管生产副段长，安全生产管理不力，现场管理失控，负事故直接领导责任。主管安全副段长向路局写出深刻检查，给予撤职处分；主管生产副段长，责成向路局写出深刻检查，鉴于任职不久(2007 年 12 月任职)，给予行政记过处分。

5. 曲靖车务段后勤副段长、主管调机副段长、工会主席、纪委书记，安全管理不到位，负事故一定领导责任，责成向路局写出深刻检查，给予行政记过处分。

6. 曲靖车务段技术科科长、安全（路风）科科长，安全管理不力，现场管理失控，负事故直接管理责任，责成向路局写出深刻检查，给予撤职处分。

7. 曲靖车务段教育科科长，安全教育培训不到位，负事故间接管理责任，责成向路局写出深刻检查，给予行政记大过处分。

8. 曲靖车务段宣威线路党总支书记，安全管理失控，现场督促检查不力，负事故直接管理责任，给予撤职处分。

9. 曲靖车务段其他相关人员由车务段按有关文件规定进行处理，处理结果书面报昆明铁路安全监督管理办公室。

（二）对路局运输处事故相关人员的处理

1. 路局运输处处长、主管副处长，在恶劣天气，大量保留车存放的情况下，安全意识不强，专业管理不到位，管理失控，负事故专业管理领导责任。路局运输处处长向路局写出深刻检查，给予撤职处分，按副处级安排工作；局运输处主管副处长，责成向路局写出深刻检查，鉴于任职不久（2007年12月任职），给予行政记大过处分。

2. 路局运输处总工程师，专业技术管理不到位，负事故专业技术管理领导责任，特别是春运期间负责包保沪昆线，包保工作不到位，责成向路局写出深刻检查，给予行政记大过处分，免去运输处总工程师职务。

3. 路局运输处车站科科长，专业技术管理不到位，管理失控，负事故专业技术管理直接责任，责成向路局写出深刻检查，给予撤职处分。

4. 路局运输处车站科副科长，专业安全管理不到位，管理失控，特别是春运期间负责包保沪昆线，包保工作不到位，负事故专业安全管理直接责任，责成向路局写出深刻检查，给予撤职处分。

5. 路局运输处其他相关人员由路局运输处按规定进行处理,处理结果报昆明铁路安全监督管理办公室。

(三)对路局调度所事故相关人员的处理

1. 路局调度所主任、主管副主任,对小鸡街站长达 8 天的保留车防溜安全存在的严重隐患,未引起高度重视,安全预想不到位,未制定具体防范措施和检查要求,负事故的管理责任。局调度所主任,鉴于任职不久(2007 年 12 月任职),责成向路局写出深刻检查,给予行政警告处分;主管副主任,责成向路局写出深刻检查,给予行政记过处分。

2. 路局调度所其他相关人员由路局调度所按规定进行处理,处理结果报昆明铁路安全监督管理办公室。

(四)对路局安监室事故相关人员的处理

路局安监室作为全局的安全检查监督部门,负有安全监督检查不到位责任。对路局安监室主任,责成向路局写出深刻检查,全局通报批评;主管行安副主任,责成向路局写出深刻检查,给予行政警告处分;车务监察,责成向路局写出深刻检查,给予行政记过处分。

(五)对路局领导的处理

给予铁路局局长、原党委书记通报批评;给予分管运输副局长行政记过处分。

五、事故教训

1. 安全责任意识不强。"2.4"事故发生在党中央、国务院领导高度关注铁路春运工作的关键时刻,充分反映出昆明局干部职工安全敏锐性不强,安全责任意识淡薄,没有把铁道部的部署真正贯彻落实在具体工作中、落实在现场作业上,在抓春运安全工作中只注重了较大车站的旅客组织和旅客列车安全,忽略了中间站行车安全的检查和卡控,特别是没有针对货物列车大量积压的实际情况,对中间站长时间停留车列的防溜工作及时进行加强。

2. 专业技术管理薄弱。作为铁路局专业主管部门,昆明局运输处没有针对本局运输秩序不正常、保留列车多的实际，制定相应的具体防溜细化措施及作业标准，对防溜措施不到位的严重问题没有及时发现并坚决予以纠正。特别是在铁路局 1 月 26 日生产对话会重点强调了保留车列防溜问题后，局运输处没有引起重视，未认真贯彻落实，没有针对雨雪恶劣天气带来在中间站大量保留列车的情况，对保留车列防溜等重点工作做出任何安排、部署和检查。

3. 站段安全管理不到位。事故调查中发现，曲靖车务段管理层存在包保干部长时间不到岗，包保不到位的问题。2008 年以来，曲靖车务段具体包保干部仅在 1 月 17 日到小鸡街站检查过 1 次，车务段领导班子成员和其他业务科室没有到该站进行检查的记录；小鸡街站《干部安全检查登记簿》中填记的问题没有被检查人签字，检查发现的问题也无落实整改情况的反馈记录，暴露出车务段安全管理松懈，现场监督检查乏力，安全基础薄弱等问题非常突出。

4. 现场职工违章作业现象严重。小鸡街站站长在替助理值班员职务时，既不严格执行助理值班员作业标准，违章简化作业程序；也不认真履行站长职责，防溜检查流于形式，严重失职。1 月 27 日公安人员发现防溜铁鞋不起作用后通知了车站工作人员，但车站置若罔闻，反映了昆明局一些单位现场职工"两违"现象比较严重。

5. 防溜设备不标准。小鸡街站使用的铁鞋有长有短，规格不一，铁路局也没有统一的标准要求，导致轮、鞋、轨关系不科学，轧鞋的稳定性差也是掉鞋的原因之一。

六、采取措施

1. 切实加强防溜安全工作。路局于 2 月 4 日下发通知，针对保留车列的防溜措施落实情况进行一次全面检查，加大日常巡查巡视力度，将防溜措施检查巡视由原来的 3～4 小时巡视检查，改为 2 小时巡视检查；针对线路坡度、停留时间、列车编组以及气候条件等不同情况，进一步规范防溜铁鞋和人力制动机紧固器（或紧固手闸）数量，提高防溜保险系数。由总工室、运输处统一制定防溜器具的技术质量规范，细化防溜作业标准，保证防溜措施可靠有效。杜绝类似事故的再次发生。

2. 严查深究，认真吸起事故教训。路局针对事故暴露出的问题，按照“四不放过”的原则，进一步扩大内部分析，进行严肃认真处理。通过这起事故处理，真正引起全局上下的震动，教育广大干部职工，全面吸取事故教训。

3. 严格落实安全责任制，保证各项安全措施真正落实到位。各级领导干部要加强对相关职能部门的检查力度，站段职能部门要加强对车间的检查监督力度，车间要加大对班组的督促检查，及时发现、解决问题，保证各项安全措施落实到基层、现场和每一项具体工作中。

4. 狠抓干部作风转变。路局各部门、单位要进一步强化干部安全管理责任。重点解决干部作风漂浮，安全管理工作落实不到位的问题，提高干部的责任心和使命感，发扬敢抓敢管，敢于碰硬的工作作风，克服好人主义，把各项安全管理制度落到实处，提高干部下基层发现问题和解决问题的能力。

5. 切实加强中间站管理。从强化中间站站长素质入手，加大联控互控、监督检查和包保帮促力度，提高现场作业控制水平，特别是对车辆防溜、切割正线调车、非正常情况下接发列车等关键作业，必须严格执行各项作业标准，严格各项卡控措施的落实。

6. 加强专业管理和技术管理。路局各专业管理部门要对规章、技术管理标准进行全面的清理和排查，并通过排查进一步完善车辆防溜的各项规章制度，形成行之有效的长效机制。

3

京广线 0015 次回空列车脱轨一般 A 类事故

一、事故概况

2007 年 11 月 1 日 21 时 44 分，株洲机务段 SS_6 1136 号机车牵

引 0015 次（编组 15 辆，总重 689 t，换长 35.8）由广铁（集团）公司京广线高桥站 4 道开车，21 时 47 分行至站内南头 8 号道岔 K2089＋885 处，机后第 8 位 RZ_{25} 110298 号车 1、2 位转向架、第 9 位 RZ_{25} 110306 号车 2 位转向架相继脱轨，车辆脱轨后走行 166 m 停车。至 11 月 2 日 3 时 25 分全部起复，3 时 45 分开通线路，中断京广线上、下行正线行车 5 小时 58 分。构成铁路交通一般 A 类事故。

二、原因分析

1. 0015 次列车在高桥站开车后，车站值班员严重违反《技规》第 278 条第 2 款“在扳动道岔、操纵信号时，认真执行一看、二扳（按）、三确认、四显示（呼唤）”规定，违反《接发列车作业标准》TB/T 1501—2003 第二项开放信号的岗位作业技术要求，违反集团公司《关于轨道电路分路不良整治管理考核办法》（广办发〔2005〕288 号）第四条第 4 款“在轨道电路分路不良的线路（道岔）上办理进路或调车作业时，按非正常情况下作业办理，采取人工确认轨道电路分路不良区段线路空闲、道岔位置正确”等一系列规定，在没有确认列车出清、4 道仍有红光带的情况下，盲目单操 10 号、6/8 号道岔准备进路，致使轨道电路分路不良区段的 10、6/8 号道岔中途转换，造成列车脱轨，是事故发生的主要原因。

2. 高桥站 10 个轨道电路分路不良区段长期没有得到有效整治，加上 10015 次列车车辆在高桥站 4 道长时间存放，车轮踏面生锈，致使列车运行时轨道电路“压不死”，16—12DG、8DG、10DG 轨道电路区段多次没有占用表示，造成 10 号、6/8 号道岔先后解锁，未达到集中联锁设备技术条件，不符合《技规》第 80 条、81 条规定，是事故发生的次要原因。

三、事故责任

广州车务段负事故主要责任；广州电务段负事故次要责任。

四、对有关人员的处理

1. 给予广铁集团公司运输处处长撤职处分、运输处分管运输安全副处长降级处分、调度所主任行政记大过处分。

2. 给予广深股份有限公司分管副总经理降级处分。

3. 给予广州车务段段长、党委书记、主管运输生产副段长撤职处分。

4. 给予广州车务段安全科科长、副科长撤职处分，给予技术科科长、安全科轨道电路分路不良专职管理干部行政记大过处分。

5. 给予广州车务段高桥车站站长撤职处分，并解聘干部职务。

6. 给予事故责任人高桥车站值班员解除劳动合同处分。

7. 给予广州电务段段长、党委书记、分管安全生产副段长诫勉3个月处分。

五、事故教训

车站值班员业务技能不高，专业管理松懈，干部盯岗监控制度得不到有效落实。高桥站车站值班员对非正常情况下接发列车主要控制内容、作业程序和标准、对解锁按钮使用时机和要求心中无数，发现违章操作后盲目乱按、不知所措，应急处理能力差，反映出广州车务段对行车主要岗位工种的业务技能培训严重滞后。事故发生时，高桥站值班站长没有在信号楼跟班作业，致使轨道电路分路不良区段接发列车、穿越正线调车等车务部门盯控的关键环节失控，特别是车站值班员盲目单操道岔没有干部在场制止，监控把关责任严重缺失，安全责任意识十分淡薄，把不住安全关键环节，站长“四到场”制度执行不力，未能防止事故的发生。

六、采取措施

1. 立即将事故通报到各部门、各单位，传达到车间、班组每一名干部职工，认清“11.1”事故发生的原因、应吸取的教训，认真进行一次安全警示教育，使干部职工真正认识到事故的危害性，强化作业人员安全意识，从严执行作业标准。同时，各单位以“11.1”事故为典型案例，深入剖析干部作风、安全管理、设备质量和作业标准存在的突出问题，研究对策，落实责任，切实解决安全关键性、倾向性问题，防止类似事故再次发生。

2. 围绕这次事故暴露出的问题，深入开展安全大检查、大反思、大整顿活动，重点查安全思想、查干部作风、查作业标准、查技术标准、查责任落实，举一反三，对作业程序、作业标准、岗位责任、存在的隐患全面进行检查，重点解决惯性违章、设备不良、责任不落实、政令不畅通等问题，及时消除运输安全的突出问题，切实强化安全基础工作。

3. 进一步完善客车车辆停放管理办法，实现集中存放，对库存空车底集中管理，严禁在沿途小站到发线存放空客车底，11 月 2 日 18 时前将停放在沿线各中间小站的备用空客车底全部拉出。用 20 天时间，在银盏坳、易家湾、捞刀河、红海站等地建立空客车底集中存放地点，彻底整治完毕。

4. 管内各车务、电务等部门立即对各自管内轨道电路进行一次全面测试，特别是对不经常走车的轨道区段，逐个进行检测确认，做好检测记录，清理立项展开整治。对确定为轨道电路分路不良区段或处所，必须严格在运统—46 上登记。电务、车务部门严格按照《技规》、《行车组织规则》(简称《行规》，下同)及集团公司有关规定，组织相关单位进行整治销号，建档立卡备查，并对整治销号的区段或处所加强复查复测，防止发生反复。

5. 认真分析查找发生事故的规律性问题，全面开展全员对标检查整治活动，着力解决部分站段、车间作业标准和作业质量不高的问题，重点落实干部下现场检查量化标准、职工作业标准、设备工艺标准。同时，由集团公司领导班子和机关处室、各单位党政领导带头开展对标检查，带动每一位职工全面进行对标对规，严格落实现场作业标准、作业纪律，狠刹现场“两违”歪风。

6. 认真贯彻落实铁道部领导提出的设备养护“零缺陷、零误差、零故障”的要求，围绕安全基础和设备基础，打好设备整治大会战，对行车设备进行全面、深入、细致的整治。重点加大对轨道电路分路不良、动车组、线路、接触网等重点设备的整治力度，明确整治目标，落实包保责任。

7. 进一步落实专业安全管理责任，下移专业管理重心，量化专业检查标准、频次和质量，对专业管理人员实行定时间、定任务、定指标和包保站段的方式，加强对基本规章、技术标准和作业标准执行情况的检查和监督，加强对一线干部职工特别是中间站站长的培训，全面提高职工的专业技术水平和实际操作能力。

4

萧甬线31071次货物列车脱轨一般A类事故

一、事故概况

2008年2月24日22时15分，杭州机务段DF_{4B}3755号机车牵引31072/1次货物列车（编组56辆，总重2901.1t，换长69.2）从金华东站三场始发，2月25日2时05分，31071次列车运行至萧甬下行线绍兴—绍兴东间K40+937处时停车，经现场检查发现，31071次机后第10～14位车辆脱轨，其中第14位侵入上行线。经救援，于6时00分开通绍兴—绍兴东上行线，于8时45分开通绍兴—绍兴东下行线。造成萧甬下行正线中断行车6小时40分，上行正线中断行车3小时55分。构成铁路交通一般A类事故。

二、原因分析

本次列车脱轨事故的原因为当31071次列车运行在曲线地段时，因机后第14位（车号：C_{62A}4516587）车内货物偏载，使该车重心向曲线下股偏移，造成曲线（R=695 m）上股车轮悬浮后爬上钢轨，导致了列车脱轨发生。

广铁集团公司蛇口站在C_{62A}4516587货物装载时，未按“平南Z2008—002”号方案执行，以致车辆运行途中受外力作用后加固松动造成偏载，是导致本起事故发生的直接原因。

上海铁路局在贯彻铁道部《关于做好货车超偏载集中监控工作的通知》（铁运函〔2007〕451号文）时，制订的《关于印发〈上海铁路局货车超偏载集中监控管理实施细则〉的通知》（上铁辆函〔2007〕955 号文）中，由于把部文中“有关车站”定位为编组站和区段站这一层面，致使 TPDS 诸暨检测点出现一级报警后，未能及时安排前方站处理，错过了防止本次事故发生的有利时机。

三、事故责任

深圳平南铁路有限公司负事故主要责任；广州铁路（集团）公司和上海铁路局负事故重要责任。

四、采取措施

1. 广铁集团公司应认真查找事故原因，举一反三，深入查找安全生产存在的问题和隐患，立即采取措施盯控整改，强化现场作业关键控制，同时，按照规定严肃追究相关人员责任。

2. 上海铁路局要眼睛向内查找自身不足，针对货运装载加固、调车作业、行车设备质量保障、应急处置等关键环节，健全完善基础管理制度，扎实推进提速安全保障体系建设，深入开展安全专项整治工作，强化安全生产监督检查工作。

3. 上海铁路局进一步研究细化货车超偏载集中监控办法，充分发挥既有检测设备的功能。

4. 加强对货主自装货物的装车作业监管，严格按方案装车。重视对装载加固材料的质量管理，严格按《铁路货物装载加固规则》（简称《加规》，下同）规定，把好质量关。做好装载加固过程中各种力值的计算，选好加固点和拉牵位置。做到“装一辆重车，保一路平安”。

5

鹰厦线 25005 次货物列车脱轨一般 B 类事故

一、事故概况

2008 年 8 月 21 日，福州机务段 $SS_4$0695 号机车牵引 25005 次货运列车（编组 41 辆，总重 2 822 t，换长 53.1）由来舟站编组出发，列车到达永安站，后部加挂补机，补机为 $SS_4$0326 号机车。21 时 05 分，列车运行至鹰厦线打虎坑站 4 号道岔 K436＋867 处，机后第 40 位 P081709 后台车运行方向第一轮对脱轨，走行 101 m 后，机后第 40 位 P081709、41 位 P081710 车辆台车全部脱轨，补机 A 节 1、2、4 轮对脱轨，停于 K436＋969 处。经救援抢修，线路于 8 月 22 日 2 时 50 分开通。线路损坏 40 m，道岔损坏 1 组；电动转辙机及其杆件损坏 3 台，矮型信号机损坏 1 架；54 号下锚柱折断；机车中破 1 台，受电弓报废 1 组；车辆中破 2 辆；直接经济损失 150 万元。中断鹰厦线行车 5 小时 45 分。构成铁路交通一般 B 类事故。

二、原因分析

1. 南昌局违反列车编组要求，是造成事故发生的主要原因。

货物运单注明两辆车编挂列车尾部，南昌局在来舟站编组时，虽然是挂在列车尾部，但没有考虑到在高坡地段闯坡时，列车后部需使用补机，当 25005 次货运列车运行至打虎坑站变坡地段时（地处曲线上），本务机处于 20‰的上坡道，补机处于 11.5‰的上坡道。此时，本务机牵引速度为 45 km/h，补机推进速度为 47 km/h，列车前部与后部产生了 2 km/h 的速度差。加上机后 40 位前端、41 位后端携吊轨道平车分别装有液压起重机，轨道平车连接处轴重轻，在列车前堵后拥冲击力的作用下，机后 40 位携吊轨道平车后台车第一轮对悬浮爬上轨面脱轨。

2. 郑州局携吊轨道平车无生产许可证，设计、制造存在缺陷，且违规验收和挂运，是导致事故发生的重要原因。

该型车辆车钩无缓冲装置，编入列车后，运行中的冲击力无法消除。同时在车轴上还加装了 U 形安全托，并与车底架焊接，车辆运行中发生上下振动时，易将轮对提起，加剧了车轮的悬浮。此外，车辆在设计和制造上大量零部件未采用国铁货车通用配件，零部件多为非标准型产品，其制造厂家资质不详。

三、事故责任

南昌铁路局负事故主要责任；郑州铁路局负事故重要责任。

四、采取措施

1. 认真落实列车编组计划，尤其是高坡使用补机地段，加强对货运单据和电报的相关内容审核，严格执行货物编挂技术条件要求。

2. 加强与列车调度员的联系，加强货检人员工作标准的落实，强化现场实物与货物运单内容的核对，强化铁路运输安全全过程控制，防止类似事故的发生。

3. 进一步完善规章制度，尤其是《行车组织规则》、《车站行车工作细则》要更进一步规范相关作业技术标准和工作要求。

4. 举一反三，全面查找轨道车安全隐患。要求各行车部门和单位组织专门技术力量，对各类型轨道车的检修、运用、管理情况，进行一次全过程的对规检查，对检查发现的问题立即整改，消除隐患，确保安全。

5. 加强源头控制，严格铁路产品准入制度。进一步加强对进入铁路各类产品的制造、生产和维修的资质审查把关，严格产品准入制度，未取得制造、生产和维修资质和无合格证的产品，一律不得进行采购和销售。

6. 严格落实车辆过轨检查制度。认真执行《技规》和铁道部《关于加强自轮运转特种设备安全管理的通知》等相关要求，未经车辆部门检查的过轨车辆，一律不准上线运行。

6

广州东站 D725 次列车未准备进路发出列车一般 C 类事故

一、事故概况

2007 年 10 月 6 日 6 时 53 分，D725 次动车组列车（广州机务

段 CRH_1 017A 号；编组 8 辆，总重 420 t，换长 19.5）在广九线广州东站 8 道反方向开车时，挤坏 170 号道岔停车。构成铁路交通一般 C 类事故。

二、原因分析

1. 2007 年 10 月 6 日 6 时 16 分，广州东站 X_3LQG 红光带，电务检查人员于 6 时 22 分办理停用上述红光带区段电码化设备，6 时 43 分调度所发布 036501 号命令，停用广深线广州东—石牌间Ⅰ线基本闭塞法，改用电话闭塞法行车。由于信号员工作极端不负责任，对设备和反排进路业务不熟，在第一次排列 D725 次进路后发现为非基本进路而取消，由于第一次反排进路时，276 号岔（中间岔）转向了反位，第二次重新排列进路时，应分两段排列反向进路，结果只排列了一段，一段未排，导致 276 号岔未开通。排列进路后，有一段进路无光带，未引起信号员警觉，也未按规定接通光带确认进路开通状态和接通光带检查进路上所有道岔是否开通正确，就盲目认为道岔已全部开通，也没有向值班员汇报进路准备情况，造成 D725 次 6 时 53 分开车后，经 276 号岔反位（非基本进路）运行，挤坏开通基本进路处于定位的 170 号道岔，是造成此次事故的主要原因。

2. 广州东站值班员违反部颁 TB/T 1506—2003《无联锁接发列车作业程序》的有关规定，没有认真确认发车进路，在信号员没有汇报进路准备妥当的情况下，也没有追问，而且发车前没有再次布置信号员确认发车进路，就盲目通知司机开车。广州东站值班干部没有履行把关干部职责。没按规定填记《非正常情况下接发列车主要作业程序卡控登记表》，在把关过程中未将主要精力用于行车组织上，对关键作业程序没有起到把关作用，对作业过程中发生的一系列违章和简化作业程序行为，均未及时发现和制止。车机联控流于形式，值班员虽然呼叫了 D725 次司机 8 道发车进路好，但是没有认真确认进路。信号员也没有再次确认进路。

三、事故责任

广州东站负事故全部责任。

四、对有关人员的处理

1. 给予广州东站信号员、值班员撤职及待岗另行分配工作处分。

2. 给予广州东站运转车间主任、指导员、分管副主任行政警告处分。给予车间盯岗干部行政记过处分。

3. 给予负领导责任的站长、党委书记、站长助理、安全科长、安全员扣罚月度计件工资的50%。

五、采取措施

1. 立即将事故记名通报至全站干部职工，班组、车间、车站三级部门召开专题安全反思分析会，认真吸取事故教训，严格按标准化程序接发列车。非正常情况下接发列车要严格落实TB/T 1506—2003《单双线电话闭塞无联锁接发列车作业标准》的有关规定和安全卡控制度，把好进路和凭证关，确保接发列车作业安全。

2. 全面加强安全基础管理，加强行车人员安全责任教育和业务培训，熟练掌握行车设备的正常和非正常情况下的使用方法，组织开展非正常情况下接发列车练功比武活动，提高应变技能。

3. 加强非正常情况下接发列车安全监控，把关干部要紧盯关键作业程序，逐项认真填记勾划簿，确实落实安全把关职责，不能分心去处理其他方面的问题。开展组织对职工“两违”专项整治活动，特别针对简化作业程序等违章行为进行整治。

4. 各级干部要大力加强和严格执行安全监控制度，重点对接发标准化执行情况和非正常情况下接发列车进行抽查监听，及时掌握了解现场作业情况，及时发现问题及时整改，确保接发列车标准化落到实处。

7

沪昆线新化站向占用区间发出K476次旅客列车一般C类事故

一、事故概况

2007年11月13日0时47分，10910次货物列车行至广铁(集团)公司沪昆线新化—冷水江西间上行线K1 314+900处坡停。1时16分，调度员下达027702号封锁区间调度命令，由冷水江西站开行58101/2次进入区间担任救援，2时27分返回冷水江西站。2时28分，新化站值班员办理了K476次列车正向通过进路，2时32分列车通过时车站值班员才发现新化—冷水江西站上行线区间并未发布命令开通，立即用电台呼叫司机停车，2时37分K476次在区间停车。2时43分列车调度员发布017705号调度命令开通区间，K476次旅客列车区间开车后2时53分到达冷水江西站。构成铁路交通一般C类事故。

二、原因分析

1. 办理K476次预告时，新化、冷水江西站两站值班员均未确认区间是否空闲，对区间封锁情况视而不见，新化站值班员向信号员发布准备K476次接发列车命令时也省略了复诵、核对关。

2. 58102次救援列车于2时27分返回冷水江西站，出清新化—冷水江西间上行区间后，新化站、冷水江西站两站值班员均简单地以为救援占用区间的过程已结束，区间已开通。

3. 2时27分，当金滩站向新化站报旅客列车K476次通过点时，车站值班员询问调度：“走正方向还是反方向”，调度回答：“走正方向”，新化站值班员据此认为调度员已同意开通正方向区间而可以向区间放车，事实上，此时还未取得书面开通区间的调度命令，作业人员臆测行车，是造成此次事故发生的主要原因。

三、事故责任

娄底车务段负事故全部责任。

四、对有关人员的处理

1. 给予新化站值班员行政记大过处分，吊销车站值班员合格证；给予冷水江西站值班员行政警告处分；给予新化站信号员行政警告处分。

2. 分别给予新化站安全副站长、当日值班站长行政记过处分；给予新化站站长行政记过处分；给予冷水江西站站长行政警告处分；给予新化站区包保指导员、冷水江西站包保干部行政记过处分。

3. 给予娄底车务段新化站包保干部、安全科科长行政警告处分。

五、事故教训

1. 非正常情况接发列车控制措施流于形式。新化站值班员严重违反非正常情况接发列车控制措施，区间封锁后，一是未及时通知值班站长到岗，导致安全关键得不到有效盯控；二是只是口头布置，未打印书面调度命令交信号员，导致信号员失去安全警惕，安全联防互控流于形式；三是未按规定揭挂“区间封锁牌”，更为严重的是没有将反方向进站信号封闭。非正常情况卡控措施不落实，是造成此次事故发生的重要原因。

2. 车站值班员、信号员、助理值班员以及相邻站之间的联防互控严重流于形式。新化站信号员对值班员的错误命令盲目服从、助理值班员对值班员 K476 次旅客列车接车命令无任何质疑，冷水江西站值班员对新化站的预告不假思索就盲目承认，信号员也未及时防止。新化站、冷水江西站两值班站长非正常情况的盯控虚假等等一系列的违章，如果有一个人提出异议，该事故就完全可以防止。

六、采取措施

1. 各单位要立即将事故在职工中进行记名传达通报,召开事故扩大分析会,认真分析事故原因,深刻吸取事故教训,举一反三,查找存在的问题和事故隐患,并对安全管理和现场作业问题进行全面整顿。

2. 加强职工安全教育,强化安全意识。一是加强宣传教育,利用各种形式在干部职工中认真开展安全形势教育,使职工克服侥幸心理;二是做好针对性、适应性的职工培训工作,严格持证上岗;三是克服"好人主义"思想,加强"两违"考核,强化现场作业安全控制。

3. 提高标准化作业质量,强化安全控制。一是扎实开展安全"对规对标检查"活动。严格对标考核,对检查发现的问题和事故隐患,由检查人对考核和整改情况实行跟踪验证;三是完善非正常情况下接发列车应急预案,对一切可能发生的情况要进行充分预想,加强干部值班和安全生产关键岗位盯控。

4. 加强干部考核,狠抓干部作风整顿。各单位要以落实安全逐级负责制为主线,狠抓现场安全管理,深入开展以"大检查、大反思、大整顿,查安全思想、查干部作风、查作业标准、查技术标准、查责任落实"为主要内容的"三大五查"和安全专项对规对标检查活动,加大安全责任考核,促使各级管理人员真正提高安全管理的紧迫感和责任感。

8

水蚌线 66515 次货物列车错误进入作业天窗一般 C 类事故

一、事故概况

2007 年 11 月 19 日 14 时 28 分,列车调度员采用调度指挥系统发布 6831 号调度命令,命令内容为:"姜桥站至张家岗站间自

N413 次各站到达起，准许后方区间进行 40 分钟维修作业。”旅客列车 N413 次刘府站 15 时 17 分通过，15 时 22 分到达西泉街站。在 N413 次西泉街站通过后，刘府、西泉街两站车站值班员均无视 6831 号调度命令内容，西泉街站车站值班员联系列车调度员后，和刘府站办理了 66515 次闭塞。66515 次刘府站 15 时 24 分开车，15 时 38 分到达西泉街站。导致 66515 次列车错误进入计划将要进行维修作业的刘府—西泉街区间。构成铁路交通一般 C 类事故。

二、原因分析

1. 刘府站车站值班员作业中精力不集中，忘记 6831 号调度命令维修作业的要求，错误以为只有姜桥—刘府间维修作业，盲目同西泉街站办理 66515 次闭塞，开出 66515 次列车，是导致这起事故的主要原因。

2. 西泉街站车站值班员严重违章，在调度命令已明确要求“自 N413 次各站到达起，准许后方区间进行 40 分钟维修作业”的情况下，没有通知工务驻站联络员进行维修作业（工务驻站联络员证实，作业人员未在区间开始作业），而是盲目联系列车调度员，同意接刘府站 66515 次列车，是导致这起事故的重要原因。

3. 刘府、西泉街站两站当班助理值班员，班中互控不力，对各自车站值班员的违章行为，均没有及时提醒纠正，是导致这起事故的又一原因。

4. 刘府站值班站长，忽视班中安全检查，对班中安全生产关键了解不足，预想不够，重点事项布置不清；西泉街站值班站长，安全把关流于形式，失去了制止违章作业的时机。失去了最后一道安全防线，最终导致了这起事故的发生。

5. 列车调度员在与刘府、西泉街两站车站值班员作业联系时，表述不确切，用语不清楚，起到误导作用。导致刘府、西泉街两站车站值班员误以为列车调度员布置发车，错误理解列车调度员讲话意图，没有认真执行调度命令和阶段计划安排。

三、事故责任

淮南西站负事故全部责任。

四、事故教训

1. 刘府、西泉街两站违反《关于公布〈上海铁路局行车设备综合天窗修实施细则〉的通知》(上铁运发〔2007〕118 号)第十五条 维修作业的实施 第 5 点第二款"实施维修天窗作业办理登、销记手续的车站及关系区间相邻车站的站长必须提前 40 分到岗把关，重点控制维修天窗作业开始前最后一趟列车以及结束后第一趟列车运行，并协调联系各天窗维修单位，控制、督导作业点登、销记工作。"

2. 刘府、西泉街站车站值班员违反《关于公布〈上海铁路局行车设备综合天窗修实施细则〉的通知》(上铁运发〔2007〕118 号)第十五条 维修作业的实施 第 10 点"车站值班员应根据列车调度员的命令，按规定揭挂'区间封锁'表示牌"的规定。

3. 淮南西站没有认真贯彻 11 月 18 日召开的电话会议精神，没有深刻吸取广铁"11.1"事故教训，接发列车安全卡控措施不力，安全管理失控，负有不可推卸的管理责任。

4. 调度所违反《关于公布〈上海铁路局行车设备综合天窗修实施细则〉的通知》(上铁运发〔2007〕118 号)第五条 第 2 点 维修天窗 "非电气化单线不应少于 60 分钟"的规定，将维修时间压缩到 40 分，并将水蚌段计划上午的维修施工时间调整到下午进行，列车运行调整不力，执行施工计划不严肃。

五、采取措施

1. 认真学习《关于公布〈上海铁路局行车设备综合天窗修实施细则〉的通知》(上铁运发〔2007〕118 号)和《关于公布〈上海铁路局营业线施工及安全管理实施细则〉的通知》(上铁运发〔2007〕86 号)文的规定，做好施工安全控制。

2. 严格执行基本规章制度，认真执行接发列车作业标准，切实提高工作责任心，当班集中精力，做好行车工作，不做与行车无关的事情。

3. 深入开展安全大检查，查找作业上的漏洞，查找作业中的不安全因素，深刻反思管理上的薄弱环节，严格按照“四不放过”的原则，深刻吸取事故教训，切实起到安全警示作用，做到举一反三，扩大安全教育面，全面防范安全隐患。

4. 克服形式主义，不搞“花架子”，提高活动的实效性。把主要精力放在日常安全生产管理上。强化专业管理，加强日常管理，加强日常现场作业控制，针对每一个岗位、每一个环节、每一个步骤，实行规范化管理，以确保安全生产。

5. 进一步转变干部作风，扭转干部作风中不深不细不实的问题。坚持党政主要领导对安全生产工作全面负责制，坚持主管领导分工负责制，坚持主管部门和单位具体负责制。做到一级抓一级，一级对一级负责。加大监督考核力度，促进各级干部增强落实逐级负责制的紧迫感、责任感，促进干部作风彻底改变。

9

湖林支线蒿芝塘站车辆违规编入货物列车一般C类事故

一、事故概况

2007 年 11 月 20 日 1 时 47 分，49021 次货物列车机车在蒿芝塘站进行调车作业时，推进车组与停留车发生冲突，造成车辆破损。在未按规定进行检查的情况下，将冲突车辆编入 49021 次货物列车，被列检检查发现后扣下。构成铁路交通一般 C 类事故。

二、原因分析

蒿芝塘站车务作业人员在调车作业中发生调车冲突事故后，未认真检查车辆状况，未向车站站长汇报，也未通知车辆部门对冲突车辆进行检查鉴定，擅自将冲突车辆编入 49021 次货物列车，被列检检查发现后扣下。

三、事故责任

贵阳车务段负事故全部责任。

四、对有关人员的处理

1. 给予蒿芝塘站值班员行政撤职处分，待岗 6 个 月，待岗期满后由劳动人事科另行安排工作。

2. 给予蒿芝塘车站调车长行政记过处分，待岗 3 个 月。

3. 给予蒿芝塘站站长行政记过处分，罚款 500 元。

4. 对清镇站站长、支部书记各诫勉 3 个月，罚款 300 元。

5. 主管安全副段长、安全科科长全段通报批评，各罚款 100 元。

6. 清镇车间包保段长、技术和职工教育科科长、货运组织员各罚款 100 元。

7. 段安委会其他成员各罚款 50 元。

五、事故教训

1. 段领导干部安全意识淡薄，安全责任意识不强，“安全第一”的思想不牢固，安全管理不到位，安全教育不够，检查监督流于形式，对职工违章看惯了，以至于影响安全的严重问题未及时发现和制止。

2. 班组管理薄弱，规章制度落实不力，缺乏现场作业的有效监控，违章蛮干现象突出。该事故性质严重，所幸及时发现并采取措施，否则后果不堪设想。

3. 贵阳车务段对支线安全管理力度不够，对支线存在的问题没有在全体干部中引起足够重视，同时对支线作业安全缺乏有效的监督，造成支线干部职工在树立安全意识、安全管理、执行作业标准等方面存在的问题没有得到及时处理、解决。

六、采取措施

1、贵阳车务段深刻认识此次事故的严重后果，召开专题会议对事故发生的深层次原因进行分析，切实吸取事故的教训。

2. 领导干部从自身思想、作风、管理、责任落实上查找问题，制定针对性措施进行认真整改。

3. 领导干部、各级管理人员、责任人都严肃处理，达到真正吸取事故教训的目的。加强安全意识、安全责任的教育，树立违章就是犯罪、违章就是自杀的观念，从根本上扭转全段安全意识不牢、责任不强的局面。

4. 高度重视支线安全工作，加强支线安全管理，对支线管理与正线同管理、同标准、同检查、同考核。

10

宝中线 19074 次货物列车货物自燃一般 C 类事故

一、事故概况

2007 年 12 月 11 日 6 时 03 分至 8 时 38 分，SS_3 14 号机车牵引 19074 次货物列车从宝中线陇县站通过时，机后第 2 位（P_{64K} 3403450）车辆冒烟，经在前方娘娘庙站停车检查确认后甩车处理。构成铁路交通一般 C 类事故。

二、原因分析

列车上装载货物皮棉（发站：乌鲁木齐北站，到站：济南局娄上站）自燃引起。

三、事故责任

乌鲁木齐局负事故全部责任。

11

兖州北站调车车列与 46554 次列车侧面冲突一般 C 类事故

一、事故概况

2008 年 1 月 11 日 16 时 18 分，兖州北站一调解体 14542 次，溜放至第7钩204—2时(空线溜放),三部位出口速度定速6.5 km/h,实际出口速度13.6 km/h,车辆溜出204股道挤坏132/134号道岔,与正在进站的46554次列车侧面冲突,导致溜放车辆南端第一辆车辆脱轨。脱轨车辆于21时35分起复完毕。构成铁路交通一般C类事故。

二、原因分析

1. 电务设备检修不到位。检查2场4股头部减速器前台表示盒防尘不良;三部位减速器摩擦系数低,制动效能差,造成三部位减速器出口速度超速(定速6.5 km/h,入口速度18.5 km/h,出口速度13.6 km/h,超定速7.1 km/h);没有达到规定的制动效能,是造成事故的直接原因。

2. 微机监测管理不到位。事故发生前后一段时间,该微机记录资料完整,但对该事故发生当时的有关资料不能回放,无法查看事故发生时4股头部减速器工作状态,只能显示入口速度、定速、出口速度,其他数据均无法显示。

3. 电务段对尾部停车器设备维修不到位,2场4股尾部停车器控制箱内压力表未按规定校对;控制箱内配线乱;停车器表示盒固定不良;前台第4测试点制动轨摩擦面距离小1 mm,对该钩车没有起到应有的制动效能。

4. 电务段对设备故障报警不重视,2007年12月2日～2008年1月11日2场减速器出口超速共27次,其中雨天9次;正常天气18次,电务段只销记未采取任何措施。

5. 车站驼峰解体作业时,当溜至204—2时,驼峰调车长发现三部位出口速度为13.6 km/h(三部位定速6.5 km/h),超定速7.1 km/h,立即通知尾部作业员,尾部作业员未能采取有效措施;信号员急忙将130号道岔顺向牵出线,发现进路不对又想改扳动126～130号道岔顺向牵3,由于信号员业务不熟,没能将进路顺向牵3,造成事故发生。

三、事故责任

兖州车务段负事故主要责任;同时追究济南电务段负事故主

要责任。

四、采取措施

1. 电务联系厂家对 TJK 型减速器在结构、制式上存在缺陷，进一步完善改进设备存在的问题，提高减速器制动效能，符合提供的技术文件要求。

2. 深入开展驼峰设备专项整治活动，对关键设备进行重点整治，提高驼峰设备的整治标准和日常维护标准，重点加强减速器、停车器的维护保养，规范各项管理，确保整治设备的动态达标。

3. 电务段积极联系驼峰设备的生产厂家和设计单位，对微机监测死机问题、数据记录不全、误报警问题等立即进行解决，确保准确完整。

4. 车站遇暴风、雨、雪、浓雾等不良天气时，驼峰主体信号机必须以黄闪信号指挥推峰作业（以 3 km/h 速度推峰），驼峰调车长和驼峰作业员重点掌握，拉大溜放间隔距离（溜放车组间隔应不小于 30 m）。上行驼峰作业前将三部位缓行器调速修正参数调整为－4。

5. 车站Ⅱ场驼峰溜放前，在不影响线路运用时尾部顺向牵出线，空线溜放、大（重）车组溜放、停留车已越出报警的线路优先开通。必须以调车信号排列进路（采用正排或反排调车进路的方式，信号开放后，立即将调车信号关闭），严禁使用单操道岔排列进路。

6. 车站溜放作业中，驼峰调车长、驼峰作业员要紧盯工作站显示屏，发现三部位出口超速，立即通知尾部作业员："三部位出口超速，做好防溜"。

7. 车站进一步完善应急预案，加强作业人员业务技能培训，提高应急处理能力。

8. 济南电务段、兖州车务段认真分析，追究有关人员责任。

12

沪昆线安化站调车机车进入停电区一般C类事故

一、事故概况

2008年4月19日8时46分，40045次到达沪昆线安化站5道，8时55分株洲机务段$SS_3$4163号本务机车开始进行调车作业，由于车站值班员盲目乱干，对调度命令没有确认内容就签认，调车计划编制重点事项不清，接触网停电检修范围不清楚，值班干部盯控不到位，审核调车计划流于形式致使严重漏项没有及时发现，9时11分当机车5＋11辆牵出经下行正线西头道岔转上行线道岔区时，进入8时43分～10时30分就封锁的渠江—安化间上行线进行接触网118～120号杆更换悬瓶作业停电区，同时造成渠江变电所212断路器跳闸。构成铁路交通一般C类事故。

二、原因分析

1. 安化站值班员业务素质差，盲目乱干。严重违反《广州铁路(集团)公司调度命令发布规则》(广运发〔2008〕16号文件)“接收命令前要认真核对后再签收”的规定，对调度命令没有确认内容就签认，打印命令后也不交值班站长审阅，安放了2号行车限制卡后不确认限制卡内容；并且违反《站细》第15条“正线、到发线停电后要在停电范围的正线、到发线两端的列车按钮上揭挂停电帽”和第27条“接到停电的调度命令后，车站值班员应将两正线的渡线道岔开通定位，并单锁”的规定，计划编制重点事项不清，停电范围不清楚，导致电力机车带电进入停电区，是造成此次事故的直接原因。

2. 值班干部盯控不到位，没有抓住重点环节和关键，业务指导上不能发现问题，审核计划流于形式，计划上严重漏项没有及时发现，是造成此次事故的重要原因。

三、事故责任

娄底车务段负事故全部责任。

四、采取措施

1. 发生如此性质严重的事故，各单位要举一反三，深刻吸取事故教训，结合当前正在开展的安全大检查活动，进一步查找安全隐患，强化现场标准化作业的检查监控，大力整顿职工“两纪一化”，克服盲目图快、简化作业的现象。

2. 加强对调车作业全过程的检查监控，尤其要针对安全关键岗位、重点部位、薄弱环节强化卡控，现场盯控的干部要真正发挥为安全把关的作用，对现场作业全过程进行盯控和指导。

3. 发生事故后，各单位必须及时上报事故信息，并如实向调查人员汇报真实情况，不得隐瞒，真正形成抓小防大，杜绝安全漏洞和隐患的良好氛围。

13

兰新线 X297 次行包列车火灾一般 C 类事故

一、事故概况

2008 年 6 月 20 日 22 时 59 分，嘉峪关机务段 SS_{3B} 286 号机车牵引 X297 次行包专列（编组 30 辆，总重 1842 t，换长 47.0）古浪站 Ⅰ 道通过，车站助理值班员接车时发现机后第 29 位车辆冒烟，呼叫司机停车，23 时 00 分，X297 次停于兰新下行线 K215＋187 处。车站副站长与助理值班员赶赴现场对冒烟车辆进行检查后，报告列车调度员，23 时 28 分列车退行，23 时 43 分到达古浪车站 3 道停车，23 时 47 分车站对本列进行摘挂，将冒烟车辆拉开实施隔离甩车。车辆小破 1 辆；货物损失 113 件，湿损、烟熏等受影响货物 306 件。本列 0 时 59 分古浪开车，停车 1 小时 59 分。构成铁路交通一般 C 类事故。

二、原因分析

经兰铁公安局武威铁路公安处消防监督科、刑事科学技术室现场勘查调查取证分析认定：此次火灾是由于车内装载的铁制桑拿炉与运行右侧西门框摩擦引燃车内服装、光盘等易可燃物造成。

三、事故责任

中铁快运广州分公司负事故全部责任。

14

兰新线26018次货物列车火灾一般C类事故

一、事故概况

2008年7月5日13时12分，26018次货物列车运行至酒泉站2道待避1046次，助理值班员接车发现机后43位车辆（P_{64AK} 3429410，发站：库西，到站：灞桥，品名：皮棉）冒烟，13时40分利用车站调车机将事故车辆甩至货场1道处理，26018次于14时15分开。14时00分消防车到达货场施救，于15时20分将火扑灭。直接经济损失171 850元。构成铁路交通一般C类事故。

二、原因分析

由于车内棉包摆放间隙较大，造成皮棉在列车运行中前后窜动，皮棉捆绑铁丝摩擦发热引燃周围外露棉花，是造成火灾的直接原因。

三、事故责任

库尔勒车务段负事故全部责任。

15

陇海线旅客攀爬1131次旅客列车车顶一般C类事故

一、事故概况

2008年7月6日12时59分，1131次旅客列车在郑州局陇海线贺家庄站通过时，助理值班员发现列车尾前4、5位间车辆顶部右侧扒有一40岁左右男性人员，立即报告列车调度员，调度员通知前方张家湾车站进行确认，13时03分1131次列车张家湾通过后，助理值班员报告："1131次尾前4、5位车顶有一人扒乘。"值班员随即报告列车调度员。1131次旅客列车13时13分到达三门峡西站Ⅰ道，经车站与列车工作人员努力，13时44分将扒乘旅客安全解救。13时52分1131次旅客列车由三门峡西站开出，在站停车39分。构成铁路交通一般C类事故。

二、原因分析

事故的主要原因是由于旅客在乘车途中突发精神异常造成，列车工作人员疏于职守是构成事故的重要原因。

三、事故责任

西安客运段负事故主要责任。

四、采取措施

1. 西安客运段要加强对乘务人员的职业技能培训，强化对突发事件的应急处理能力。同时，加强信息传递和快速反应，强化事故预防和处置。

2. 加强干部添乘。对特殊区段和特殊时间，公安、客运和车辆部门都要加强干部添乘，及时掌握情况，加强重点防范。

3. 强化"三乘一体"管理。"三乘"人员要加强配合，提高工作默契程度，有效控制事态发展。

16

南疆线51203次三机重联单机冒进信号一般C类事故

一、事故概况

2008年7月8日，51203次（三机重联单机，库尔勒机务段配属，本务机车 DF_{4B}3814 号，二位机车 DF_{4B}7187 号，三位机车 DF_{4B}0726 号)8 时 55 分运行至南疆线哈让古站 2 道通过时信号自复，造成 51203 次冒进出站信号机 168 m，停于 K297＋485 处。9 时 05 分停基改电，51203 次 9 时 26 分开，停车 31 分。构成铁路交通一般 C 类事故。

二、原因分析

哈让古站值班员工作中注意力不集中，在没有认真确认列车越过出发信号机情况下，臆测行车，将控制台显示的列车尚未进入区段进路，误认为是列车过后遗留未解锁的白光带，人为按压按钮，关闭了下行Ⅱ道出发信号，导致 51203 次列车冒进信号。

三、事故责任

库尔勒车务段负事故全部责任。

17

湘桂线分离车辆溜入鹿寨站一般 C 类事故

一、事故概况

2008 年 7 月 26 日 4 时 00 分，22016 次货物列车运行至南宁局湘桂线鹿寨—新村间约 K476＋500 处时，因扒车人员关闭机后第 33 位与 34 位车辆两端折角塞门并提开车钩，造成列车在区间分离，分离的 5 辆油罐车惯性速度运行至变坡点，在连续上坡道自动减速后溜逸返回鹿寨站方向，经鹿寨站组织有关人员进行应急处置，迫使溜逸车辆于 4 时 24 分在鹿寨站一场 1 道 K481＋950 处停车。构成铁路交通一般 C 类事故。

二、原因分析

扒车的嫌疑人关闭车辆两端折角塞门并提开车钩，造成车辆在区间分离溜逸返回鹿寨站内，是事故的直接原因。2008 年 7 月 26 日 1 时 09 分，嫌疑人在柳州南站扒乘 22016 次货物列车 34 位油罐车上(车号 G60K 6223918)，想在鹿寨站下车回家，3 时 56 分列车通过鹿寨站后，嫌疑人在扒乘的机后第34位车辆上，分别关闭34位和33位车辆的折角塞门，再提开34位车钩，使列车在区间分离。

三、事故责任

列桂林车务段非责任事故。

四、采取措施

1. 公安部门要加强巡线巡站巡车，特别是后半夜要加强站停列车检查，加强扒车人员清理并加强封闭管理，对大站实行24小时管控、值守，严禁无关人员进入站内。

2. 各车站必须从源头上抓好各防控措施。有关车站、车务段必须完善应急预案，一旦发生突发事件要迅速反应。

3. 凡是派出所所在地站区值班所长必须加强夜间队站区各安全岗位的巡查，特别是后半夜的检查。

4. 所有线路、区间各站要注意清理扒车人员，调查其身份、历史背景，加大对违反治安管理的处罚，并对事件过程从源头进行倒查。

18

陇海线51350次单机带电进入停电区一般C类事故

一、事故概况

2008年8月6日，兰州供电段天水接触网工区按计划在陇海下行线天水至南河川、南河川至三阳川间进行分相绝缘器和接触悬挂检调作业。19时00分，列车调度员根据供电调度015号申请，下达了第1083号调度命令，自19时05分至20时35分，天水至南河川间下行线封锁，天水（含）至南河川间、南河川（含）至三阳川间下行线接触网停电。19时10分，作业组到达作业地点，19时15分，接触网工区分别在251号、265号、297号、335号四个接触网支柱处安装双接地线。19时25分，天水站开放了天水二场上行6道至天水一场6道51350次单机的发车信号，19时29分，51350次从天水2场上行6道开车。19时30分，列车运行至225/227号道岔时，短接了上下行分段绝缘器，从有电区进入停电区，将电带入停电区，造成南河川至天水间下行线间接触网作业东头251号接地线地线靴先后两次放电冒火。构成铁路交通一般C类事故。

二、原因分析

天水站值班员在接到第1083号调度命令后，在对调度命令的内容和要求没有认真核对，对封闭区段内有关道岔没有按规定加封的情况下，盲目指挥信号员办理了51350次的发车进路，导致列车从有电区进入停电区。车站值班员违反了《铁路运输调度规则》第57条第三款“受令人必须认真核对命令并及时签收”及《技规》第307条“封锁区间施工时，车站值班员应尽速与列车调度员联系，并根据封锁或开通命令，在信号控制台或规定位置上揭挂或摘下封锁区间表示牌”和天水站《站细》第57条第四款“为防止列车、调车、出入库机车进入无电区，站内、机务段接触网停电时，信号员应在有关信号按钮上设置加封标记；停止电力机车的调车作业”等有关规定，盲目指挥信号员办理了电力机车从有电区进入停电区，是造成此次事故的直接原因。

三、事故责任

天水站负事故全部责任。

四、采取措施

1. 车务部门要强化关键岗位职工的业务培训，特别是对关键处所、关键环节要做到熟知熟会，全面掌控。同时，要加强干部盯岗，对关键施工、检修作业进行全过程盯控。

2. 车务部门针对施工、维修“天窗”，要进一步强化调度命令起草、核发、接收、转交和实施，以及作业登销记等各项制度的落实，切实做到自控、互控、他控。

3. 供电部门要举一反三，强化干部职工安全意识，牢固树立接地线就是“生命线”的理念，严格执行电气化区段劳动安全作业标准，杜绝人身伤亡事故发生。

4. 机务部门要加强机车乘务员的业务培训，在运行中发生接触网停电和其他设备故障，及时排查和反馈设备故障信息，采取果断措施，防止故障进一步扩大。

19

兰新线K454次旅客列车碰撞小车一般C类事故

一、事故概况

2008年10月4日，嘉峪关机务段DF_{11}0235号机车牵引K454次旅客列车(编组17辆，总重1 048 t，换长45.3)5时38分红山堡站通过，运行至兰州局兰新上行线红山堡—上河清间K676＋346处，司机发现线路上有异物，随即采取紧急制动，继续运行639 m于5时46分停于兰新上行线K675＋707处，列车减速过程中机车头部左侧碰刮了位于运行线左侧的侵限小车。停车后，备班机车乘务员从右侧下车向列车尾部检查到机后14～15位(K676＋070处)时发现两线间另一印有“兰客”字样的送水小车。备班机车乘务员向上河清站及运转车长汇报了情况，列车制动机简略试验完毕，于5时59分区间开车，停车13分。构成铁路交通一般C类事故。

二、原因分析

经查实，兰州客运段郑州车队临客三组担当乘务的A841次旅客列车运行至兰新下行线上河清—红山堡间，位于16车二位的通过台处的2辆送水小车及3个水壶发生坠落。兰州客运段当班乘务人员值乘中睡觉，备品、车门管理不到位，致使列车运行途中送水小车及水壶从车门坠落，侵入邻线限界，与上行线运行的K454次旅客列车机车发生碰刮，导致K454

次旅客列车区间停车。

三、事故责任

兰州客运段负事故全部责任。

四、采取措施

1. 兰州局针对此次事故，迅速将情况通报全局，吸取教训、举一反三，要求客运部门加强监督检查，严格落实标准化作业，强化防范意识，加大对旅客列车关键岗位、关键时段的盯控，坚决遏制"两违"惯性问题，确保旅客列车绝对安全。

2. 兰州局客运部门要加强临时旅客列车的安全管理，加强临客班组人员的思想政治工作，采取多种形式不断增强客运班组的凝聚力。深入了解和掌握干部职工的思想动态，想方设法排解职工困难，及时化解矛盾，理顺工作情绪，教育职工树立"没有全局的安全就没有个体的利益"的观念，自觉遵章守纪，自觉保证安全。

3. 整顿临客乘务人员两纪。从本起事故中暴露出的列车乘务员当班睡觉问题来看，目前临客列车乘务员"两违"问题不容忽视，特别对乘客少、作业量小的情况下如何保证乘务员坚持作业标准的问题，果断采取措施，按照《兰州铁路局旅客运输服务质量作业标准》内容，深化"学标、对标、达标"活动，不断提高职工业务素质和遵章守纪的自觉性。

4. 加强对客服备品的管理。兰州局客运系统要深刻吸取本起事故教训，对辖区内所有客服备品管理状况进行全面检查，完善现有备品管理办法，对易于移动的送水、送餐小车及水壶、暖水瓶等物品要落实看管责任，加强巡视检查。

5. 加强旅客列车"三乘一体"的管理。充分发挥列车长管理职能作用，开展好联劳协作，调动每一个乘务人员工作积极性，在值乘途中严格落实"自控、互控、他控"，确保旅客列车运行安全受控。

20

京沪线 D51 次列车冒进出站信号一般 C 类事故

一、事故概况

2008 年 10 月 9 日，济南局京沪线张庄站车站值班员盲目使用总取消按钮关闭 1 道出站信号机，导致 D51 次越过出站信号机后在张庄—禹城区间下行一离去 K421＋012 处接触网电分相无电区停车。车站值班员接到报告后立即汇报列车调度员，列车调度员在越区供电未果的情况下，9 时 41 分发布了 5124 号命令，使用 41080 次本务机担当救援。58102 次救援列车 9 时 48 分禹城站开车，于 10 时 12 分将 D51 次拉至禹城站，影响本列 1 小时 33 分。构成铁路交通一般 C 类事故。

二、原因分析

1. 盲目操作总取消按钮。车站值班员急于取消通过进路上的按钮闪绿灯，以开放 X_{102} 次通过进路信号后交班，以至于在未认真确认列车压上出站信号机的情况下，盲目操作总取消按钮，将 D51 次出站信号关闭，是造成这次事故发生的主要原因。

2. 基本作业标准不执行。D51 次通过信号开放后，车站值班员未通过控制台监视进路、信号及列车进出站，又盲目按压了通过进路上的始终端按钮，造成 1 道通过进路上出现按钮闪绿灯和进路排列表示灯亮红灯，直到排列 X_{102} 次 2 道通过进路时，才发现 1 道接车进路上列车信号按钮在闪绿灯和进路排列表示灯点亮红灯。在排列上行 X_{102} 次进路时未确认进路表示灯状态，一系列不执行基本的作业标准，为事故的发生埋下了隐患。

3. 助理值班员违反交接班“五清五不交”的基本制度，未及时发现控制台出现的异常情况。D51 次接近后，未通过控制台再次确认信号开放状态，在 D51 次已经接近的情况下，与接班的助理值班员办理交接班手续，是造成这起事故的重要原因。

4. 干部盯岗流于形式，这起事故中，车站站长未及时与接班人员一起到行车室盯控交接班全过程，只是简单地到行车室“转了一圈”就离开了，对设备情况以及列车运行情况如何，是否具备交接班条件等需盯控的重点没有盯控，对安全关键盯控不到位导致发生事故。

三、事故责任

济南车务段负事故全部责任。

四、采取措施

1. 落实标准，严肃纪律。车务段要采取强有力的措施，强化规章制度和基本作业标准化的落实，干部要真正树立强烈的责任心，明确自己所肩负的重要责任，特别是要立足当前，狠抓作业标准化的落实，以对工作高度负责的精神，严管、善管，树立问题意识、忧患意识和危机意识，沉到班组、检查到位，真正履行干部的安全管理职责，下大气力整治作业标准不落实问题。

2. 深入开展作业标准竞赛活动，奖优罚劣，促进职工作业标准化水平和应急处理能力的提高。选树典型，彻底解决不会干，把习惯当标准的问题。从严考核，与收入挂钩，与评选奖励挂钩，形成氛围，让违章蛮干者丢面子、失岗位、减票子，真正以作业标准化的落实确保安全生产。

3. 深入开展控制台操作中存在的安全问题和隐患的排查工作。车务段要真正接受“6.6”和“10.9”事故教训，将控制台在使用中需特别注意的事项，逐个按钮、逐个轨道区段的进行分析、排查，针对排查出的问题，制定安全卡控措施并抓好落实。同时细化制定控制台操作应急预案，做到所有操作人员均能熟练操作本职岗位集中联锁设备。

4. 强化车务段和车站管理者的责任意识。牢固树立守土有责的责任意识和如履薄冰的危机意识，恪尽职守，履行职责。加强学习，深入现场，摸清底数，掌握关键，增强安全控制能力和自主管理能力，确保一方平安。

21

滨洲线卧牛河站误办理 57501 次列车接车进路一般 C 类事故

一、事故概况

2008 年 10 月 13 日 18 时 52 分，滨洲线卧牛河站值班员在办理由齐齐哈尔机务段 DF_{4B}1744 号机车牵引的 57501 次超级超限货物列车（编组 39 辆，总重 797t，换长 50.7）接车进路时，由于不清楚该列车为超级超限列车，误办理了非固定接车线 3 道的接车进路（固定线 I 道）。19 时 15 分，列车调度员通过调监发现该列车没有接入固定线路 I 道而错误排列接入 3 道后，立即指示值班员呼喊司机停车，19 时 16 分列车越过进站信号机 100 m 停车。车站组织退行，19 时 26 分重新接入固定线 1 道停车。构成铁路交通一般 C 类事故。

二、原因分析

1. 齐齐哈尔车务段卧牛河站值班员在办理 57501 次列车接车时，没有按《技规》第 281 条和 TB/T 1503 单双线半自动闭塞集中联锁（未设信号员）接发列车作业标准中接车作业程序及技术要求，“核对超限列车运行命令”，盲目将超级超限货运列车接入非固定线路，是造成这起事故的主要原因。

2. 齐齐哈尔车务段卧牛河站助理值班员在车站值班员下达错误接车命令过程中，对超级超限货运列车不清楚，没有起到互控作用，是造成这起事故的重要原因。

3. 齐齐哈尔车务段卧牛河站站长在交接班会中，没有对跨班、跨时段的超限电报和超限列车运行命令组织交接传达清楚，也没有重点提示，只是告诉值班员有三个命令。在值班员办理接发超限货物列车作业过程中，没有按《哈尔滨铁路局三等及以下车站站务管理办法》规定，到行车室监控，也是造成这起事故的重要原因。

4. 齐齐哈尔车务段扎兰屯站值班员在办理 57501 次列车发车预告时，没有按《技规》第 286 条和 TB/T 1503 单双线半自动闭塞集中联锁（未设信号员）接发列车作业标准中发车作业程序及技术要求规定，通知卧牛河站 57501 次列车是超级超限列车，是造成这起事故的次要原因。

三、事故责任

齐齐哈尔车务段负事故全部责任。

四、对有关人员的处理

1. 给予齐齐哈尔车务段卧牛河站值班员撤职处分，待岗 6 个月。

2. 给予齐齐哈尔车务段卧牛河站助理值班员撤职处分。

3. 给予齐齐哈尔车务段扎兰屯站值班员撤职处分。

4. 给予齐齐哈尔车务段卧牛河站副站长撤职处分。

5. 给予齐齐哈尔车务段卧牛河站站长行政撤职处分。

6. 给予齐齐哈尔车务段技术科中间站站务管理工程师行政记过处分。

7. 给予齐齐哈尔车务段技术科科长行政记过处分。

8. 给予齐齐哈尔车务段安全科科长行政警告处分。

9. 给予齐齐哈尔车务段主管副段长行政警告处分。

10. 给予齐齐哈尔车务段段长、党委书记行政警告处分。

11. 给予铁路局运输处副处长、车站科科长全局通报批评。

12. 铁路局调度所、齐齐哈尔机务段、哈尔滨工务机械段结合存在的问题，对相关人员进行追究考核。

五、采取措施

1. 各单位要认真吸取事故教训，开展一次接发列车防错办攻关活动，防止同类事故再次发生。

2. 加强专业管理。各单位、各部门要认真剖析这起事故暴露出的专业管理问题，强化专业管理，堵塞漏洞，抓好规章制度的贯彻落实工作。

3. 严格落实交接班制度。交接班时，要对一班工作认真进行总结，并对班中重点注意事项严格传达和布置。特别是对跨班、跨时段执行的有关文电及命令，要做到认真传达到位，并跟踪落实执行情况。

4. 强化监控作用。列车调度员对重点列车要进行重点盯控，提高指挥能力。针对超限、专运等重点列车要有干部上岗监控和添乘指导，发现问题及时纠正。

5. 细化调度命令用语标准。在超限货物列车运行调度命令用语中，应细化运行区段内沿途各站接发车股道内容或允许命令中写入“按××电报(文件)要求执行”字样。

6. 严格对特种设备运行条件把关，提供详细的运行资料。针对这次龙门架工程车运行中，暴露出的问题逐项整改，重点做好对龙门架等特种设备运行路径的调查确认，并提供详细运行条件的相关安全数据，确保龙门架及特种设备运行安全。

7. 加强乘务员标准化的执行，对重点列车的运行措施执行情况，加大检查力度，防止臆测行车。

22

外南线旅客攀爬 K68 次旅客列车车顶一般 C 类事故

一、事故概况

2008 年 10 月 22 日，由福州开往青岛的旅客列车 K68 次 17 时 09 分到达外南线南平站Ⅱ道停车，此时南平站正在组织 K68 次旅客放行上车，这时一名持有当天 K477 次客票(当时没有出示车票)的男性旅客强行从南平站 1 号检票口冲进站台，检票员及站台客运员未来得及阻拦，该男性已直奔站台左侧爬上 K68 次 7 号、8 号车厢中间连接处。17 时 15 分南平站向路局总调汇报并请求接触网停电处理，17 时 23 分调度下令停电，18 时 10 分处理完毕，18 时 14 分恢复供电，K68 次 18 时 28 分开车。K68 次在南平站超停 59 分。构成铁路交通一般 C 类事故。

二、原因分析

肇事者因突发精神分裂症，导致在南平站候车室强行从 1 号检票口冲进站台，直奔站台左侧穿越 1 道，爬上 K68 次 7 号、8 号车厢连接车顶处，造成 K68 次旅客列车在南平站超停 59 分，是事故发生的主要原因。

三、事故责任

列南平车务段非责任事故。

四、采取措施

1. 要进一步做好对突发事件应急处理。南平车务段要进一步协调好车站与公安日常配合工作，福州公安处要进一步做好重点处所的巡查工作，特别是对一些突发事件，要及时启动应急预案，采取果断措施，确保铁路运输安全畅通。

2. 要进一步做好站车交接制度。南平车务段要认真吸取这起事故教训，举一反三，严格站车交接制度，确保站车交接工作落实到位。

3. 要进一步做好旅客乘降组织。南平车务段要加强候车室的监控管理，加强站台管理，做好旅客乘降组织，确保乘降组织安全有序。

23

胶济线冲突车辆编入列车一般 C 类事故

一、事故概况

2008 年 11 月 29 日 2 时 10 分，青州市南站调车丙班执行第 6 号调车计划，当 3 时 50 分作业至第 12 钩货 3－1 对位时，与货 3

停留的 6 辆重车先后连挂二次未挂妥，第三次连挂后，调车长误认为已挂好，在未进行试拉的情况下，即盲目指挥调车机推送对位。在推送运行对位停车时，未挂妥的 6 辆重车以 11 km/h 的速度溜逸，溜逸车辆走行 104 m 后与挡车器发生冲突，并推挡车器移动 7 m 后停车，发生冲突的车辆未经检查又编入列车。构成铁路交通一般 C 类事故。

二、原因分析

1. 调车长违章蛮干，在推送车辆前未认真确认车辆连挂状态，不按规定进行试拉即指挥机车推进运行，是造成调车冲突的直接原因。

2. 车辆与挡车器发生冲突后，青州市南站隐瞒未报，将溜逸车组前端车辆 C_{62BT} 4667645（集装箱）卸空后，未按规定通知车辆部门检查冲突车辆，擅自编入 DH43099 次列车，于 11 月 29 日 23 时 26 分由车站发出，是造成事故升级的直接原因。

三、事故责任

青岛西车务段负事故全部责任。

四、采取措施

1. 青岛西车务段对此次事故，要认真组织分析，进一步查找发生事故的深层次原因，深刻接受事故教训，坚决刹住发生事故隐瞒不报的现象。

2. 加强职工安全意识、责任意识教育，提高作业人员遵章守纪的自觉性；加强安全管理，要制定切实有效的现场控制措施，坚决卡住调车作业违章蛮干、简化作业标准程序的不良倾向，严格作业标准的落实。

3. 加大干部对现场作业的监控力度，发挥干部的现场监控作用，切实做到干部对现场的有效监控。

第二部分　机务供电部门

24

湘桂线新塘坪站 41030 次货物列车冒进出站信号一般 B 类事故

一、事故概况

2008 年 4 月 13 日 4 时 00 分，柳州机务段 DF_{4B}6527 号牵引 41030 次货物列车（编组 33 辆）进入南宁局湘桂线新塘坪站 1 道停车待避 K158 次旅客列车。当 K158 次出发信号开放后，41030 次司机误认为本列信号动车，冒进关闭的 1 道出发信号，挤坏 3 号道岔；4 时 15 分机后 7、8 位车辆脱轨后紧急制动停车，越过出站信号机 332 m。经救援于 8 时 07 分开通线路，中断正线行车 3 小时 52 分。构成铁路交通一般 B 类事故。

二、原因分析

机车乘务人员在值乘中打盹睡觉，违章作业，未执行车机联控制度，未得到车站值班员的通知就擅自开车，未执行两人共同确认地面信号、机车信号的规定，误认信号。

三、事故责任

柳州机务段负事故全部责任。

四、事故教训

1. 南宁局机务部门未能认真吸取济南局“3.24”冒进信号事故教训，主要表现在：机务处对监控装置漏控模式制定的措施针对性不强；柳州机务段对路局转发通报制定的措施极其粗糙，没有切实可行的控制措施，对漏控模式可能引发的严重问题没有引起高度的重视。

2. 机车乘务员"两纪"专项整治开展不力。南宁局虽然将机车乘务员"两纪"专项整治列入了2008年的整治项目,但专业管理部门没有及时进行布置,机务段制定的推进计划不够具体,操作性不强。

3. 关键人管理制度落实不力。抽查司机、学习司机2007年1月至2008年2月的违章违纪记录:司机共有违章违纪记录8次,其中未及时按警惕键造成监控放风2次,并存在站停车超过5分未检查机车走行部等问题;学习司机共有违章记录26次,其中有在站停车超过5分未检查机车走行部、多次不参加学习、出乘答题不及格、备班迟到等问题,但车间并没有列为关键人进行管理。同时机班配班不合理,机班互控形同虚设。

4. 现行LKJ监控模式不完善。《列车运行监控记录装置控制模式设定规则》规定:"货物列车运行在站内发生停车,监控装置一次性自动解除停车控制,监控列车以不超过15 km/h的速度运行。"存在货物列车进站停车后,在信号关闭的情况下不控的严重隐患。

五、采取措施

1. 机务系统要迅速贯彻学习、记名传达铁道部运装机运电〔2008〕992号电报,认真吸取事故教训,从4月14日起,全面深入开展乘务员百日劳动纪律专项整治活动,做到"三严禁":严禁在值乘中打盹睡觉;严禁无行车凭证开车;严禁在开车前不执行呼唤应答。

2. 严格备班制度,强化备班管理,加强干部对备班制度的抽查和量化检查要求。强化夜班干部添乘制度,干部夜班添乘不少于量化标准的50%;离驻地100km以外的车站,干部夜班抽查不少于量化标准的50%。对重点列车、关键时段及关键人员全面安排添乘检查,坚决禁止在值乘中打盹睡觉的现象。

3. 在监控模式未修订完善之前,除按运装机运电〔2008〕939号电报办理外,还要细化制定监控装置使用办法,坚决杜绝类似事故的再次发生。

4. 加强监控分析，全面掌握机车乘务员执行规章制度和标准化作业情况，对违章违纪现象，发现一起严肃处理一起，决不姑息迁就。

5. 强化车机联控，运输部门要加强列车运行的预告工作，及时通报列车会让及开车信息。

6. 全局各单位要认真吸取"4.13"事故教训，举一反三，眼睛向内，深入查找本单位、本部门安全管理、规章制度、现场作业中存在的问题，制定措施、开展专项整治，扭转当前安全生产的被动局面，确保全局运输安全各项目标的实现。

25

徐州北站 1470 次旅客列车与调车机侧面冲突一般 B 类事故

一、事故概况

2008 年 12 月 6 日 13 时 25 分，14 调签点出库，经由交换场联 10 线穿越上行正线进辅助场进行调车作业，因 14 调机车连续越过关闭的 D_{750}、D_{774} 两架调车信号机，13 时 57 分，在 772 号道岔处与通过的 1470 次旅客列车（编组 20 辆，总重 1067 t，换长 44.8；机车为济南铁路局济南机务段配属）发生侧面冲突。造成部分车辆刮损。耽误本列 2 小时 26 分。构成铁路交通一般 B 类事故。

二、原因分析

1. 机车乘务员违反《技规》第 224 条第 3 款"时刻注意确认信号，不间断地进行瞭望，认真执行呼唤应答制，正确及时地执行信号显示的要求，没有信号不准动车，信号不清立即停车"的规定，在没有认真确认 D_{750} 号、D_{774} 号调车信号开放的情况下，盲目动车。同时，机车乘务员违反《行规》附录 35 第三项第 2 款"……穿越正线和在长期轨道电路分路不良处所作业时，必须执行'问路式'调车”的规定，机班在穿越京沪正线调车作业中没有执行“问路式”调车作业的规定，是造成事故的直接原因。

2. 中铁建第四勘测设计院在该站场改造设计过程中，在与正线衔接的道岔设计时，在有条件采取道岔隔开时采用了调车信号机的隔离，降低了设备本身的安全性，给这起事故留下重大安全隐患，也是造成事故的直接原因。

3. 徐州北站信号员违反《行规》第 47 条第三款“接发旅客列车时，能接入接发列车进路的线路没有隔开设备或脱轨器不准调车……”的规定。在办理接发 1470 次客车进路的同时，提前操纵道岔，准备了调车经路，是造成事故的重要原因。

4. 徐州电务段作为管理单位，对设备存在隐患，没有意识，更没有将设备的缺陷告知设备使用单位，致使设备隐患长期存在。同时，日常对设备养修管理不到位，与事故相关信号机显示距离不足，给行车安全留下隐患，是造成事故的重要原因。

三、事故责任

徐州机务段负事故主要责任；追究中铁建第四勘测设计院事故同等主要责任；徐州北站、徐州电务段负事故重要责任。

四、事故教训

1. 违章蛮干。机车乘务员、车站作业人员在作业过程中，违反《技规》、《行规》有关规定，在信号不清、进路不清的情况下，违章蛮干，臆测动车。信号员提前操纵道岔，形成调机通向接发列车径路，习惯性作业违章，不良的作业习惯，长期存在，严重危及列车运行安全。

2. 管理失控。事故责任相关单位管理人员对机车乘务员、车站值班员、信号员、信号维修人员不执行《行规》、《铁路信号维护规则》，失管失控。

3. 基础薄弱。《站细》、《作业指导书》不细不实，缺乏针对性和可操作性，现场难以落实。职工教育培训不到位，缺乏针对性、有效性、实用性，职工技术业务素质与确保运输安全的要求还不适应。

4. 作风不实。安全生产大检查、大反思开展不深入、不彻底，对本次事故中存在的安全隐患，没有及时发现并采取有效的控制措施。路局专业指导、安全督导还不到位，对安全生产中存在的问题没有闭环管理。

五、采取措施

1. 责成徐州机务段、徐州北站、徐州电务段对事故进一步扩大分析，举一反三，全面查找干部作风、职工教育、现场安全控制等方面存在的问题，制定措施，落实整改。路局机务、运输处和徐州办事处负责督查并帮助整改。

2. 局内各单位接通报后要立即将事故主要原因和教训传达到每一个干部职工，并结合本单位存在的安全问题隐患和冬季作业安全的特点，认真吸取本次事故教训，切实加强现场安全控制，防止类似问题重复发生。

3. 各机务段要对现有"问路式"调车作业规定的执行情况进行一次全面调查，对落实不到位的情况坚决制止和纠正。各车务单位要根据本站的作业特点细化调车作业联控措施，并认真贯彻落实，纳入日常必检、必控范围。

4. 各车务单位要对《站细》再进行一次全面检查、审核，检查《站细》编制是否存在不符合《行规》要求，是否有内容、要求不具体、不具有操作性的问题。特别是对穿越正线的调车作业，必须在技术上明确可靠、可操作的措施和办法。

5. 认真贯彻全局安全工作会议精神，改进干部作风，加大对现场作业安全的控制力度，对发现的安全问题要落实干部的包保、整改责任，并严格考核。

6. 牢固树立安全发展的理念，加强源头治理和整治，加强结合部控制，立即在全局范围内开展设备隐患排查，对一时无法整治的采取有效的控制措施，确保接发列车安全。

26

兰新线玉石站接触网接触线断线一般 C 类事故

一、事故概况

2007 年 9 月 3 日 19 时 47 分，嘉峪关机务段 $SS_3$0073 号机车牵引 L110 次旅客列车运行至兰州局兰新线 K372＋692 处，因机车受电弓刮坏停车，同时接触网接触线断线接地，茂岭牵引变电所 212 开关跳闸停电。22 时 23 分区间开通，中断上行线行车 2 小时 29 分。构成铁路交通一般 C 类事故。

二、原因分析

玉石站东岔区接触网 22 号支柱线岔 500 mm 处水平参数超标，加之限制管间隙较大，SS_3 0073 号机车 TSG1 型受电弓运行至 22 号线岔处钻弓，造成弓头脱落，机车继续运行至 18 号支柱处，将接触网导线刮断。

三、事故责任

兰州供电段负事故主要责任；嘉峪关机务段负事故次要责任。

四、对有关人员的处理

1. 给予兰州供电段金昌供电车间接触网工行政记过处分，并下岗 3 个月。

2. 给予工作领导人考核 600 元。给予金昌网工区工长考核 600 元。给予金昌车间质检员考核 100 元。给予金昌车间主管接触网技术员考核 400 元。

3. 给予金昌供电车间主任、党支部书记行政记过处分，并考核 500 元。给予金昌供电车间主管副主任行政记大过处分，并考核 500 元。给予金昌车间其他管理干部各考核 100 元。

4. 给予兰州供电段技术科接触网主管工程师行政警告处分，并考核 300 元。给予技术科主管接触网副科长行政警告处分，并考核200元。给予技术科科长行政警告处分，并考核100元。给予安全科科长考核100元。

5. 给予兰州供电段主管接触网副段长行政警告处分。

五、事故教训

1. 设备日常巡视、检测不认真，对关键设备控制不力。一是放松了对线岔等关键设备的周期巡视检查，带电检测开展不认真，导致对设备的实际运行状态、运行参数心中无数，现场设备隐患没有及时发现和处理；二是检测手段单一，没有充分发挥段检测车作用，周期检测欠账较多。

2. 职工业务素质差、责任心不强。设备带电检测、步行巡视中质量不高、发现和解决问题能力不强，尤其对于一些隐性的隐患，如安装错误、部件受力不良等问题不能及时发现。金昌接触网工区于7月15日对该处设备进行了带电检测，却并没有及时发现设备隐患，致使设备带病运行造成事故。

3. 段、车间专业干部现场指导不力，作用发挥不良。主管专业工程师和车间专业技术人员在现场包保期间，对设备的检查巡视没有做到“全覆盖、无遗漏”，部分干部现场检查没有结合实际情况提出科学的指导意见，没有根据季节变化制定有针对性的办法、措施。同时，车间在近期工作安排中重点不突出，对于线岔等关键部位没有进行全面的、详细的检查。

六、采取措施

1. 兰州供电段要加强接触网的精检细修工作，加强带电检测工作，加强对接触网设备的步行及作业车巡视，及时发现接触网设备隐患，并及时处理，确保设备运行安全。

2. 兰州供电段加强日常应急抢险的演练，发生设备故障，网工区作业组成员到达现场后，要及时全面了解现场情况，制定切实可行的抢修方案，压缩故障延时。

3. 嘉峪关机务段要加强乘务员的教育，乘务员要加强对接触网的瞭望，发现接触网有电弧或摆动幅度较大时，要果断采取降弓通过或停车措施，并及时通知相关部门检查处理。

4. 机务段和供电段要加强机、供联控工作，整备线进行车顶整备作业时，弓检员与供电段专检人员共同对机车受电弓进行检查，并建立记名检查制度，严格落实机供协议关于弓检员互签制度。

27

京广线 X277 次行包列车机车烧断接触网一般 C 类事故

一、事故概况

2007 年 10 月 3 日，武昌南机务段 SS_{6B}1042 号机车牵引 X277 次行包列车（武南运用车间司机值乘；编组 24 辆，总重 1 566 t，换长 36.4）运行，由于接触网刮弓导致受电弓故障，机车乘务员处理不彻底，在云溪站 5 道升另一受电弓时烧断接触网。造成京广下行线中断行车 1 小时 20 分。构成铁路交通一般 C 类事故。

二、原因分析

在路口铺将 SS_{6B}1042 Ⅱ 弓打坏是因为接触网上有凸起的硬点，机车在运行过程中通过此处时，受电弓滑条受到硬点的冲击将弓头刮翻打坏。

在云溪站升弓后将接触网击断，是因为车顶有接地放电处所。

在路口铺发生弓网故障，办理停电后，乘务员登顶检查时，未将车顶检查、清理、防护彻底，Ⅱ 弓处仍有损坏的导电体与车顶大盖接触或存在有放电间隙。

在升前弓后，受电弓与接触网间产生很大的短路电流，因 Ⅰ 弓滑条与接触网的接触电阻值相对较大，在瞬间通过大电流时，产生拉弧将接触网烧断，并在滑条上产生明显的灼痕。

三、事故责任

武昌南机务段负事故全部责任。

四、对有关人员的处理

1. 给予事故直接责任者 SS_{6B}1042 机车 2 名司机行政记大过处分，写出书面检查，中断百安赛成绩，并待岗 6 个月。

2. 给予负有直接管理责任的武昌运用车间指导司机行政记大过处分，写出书面检查，并诫勉 6 个月。

3. 武昌南运用车间乘务专职行政记大过，写出书面检查，并诫勉 3 个月。

4. 给予负有安全管理责任的武昌运用车间教育副主任行政记过处分，写出书面检查，并诫勉 3 个月。

5. 给予负有管理责任的武昌南运用车间主任、党总支书记行政警告处分，写出书面检查，当月安全责任制按规定考核。

6. 给予负有教育责任的职教科科长行政警告处分，写出书面检查，当月安全责任制按规定考核。

7. 责成主管武昌南运用车间的运用副段长分别写出书面检查，当月安全责任制按规定考核。

8. 段长、党委书记写出书面检查报上级主管领导。

五、事故教训

1. 武昌南机务段对事故认识不到位。10月 3 日发生事故后未能及时赶赴现场和株洲查看故障机车，了解故障处所，给事故分析和吸取真正教训带来了困难。也未及时派员到事故发生地事故调查组接受事故调查。

2. 乘务员有章不循，处置能力差。在路口铺发生弓网事故后，乘务员虽然对车顶进行了检查、清理和防护，但处置是否彻底心中无数。在云溪站升弓前，未进行车顶绝缘检测，也未要求停电对车顶再次进行检查确认，盲目升弓，造成断网事故。

3. 乘务员的故障应急处理能力欠缺。车顶发生故障后，再次升弓前，必须检查确认网压表上有 2 000V 左右的感应电压才可升弓。如无感应电压，则可视为车顶原边电路绝缘低或接地。

4. 职教科和武南运用车间对乘务员的业务培训力度不够。乘务员对机车上高压绝缘检测装置的作用性能不了解，对操作方式不熟悉，升弓前没有通过高压绝缘检测装置对车顶绝缘性能进行检测。

六、采取措施

1. 要求武昌南机务段应举一反三进行非正常情况下行车安全措施清理，补强补齐不留死角。同时结合此次事故，加强对新《铁路交通事故处理规则》(简称《事规》，下同)再学习、再认识，加快思想观念转变。

2. 武昌南机务段要结合机务季节性特点，制定电力机车车顶整修方案，确保在冬季车顶不发生雾闪、冰闪等故障。加强对车顶日常检查检修、保养保洁的盯控，防止车顶原边电器线路设备爬电、放炮。

3. 加强机车安保装置用、管、修工作，确保机车上各种安保设备良好投入运用。

4. 武昌南机务段职教科、运用车间要组织每班乘务员上车顶熟悉了解车顶高压电器的功能及布置，对车顶故障的应急处理进行强化培训，人人过关。制定防止弓网故障的措施，组织乘务员进行学习。

5. 要求武昌南机务段检修人员对每趟入库机车车顶检查完毕后，使用高压绝缘检测装置对车顶绝缘状态进行检测，纳入作业范围。

6. 加强对教育乘务员，接车后升弓前或途中因车顶故障再次升弓前，必须通过高压绝缘检测装置对车顶绝缘进行检测。途中因车顶故障时，机车乘务员必须申请办理停电手续后登顶检查确认处理完毕并无接地点后，方可升弓。

7. 机务处要加强专业检查，及时发现安全管理、设备质量问题，督助整改。同时对机务系统要求吸取这次事故教训，进行安全生产问题排查，落实路局“八查、八整、四加强”要求。

28

成渝线大渡口站接触网倒杆一般C类事故

一、事故概况

2007年11月14日15时25分，成渝线大渡口站8道外侧55号接触网钢柱向内倾斜45°角，造成接触网短路、跳闸停电。经过供电段抢修于17时07分恢复大渡口车站1、Ⅱ、3、4、5道通车，18时05分抢修完毕，影响行车1小时42分。构成铁路交通一般C类事故。

二、原因分析

1. 55号接触网钢柱外侧两根70号主角钢受地理环境影响锈蚀严重，自身机械强度严重下降到不能承受外来附加负载，被超强拉力撕裂是事故发生的直接原因。

2. 重庆供电段负责该段接触网的车间、工区安全管理存在死角，各项制度落实不够，安全检查不到位。在平时设备巡视时，因55号油漆钢柱已经安排了更换计划，在待更换期间，检查工作不认真仔细，重点巡视工作流于形式，没有能够及时发现该支柱被锈蚀严重的情况，致使该隐患蔓延、发展造成事故，是事故发生的主要原因。

3. 11月14日15时大渡口地区大气温度由上午19℃下降为12℃，变化幅度为今年秋季以来最大的一次，接触网导线、承力索等金属零部件在气温变化下的物理效应产生应力重新调整过程中的附加横向拉力在瞬间大大超过55号接触网钢柱正常时的受力，是事故发生的次要原因。

三、事故责任

重庆供电段负事故主要责任。

四、对有关人员的处理

1. 段长扣发1个月生产奖并另行扣款300元，在段安全专题民主生活会上作检查，向铁路局机务处作书面检查。

2. 主管接触网副段长扣发 1 个月生产奖并另行扣款 300 元，在段安全专题民主生活会上作检查，向铁路局机务处作书面检查。

3. 段技术科科长、安调科科长各扣发 1 个月生产奖并另行扣款 300 元，干部问责记 3 分，向段作书面检查。

4. 包点干部扣发 1 个月生产奖并另行扣款 200 元，干部问责记 3 分，向段做书面检查。

5. 重庆南供电车间主任行政级别由正科级降为副科级，扣发 1 个月生产奖并另行扣款 300 元，干部问责记 6 分，向段做出书面检查。

6. 重庆南供电车间党支部书记按规定任职年限延期提正科级，扣发 1 个月生产奖并另行扣款 300 元，干部问责记 6 分，向段做出书面检查。

7. 重庆南供电车间副主任行政级别由副科级降为股级，扣发 1 个月生产奖并另行扣款 300 元，干部问责记 6 分，向段做书面检查。

8. 重庆南供电车间主管接触网技术人员扣发 1 个月生产奖并另行扣款 300 元，干部问责记 6 分，向段做出书面检查。

9. 重庆南供电车间主管变电所技术人员扣发 1 个月生产奖，干部问责记 3 分，向段做出书面检查。

10. 重庆南供电车间劳动安全员（兼职事务员）扣发 1 个月生产奖。

11. 重庆南接触网工区工长撤销工长职务，任班长主持工区工作，扣款 200 元。

12. 重庆南接触网工区班长撤销班长职务，扣款 300 元。

13. 重庆南接触网工区在距离 55 号钢柱倒塌事故最近一次巡视检查的职工，扣款 600 元。

五、事故教训

1. 重庆供电段对安全重视不够，安全管理不到位，对安全重要性认识上出现偏差，干部作风不实，没有认真落实安全隐患排查和安全专项整治工作的要求，安全敏感性不强，安全预防性工作不到位。

2. 对设备日常检查、检修不到位，安全责任制落实不彻底，逐级负责制执行不好，设备质量负责制落实不力。

3. 业务培训不到位，缺乏判别、识别的能力，作业程序简化，要求不严，执行不好，对作业过程检查监督不严。

4. 事故救援预案不完善，缺乏演练，抢修能力不强。

六、采取措施

1. 重庆供电段，特别是各级领导要高度重视，认真汲取教训，引以为戒，立即组织相关部门、车间对管内所有可能影响行车安全的设备进行记名式安全普查，对查出的影响行车安全的问题和隐患进行整治，制定措施，确保行车设备质量。

2. 认真落实监督检查职责，采取添乘、步巡等措施强化对行车设备的检查，特别要加强对待大修、更换设备的检查和监控，对工区日常检修作业进行监控，提高设备质量，强化现场控制。

3. 加强技术管理干部牵引供电专业技术理论和规章制度学习、培训，提高干部技术业务管理能力和安全防患意识，真正做到在日常工作中能发现问题、解决问题。

4. 平时加强职工业务、技能培训学习，提高职工业务、技能水平，增强识别设备故障隐患能力和事故抢修能力。

29

京广线接触网线烧断一般C类事故

一、事故概况

2008年2月1日2时24分，广州机务段SS_8 174号机车附挂51001次机后第3位由衡阳冷机回送（共挂有10台回送电力机车）到达京广线韶关站 10 道，本务机车及机后 2 台电力机车解车后由第 3 位机车担任本务继续回送广州，由于机车顶堆有冰雪，Ⅱ端受电弓（运用弓）支持绝缘子被冰雪覆盖，机车升弓后 3 时 30 分因冰雪下塌导致放电，造成 10 道 135～139 号杆间接触网线烧断，至 4 时 51 分修复接触网。损坏吊弦 2 根、接头线夹 1 个、中心锚结绳 1 套、接触线 30 m。构成铁路交通一般 C 类事故。

二、原因分析

SS_8 174 号机车由衡阳冷机回送广州时，遭遇衡阳大雪及中途冻雨，机车Ⅱ端受电弓（运用弓）支持绝缘子被冰雪覆盖，机车在韶关站 10 道升弓后，因冰雪下塌造成放电，导致接触线烧断。

三、事故责任

列广州机务段非责任事故。

四、采取措施

1. 雨雪冰冻气候在库内接车时，要认真检查确认机车受电弓是否有结冰现象。

2. 需要升弓时，必须注意机车受电弓积冰融化情况，未完全融化时不得升弓。

3. 机车升弓前，必须加强车顶高压绝缘检测，检测正常方可按规定开放相应塞门升弓。

4. 怀化供电段要加强抢修组织工作，不断提高职工应急处理能力，最大限度减少故障情况下中断供电的时间。

30

京包线 82278 次货物列车机车烟囱罩脱落一般 C 类事故

一、事故概况

2008 年 2 月 28 日 19 时 51 分，由 DF_{8B} 0072 号机车牵引的

82278 次货物列车运行至京包上行线台阁牧—攸攸板间 K668＋300 处，机车增压器烟囱罩脱落，坠入道心。20 时 10 分，后续 41046 次货物列车机车乘务员发现道心有异物，立即采取紧急制动措施，列车停于 K667＋896 处，由于制动距离不足，烟囱罩将 41046 次货物列车机后 6 位车辆制动管刮断，导致列车分部运行。21 时 50 分开通区间，影响京包上行正线行车 1 小时 40 分。构成铁路交通一般 C 类事故。

二、原因分析

包西机务段在机车临修过程中存在的一系列问题：一是施修人员严重不负责任，基本检修工艺和作业标准不落实，对机车乘务员提报的活项处理不彻底，埋下了潜在的质量隐患，是造成事故的主要原因。二是质检人员对检修标准执行过程监控不到位，特别是未对修竣机车活项处理情况进行验收把关，导致机车带病上线运行，是造成事故的重要原因。

三、事故责任

包西机务段负事故全部责任。

四、采取措施

1. 将事故立即通报全局，各单位要举一反三深刻吸取事故教训，认真查找本单位安全管理中的薄弱环节和问题，制定措施，彻底整改。

2. 包西机务段要引以为戒，立即在本段范围内开展一次全面彻底的安全大检查，认真查找本单位安全管理、现场控制、设备质量等方面存在的问题和隐患，进一步强化管理、强化措施、强化落实、强化考核，堵塞管理漏洞，消除安全隐患。

3. 机务部门要结合春季大检查、大整修立即组织有关人员对所有机车进行一次全面普查整修，特别要加强对易裂损、脱落、松动部位的检查整修，做到检查、整修一台达标一台，从源头上堵塞危及行车安全的隐患问题。

4. 加强机车入库后出库前的整备作业，认真执行机车临修、整备的检查、检修范围和标准。

5. 严把列车运行瞭望关，运行中严格执行“联控、自控、互控”制度，发现货物有侵入限界的可能时，要提前采取减速或停车措施。

31

黔桂线 24029 次货物列车脱轨一般 C 类事故

一、事故概况

2008 年 3 月 16 日，贵阳机务段 DF_{7D}0028/0083 号机车牵引黔桂线麻尾至都匀间 24029 次货物列车(编组 17 辆，总重 1 264 t，换长 24.6)运行至墨冲站进站时，因本务 DF_{7D}0028 号机车第三轮(D3)右侧轮心圆周形贯穿性裂断，在列车经过墨冲站 3 号道岔叉心时，DF_{7D}0028 机车第三轮左右侧脱轨。造成竖轴螺栓 10 颗、混凝土枕螺栓 165 颗(成套)、接头螺栓 18 颗报废；防脱护轨 1 组(60 m)、Ⅱ型混凝土枕 64 根、Ⅲ型 A 混凝土枕 9 根受损；DF_{7D}0028 号机车 D3 轮对报废。机车及机后 4 辆已经进入 2 道，其余 13 辆车辆未进入 2 道，中断正线行车 1 小时 57 分。构成铁路交通一般 C 类事故。

二、原因分析

发生该次脱轨事故的主要原因是：成都机务段中修时，没有根据《关于公布〈东风 7C、7D 型内燃机车段修技术规程〉的通知》(铁运〔2002〕83 号)文件要求，对检修工艺进行细化，没有对 DF_{7D}0028 机车 D3 轮对各部位进行全面检查和探伤，留下事故隐患，导致该机车 D3 轮对在长期的使用运行中产生裂纹，逐渐发展成圆周形贯穿性裂断，造成在黔桂线墨冲站脱轨事故的发生。

发生事故的次要原因是贵阳机务段未对检修工艺进行细化，小修不到位，未发现隐患；机车趟检不彻底，造成机车运行途中发生无功率、柴油机停机；机车乘务员没有及时发现第 3 轮对故障，未能防止脱轨事故的发生。

三、事故责任

成都机务段负事故主要责任；贵阳机务段负事故次要责任。

32

兰新线 30145 次货物列车刮坏信号机一般 C 类事故

一、事故概况

2008 年 3 月 23 日，乌鲁木齐机务段 DF_{4B}9473 号机车牵引 30145 次货物列车（编组 61 辆，总重 1853 t，换长 69.1）于 2 时 59 分乌西Ⅲ场 8 道开车，3 时 57 分 41 秒 30145 次列车通过小土古里站，4 时 21 分小土古里站值班员向列车调度员报告，小土古里站 D_2 信号机灯丝报警，经电务信号工现场检查后报告车站，D_2 信号机根部折断；在下行右侧方向距原信号机西端近 10 m 的新铺路基上发现机构及碎片（不影响接发列车）。4 时 22 分调度员安排 30145 次列车在五工台站停车检查（同时调度员安排呼图壁站、五工台站对信号设备进行检查，4 时 40 分呼图壁站、五工台站电务人员报告信号设备正常），5 时 15 分小土古里站公安人员报告，现场无人为破坏痕迹，周围无异物。五工台站检查 30145 次列车全列车辆货物装载状态正常，车辆无异状。30145 次列车五工台站临时保留，8 时 30 分小土古里站 D_2 信号机更换完毕恢复使用。构成铁路交通一般 C 类事故。

二、原因分析

经调查分析认定该事故发生的原因为：DF_{4B}9473 号机车经乌鲁木齐机务段进行小 3 辅修后，蓄电池充电人员未将机车运行方向右侧第 3 蓄电池箱盖锁闭到位，整备车间地勤检查人员及运用车间机车乘务员作业中违反《机车操作规程》和《乌鲁木齐机务段机车整备管理制度》等有关规定，作业标准和作业程序不落实，在机车出库前均未检查蓄电池箱盖是否锁闭到位，导致机车运行至小土古里站 D_2 信号机位置时蓄电池箱盖因震动开启，开启的蓄电池箱盖侵入铁路限界，将小土古里站 D_2 信号机刮坏，蓄电池箱盖下部合叶断开，在列车运行右侧路基上拖行 1.2 km 处脱落，导致事故的发生，是构成此次事故的直接原因。

三、事故责任

乌鲁木齐机务段负事故全部责任。

33

德州站 10129 次货物列车冒进进路信号一般 C 类事故

一、事故概况

2008 年 3 月 24 日，济南西机务段 ND_5 0124 号、ND_5 0248 号在京沪线双机牵引 10129 次货物列车（编组 68 辆，总重 4 983 t，换长 83）于 0 时 10 分到达德州站下行 3 场 2 道，待避 K187 次，1 时 22 分列车司机盲目动车，越过 2 道进路信号机并挤坏 338 号道岔，经车站值班员电台呼叫，列车停于站内 308 号～302 号复式交分道岔区段。列车越过进路信号机 14 辆，挤坏工务 60 kg 12 号道岔尖轨 1 根及连接螺栓；损坏电务电动转辙机 1 台、复式交分安装装置 1 组。影响下行 3 场 1、2 道下行发车。构成铁路交通一般 C 类事故。

二、原因分析

事故原因为司机在未确认信号，又未联系的情况下，盲目动车冒进信号，造成列车越过关闭的 2 道进路信号机并挤坏 338 号复式交分道岔。

三、事故责任

济南西机务段负事故全部责任。

四、采取措施

济南西机务段对事故要进一步认真分析，从现场作业和各级管理上查找原因，认真事故吸取教训，加强对机车乘务员的安全教育和管理，强化现场安全检查和作业控制，加大安全考核及责任追究力度，认真落实作业标准和基本作业制度，防止类似事故的再次发生。

34

胶济线 DH43099 次列车进入停电区一般 C 类事故

一、事故概况

2008 年 5 月 19 日，淄博站于 1 时 07 分在 6 道发出由济南西机务段 SS_4 7204 号机车牵引的 DH43099 次列车后，1 时 12 分信号长接到司机报告，列车在胶济线 K270＋984 处停车，进入停电区。车站值班员立即报告调度员，调度员 1 时 49 分发布 5645 号救援命令，于 2 时 10 救援完毕。本列延时 58 分。构成铁路交通一般 C 类事故。

二、原因分析

1. 济南供电段对施工单位上报的施工计划把关不严，施工方案审查不到位，对方案中存在的停电影响范围错误未发现纠正。

2. 济南供电段作为设备管理单位未发挥监管作用，对维管段在施工配合安全管理方面存在的问题，没有及时发现并通过有效措施予以纠正。

3. 供电调度员接到维管段提报的施工计划申请后，没有认真审核确认接触网停电范围，造成批复的停电计划影响范围与实际停电范围不一致。

4. 供电调度员停电操作前，未再次认真确认停电影响范围并发现问题。

5. 行车调度员和供电调度员联系脱节，安全卡控不力。行车调度员在接到供电调度员停电申请后，未进一步确认实际接触网停电影响范围，即同意停电；行车调度员未对淄博站场停电情况进行确认，即同意向停电区发出 DH43099 次列车（电力机车牵引）。

6. 淄博车务段对施工负责人未到淄博站、未在车站电分段示意图上勾画停电影响范围的情况，没有提出异议，也未采取任何措施。违反《行规》第 152 条规定。

7. 淄博站值班员对车站接触网电分段设置不掌握，未能及时发现调度命令与实际停电范围不符。在未对照接触网供电分段示意图确认停电影响范围的情况下，仅与行车调度员电话联系后便开行 DH43099 次列车（电力机车牵引）。

8. 中铁电气化局维管公司胶济项目部提报的施工方案和施工计划不准确。

9. 中铁电气化局维管公司胶济项目部施工负责人未到淄博站（本次施工的重要关系站），也未在电分段示意图上勾画停电区域，违反《行规》第 152 条“在遇站内或区间接触网停电施工前，施工负责人应在该示意图上用红笔勾画出停电区域，施工完后抹消”的规定。

10. 中铁电气化局维管公司济南维管段对施工单位提供的施工计划审核把关不到位，没有及时发现接触网停电影响范围表述不明确问题。

三、事故责任

济南供电段负事故主要责任；济南路局调度所、淄博车务段负事故同等主要责任；中铁电化局运营维管公司胶济项目部负事故重要责任，同时追究中铁电化局运营维管公司济南维管段同等重要责任。

四、采取措施

1. 要把接受“5.19”事故教训和当前开展的大反思、大检查活动结合起来，作为大反思、大检查活动的重要内容来进行，举一反三、认真反思，积极采取措施。并充分结合铁道部牵引供电专家组对济南铁路局的指导意见，规范牵引供电安全管理工作，加快提高电气化条件下的行车组织和施工管理水平。

2. 加强施工方案内容提报、审查工作，规范施工方案审查程序和审查会议程序，落实方案审查人员和审查单位责任，从严把关，从源头消除施工安全隐患。

3. 加强调度所内部管理工作。从建立健全制度入手，强化电调和行调的互控；加强调度员培训工作，提高调度员的专业和相关专业素质；严格落实《调规》规定，保证调度员下现场学习的天数要求，提高调度员对现场设备的熟悉掌握程度。

4. 车务单位（含调度所）针对接触网供电臂停电的影响范围和行车组织，立即制定有效控制办法。电化区段所有车务站段要对《站细》进行重新审核，对电分段（相）、隔离开关等牵引供电设备要纳入《站细》进行动态管理，确保《站细》与现场设备一致，对电化条件下的行车办法要进一步进行核对和完善。供电单位提供各电气化线路供电臂停电影响范围，缩小最小停电单元，制作停电操作卡，组织有关人员培训，明确操作卡使用方法。

5. 各业务处室要认真接受事故教训，进一步加强专业管理工作，抓紧制定下发《接触网停电限制行车办法》，推行接触网限制行车卡片工作。

6. 进一步加强施工安全管理工作，组织学习和落实路局新下发的营业线施工管理办法。加强对胶济客专施工运输协调小组的管理，完善小组的各项工作制度，落实好路局施工安全管理工作的各项要求。

35

焦柳线接触网倒杆一般C类事故

一、事故概况

2008年5月27日1时46分，焦柳线龙鼻嘴站内1道K1 069＋700处上行左侧，因大雨造成堑坡顶部溜坍，落石将接触网013号杆砸断后倒在Ⅰ道道心，站内Ⅱ道通过23004次司机发现堑坡顶部溜坍后紧急停车在龙鼻嘴—万岩间K1 069＋195处，由于接触线与23004次机后第26位车直线距离约50 mm，安全距离不足，2时36分马颈坳—猛洞河间接触网停电抢修至4时25分恢复供电。期间，由马颈坳站41132次机车开51012次担任救援，4时12分将23004次拉回龙鼻嘴站后4时44分开。造成牵引供电设备破损。构成铁路交通一般C类事故。

二、原因分析

因下雨，导致堑坡上部履盖土含水量达到饱和，堑坡上部局部失稳造成溜坍，是此次事故发生的主要原因。

三、事故责任

列怀化供电段非责任事故。

四、采取措施

1. 张家界工务段要对管内的天沟、侧沟、排水沟和涵洞进行一次全面清理和检查，在汛期做到随淤随清，确保排水畅通，要组织对管内堑（山）坡危石进行全面清理，对不能清除的危石要进行加固处理，消除崩塌落石对行车的危害。

2. 必须认真落实防洪值班、雨量观测、危险地点看守、冒雨检查和巡山巡河等各项防洪工作制度，做到及时发现和通报险情。

3. 各有关单位必须严格执行大风暴雨各项行车安全制度和

措施。机车乘务员要对值乘区段的防洪重点地段心中有数，做到不间断瞭望，发现险情及时采取果断措施；车站值班员接到机车乘务员和工务人员的危及行车安全报告后，不得盲目放行列车；工务部门危险地点看守人员必须坚守岗位，认真履行责任，发现险情时及时采取安全措施；电务人员应增加对水害地段的电线路巡检次数，保证通信畅通和信号显示正确。同时要加强无线列调的测试检查，保证站、车电台通话良好。

4. 怀化供电段要加强非正常情况下设备故障处理能力，尽量减少故障延时，保证和维护正常的行车秩序。

36

京广线机车越出长沙站站界一般C类事故

一、事故概况

2008年6月2日4时06分，N590次旅客列车到达京广线长沙站6道，广州机务段SS_8 210号本务机车解钩入库，由于机班在对站场线路及设备不熟的情况下，未能认真执行标准化作业和联防互控措施，仅凭印象盲目臆测行车，于4时11分越出长沙站客下线站界。构成铁路交通一般C类事故。

二、原因分析

1. 司机对站场线路及设备不熟，盲目臆测行车。司机担任长沙站进库列车少，以往担任T14次和29日附挂L308次，进库经由客车上行线越过进路兼调车信号机后返岔进库。本次列车到达长沙站6道停车，车站开放信号后，司机凭印象错误地认为要越过高柱信号机返岔，未对经路进行认真确认，盲目臆测行车，是此次事故的直接原因。

2. 机班未能认真执行标准化作业，未落实联防互控措施。副班司机未与正班司机积极配合，完全依赖正班司机操纵，没进行督促提醒,未认真执行呼唤应答制度及落实联防互控措施,是造成此次事故的重要原因。

三、事故责任

广州机务段负事故全部责任。

四、采取措施

1. 广州机务段要按照"四不放过"要求,对事故进行扩大分析,通报至每一名干部职工,认真吸取事故教训,并给予事故责任人及有关人员严肃处理。

2. 加强干部职工安全意识教育,提高落实规章制度和作业标准的自觉性,迅速组织开展大学习活动,对行车凭证及基本规章组织滚动式学习,提高乘务员对基本规章的理解、掌握和运用。

3. 立即组织对各单机走行地点的关键信号、进路进行整理,安排干部进行逐一传达,确保一人不漏。根据长沙站北头利用下行正线转头,返岔调车信号机与下行进站信号机距离短的情况,立即在距下行进站信号机约 20 m 处树立"注意站界"牌提示转线机车乘务员,并加强双班单司机的配班工作,凡临时配班必须由乘务片干部进行重点传达和卡控,防止类似事故再次发生。

37

沪昆线接触网倒杆一般 C 类事故

一、事故概况

2008 年 7 月 12 日 5 时 46 分,沪昆线羊坪变电所 214 馈线跳闸,重合不成功。6 时 15 分,工务车间主任向调度所汇报:"羊坪—玉屏间上行 K1664＋850 处接触网 28 号支柱倒杆,且侵入下行线限界影响行车。"经现场紧急抢修 7 时 50 分,恢复列车运行。导致 2 列旅客列车、12 列货物列车不同程度晚点。构成铁路交通一般 C 类事故。

二、原因分析

由于 28 号地锚拉杆受排水沟常年渗水的浸蚀并且未能得到及时发现及维护，导致耐张强度不断下降，在接触网悬挂张力的作用下最终引发断杆事故。

三、事故责任

贵阳供电段负事故全部责任。

四、采取措施

这次事故的教训是十分深刻的，使我们进一步认识到了运输设备隐蔽工程方面潜伏的安全隐患，如不及时采取有效措施加以防范，极易引发极为严重的后果，今后的监督检查工作中一定要加强这类隐患的盯防，同时建议业务部门及供电段高度重视这类隐患，加强故障的预想与防范，在现有手段无法监测锚杆状态的情况下，考虑适当提前其大修周期，同时，供电段要加强超期下锚装置的监控，发现异常情况及时处置，防止类似事故再度发生。

38

沪昆线高峰站弓网故障一般 C 类事故

一、事故概况

2008 年 7 月 25 日 20 时 25 分，$SS_3$4272 号机车牵引 K472 次旅客列车运行至沪昆线高峰站上行 K2 052＋330 处时，发生弓网故障，20 时 27 分，K472 次机车停于 K2 050＋835 处。经供电人员处理，23 时 03 分恢复正常供电。影响旅客列车 3 列、货物列车 7 列不同程度晚点。构成铁路交通一般 C 类事故。

二、原因分析

由于高峰站处于马场变电所 212 供电臂首端，近期牵引负荷电流相对较大，加之邻近化肥厂排放污染十分严重，很大程度上加剧了电连接线夹的氧化，致使电连接线夹接触电阻过大，导流过热引起铜导线软化拉断，K472 次通过时引发弓网事故。

三、事故责任

贵阳供电段负事故全部责任。

39

鹰厦线 20112 次货物列车机车齿轮箱脱落一般 C 类事故

一、事故概况

2008 年 7 月 29 日 5 时 05 分，邵武运用车间补机（第一位）$SS_4$0459 机车（挂在列车前端）、本务（第二位）$SS_4$0457 机车牵引 20112 次货物列车在西陇站Ⅱ道通过时，本务机 $SS_4$0457 机车司机发现走行部异音，立即停车，检查发现上行右侧第 5 位齿轮箱脱落，将破损的齿轮箱拆下，6 时 41 分处理完毕。右侧第 5 位齿轮箱报废，影响本列 1 小时 36 分。构成铁路交通一般 C 类事故。

二、原因分析

一是机车齿轮箱螺丝松、箱体裂属于福州机务段配属机车惯性故障，机务段对齿轮箱体裂整治不力；二是机车 JO 检查不达标，7 月 28 日 $SS_4$0457 机车进库未执行 JO 检查；三是机车在永安检修车间中修质量差；四是 $SS_4$0457 机车第五位右侧齿轮箱 1996 年生产，通过多次反复修补，使用年限久，基本质量差。

三、事故责任

福州机务段负事故全部责任。

四、采取措施

1. 加强机车设备检修和保养工作，认真按检修和保养标准对进出库机车进行检修和保养，确保上线机车质量良好，防止机车带病上线。

2. 加强地勤检查人员的安全思想教育和业务培训工作，树立安全第一思想，提高检查作业人员的责任心和业务素质，把安全隐患消除在机车出库前。

3. 列车在运行途中，司机要在加强瞭望的同时，加强对后部机车车辆运行情况的瞭望，发现异常情况，应立即采取停车措施。

4. 福州机务段对所有机车的走行部部件进行全面检查，消除安全隐患。

40

京广线株洲北站接触网断线一般C类事故

一、事故概况

2008年9月19日15时56分，81017次货物列车到达京广线株洲北站Ⅳ场5道，16时22分南昌局向塘机务段SS_4 0984号本务机车解钩入库，在机车入库过程中，由于机班间断瞭望，16时25分机车越过株洲北站南转Ⅰ线机车禁停标志牌23 m停车（越过禁停标志62 m范围内严禁电力机车停车），导致机车受电弓与接触网非工作支间因电位差产生长时间放电拉弧，造成南转Ⅰ线11～15号接触网四跨绝缘锚段关节中心柱（13号支柱）1 m处接触网断线跳闸停电。17时45分恢复供电。构成铁路交通一般C类事故。

二、原因分析

81017次南昌局向塘机务段SS_4 0984号到达机车乘务员在机车入库过程中，由于间断瞭望，违反越过"电力机车禁停"标62 m范围内严禁停车的规定，越过"电力机车禁停"标23 m，停在作为电分段的株洲北站南转1线11～15号绝缘锚段关节中心柱处，造成受电弓与非工作支间因电位差产生放电拉弧，导致非工作支接触线局部温度升高软化断线。

三、事故责任

南昌局向塘机务段负事故全部责任。

四、采取措施

1. 南昌局向塘机务段要按照“四不放过”要求，对事故进行认真分析，举一反三查找安全隐患，认真落实铁运〔2007〕69 号文件要求，加强行车安全日常教育培训，进一步提高机车乘务员操纵能力，严格标准化作业，落实防止接触网断线安全措施。

2. 机车乘务员在运行中要加强对线路、信号及各种标志的确认，在值乘过程中严禁间断瞭望，正确执行信号显示的要求和呼唤应答制度，信号中断或不清立即停车。

41

胶济线 DJ5506 次列车超速运行一般 C 类事故

一、事故概况

2008 年 10 月 13 日 7 时 03 分，DJ5506 次动车组检测车在青岛站开车，当列车运行至章丘站内时，监控装置语音提示“请输入支线号”，带道司机要求北京机务段值乘动车司机输入支线号“21”，北京动车司机则要求其亲自输入，9 时 27 分 48 秒，带道司机在章丘站输入支线号“21”。9 时 28 分 12 秒，列车以 112 km/h 速度通过章丘站。因监控装置输入支线号后调用的是该段线路施工拨接前的允许速度 165 km/h(实际线路允许速度应为拨接后的 120 km/h)，列车进入区间造成列车超速 45 m/h 运行。构成铁路交通一般 C 类事故。

二、原因分析

1. 济南机务段动车司机严重违反乘务员出退勤作业标准，没有携带司机手账，没有制定趟车作业计划，出勤时没有阅读出勤指导书，运行途中错误输入支线号，导致列车超速是造成事故的直接原因。

2. LKJ 基础数据管理人员未认真实施基础数据换装工作，存在两套数据并存的问题，10 月 7 日拨接施工后没有及时删除施工过渡支线 LKJ 的数据，也是导致列车超速事故的直接原因之一。

3. 派班调度员对出勤把关不严、指导不到位，没有按指导书的内容进行重点交待和指导，没有交待章丘站不再输入支线号的要求，盲目允许带道司机出勤；指导司机没有发挥作用，在司机发现错误输入支线号、信号坐标不准，用电话向其询问核对时，反应不敏感、指导失误，对此段线路的限速 120 km/h 没有及时给予明确的要求，失去了防止事故的机会。是造成此次事故的重要原因。

三、事故责任

济南机务段负事故主要责任，路局电务检测所负事故同等主要责任。

四、采取措施

1. 牢记局耻，警钟长鸣。一定要把"10.13"事故作为继"4.28"事故之后又一起引起局耻的事故来对待，继续深入地开展好安全大反思大检查活动。对路局机务处、电务处、济南机务段的安全大反思、大检查推倒重来，调整充实济南机务段领导班子，并组成帮促工作组进驻济南机务段，集中时间、集中力量，剖析问题，总结教训，整顿工作，全面深入查找和解决干部作风、专业管理、现场作业等方面存在的突出问题。同时，结合正在组织开展的深入学习实践科学发展观活动，把解决安全基础薄弱的问题作为这次学习实践活动需要解决的最突出的问题，作为衡量检验济南局学习实践活动成效的主要标志，在建立安全管理长效机制上下功夫，在强化安全基础上下功夫。

2. 确保 LKJ 基础数据换装使用准确。切实加强 LKJ 基础数据管理，确保胶济客专施工期间数据换装使用准确。

(1)LKJ 基础线路数据源文件的编制禁止使用施工过渡支线号。

(2)新版本 LKJ 基础线路数据的启用时间与线路实际开通时间相一致。10 月 21 日 21 时 10 分封锁前通过施工地点的列车使用原有的 LKJ 基础线路数据，自 10 月 22 日 1 时 10 分开通后通过施工地点的第一趟列车起使用换装后的新版本 LKJ 基础线路数据。

(3)机务段依据日班计划确定各换装点开始换装的首趟列车车次、担当机车(动车组)号和换装时间,书面通知电务段,由电务段组织在 LKJ 工区所在地换装。

施工期间,路局调度所必须严格按图行车。

(4)路局成立换装工作领导小组,成员由总工室、电务处、机务处、运输处、调度所组成,电务处分管副处长任组长,机务处分管副处长任副组长,指导各段换装工作。电务段与机务段组成联合换装工作小组,电务段分管副段长任组长,机务段分管副段长任副组长,明确工作任务,细化实施措施。各换装点成立电务、机务联合换装实施小组,在 10 月 20 日 12 时前,到达各换装地点,按计划实施换装工作。

电务段换装数据期间,联合换装实施小组共同确认,将换装完毕的机车(动车组)号逐台通知值乘机务段调度室,机务段调度室立即报告路局调度所。施工封锁前和开通后,调度所当班人员要掌握好列车放行情况,机务段派班室当班人员要掌握好出库机车情况。

(5)相关电务段、机务段须制定细化措施,明确专人,盯好关键,确保安全。

3. 下大气力强化安全关键的控制。针对这次事故暴露出来的机车乘务员违章作业,派班调度员把关不严、不能认真传达指导事项等基础管理薄弱的问题,重点对机车乘务员、调度员作业标准执行情况、调度命令、运行揭示和 IC 卡管理情况、机车乘务员标准化作业和 LKJ 记录数据分析、LKJ 结合部管理、车机联控等关键项点重点检查,各系统、各单位全面分析排查本系统、本单位的安全关键,采取强有力的措施,确保卡控到位。

4. 开展机车乘务员、机车调度员全员作业标准化学习、练兵、鉴定工作。一是利用各种形式对职工进行再教育、再培训、再演练;二是强化现场作业检查,组织检查组添乘机车、夜间抽查,对不按标作业的职工认真进行分析和考核,督促职工养成按标作业的良好习惯。

5. 进一步加强机车乘务员队伍建设。一是开展动车组司机队伍整顿，从动车组司机业务素质、执行作业标准以及塑形等方面开展专项整顿活动，保证动车司机队伍素质不断提高；二是规范乘务员人员管理，尽可能的拓宽调节渠道，对机车乘务员现状进行调查，对不能从事乘务工作以及从事非乘务工作的人员坚决进行清理；三是强化乘务员素质教育，以规章制度和实际操作技能以及非正常情况处理培训为重点，切实提高机车乘务员素质；强化"两纪"和待乘休息管理制度的落实，促进乘务员养成落实作业标准的自觉性。

6. 下大气力解决干部作风问题。从职责界定、工作检查、结果考核、业绩评价等方面，加大激励约束力度，进一步强化各级干部保安全的责任意识，始终保持良好的精神状态，深入基层检查指导，发现问题及时解决，带领全局干部职工尽快扭转安全生产被动局面。

7. 全力以赴组织好胶济客专施工。像组织胶济客专"7.20"大要点施工一样，加强领导，周密组织，细化方案，落实责任，狠抓关键，强化现场控制，加强运输与施工的密切配合，顺利完成淄博以东提速达速和淄博以西三个阶段客货分线施工任务，确保施工、行车绝对安全。

42

京沪线 DH11322 次列车关闭折角塞门一般 C 类事故

一、事故概况

2008 年 10 月 23 日 21 时 09 分，DH11322 次货运列车（南京东机务段 HXD_3 0206 号牵引，济西机务段值乘，编组 54 辆）进入济南局京沪线姚村站停车时，因司机操纵不当，被迫采用紧急制动停车，为掩盖事实真相，司机关闭了机后10位与11位车辆间折角塞门，并谎报列车制动力不足而采取非常制动，22时12分开车。构成铁路交通一般C类事故。

二、原因分析

在DH11322次列车进姚村站4道停车时，由于司机操作不当，担心冒进信号，采取了非常制动措施停车，在列车停下后，将11位车辆前部的折角塞门关闭，制造了列车进站前折角塞门关闭的假象。

三、事故责任

济南西机务段负事故全部责任。

四、事故教训

1. 机车乘务员在兖州北站简略试验时，未按规定确认列检人员的手信号，而是凭口头通知作业。

2. 机务处、济南西机务段日常安全管理不到位，对职工日常教育缺乏，对问题分析考核不严肃。

3. 兖州北列检执行标准化作业存在严重问题，列车技检作业时没有摘开机车，严重违反技检标准，且隐瞒事实真相。

4. 兖州北站车场值班员与列检值班员联系脱节，缺乏联系制度，存在安全隐患。

5. 济南西车辆段管理施工失控，现场盯控措施不落实，作业人员不执行接、送车制度，简化作业过程问题严重。

五、采取措施

1. 机务系统要深刻接受吸取本次事故教训，举一反三，加强对作业人员安全教育，严格执行一次乘务作业标准规定，加强职工教育，牢固树立安全第一的思想，切实提高防范意识，提高法律意识，杜绝类似问题的发生。

2. 抓好监控装置的使用管理，细化退勤检索的措施，通过对乘务员趟车作业分析，及时发现问题，严格考核，加强教育，提高执行遵章守纪的自觉性。

3. 车站和车辆段要进一步规范完善接发车联系制度，加强车站与车辆部门的联系，明确作业流程和标准，纳入《站细》《段细》，组织学习，并抓好落实，消除结合部存在的隐患。

4. 强化专业管理，按照专业安全检查监督管理办法的要求，加强对列检作业场执行标准化作业的检查监督，对检查发现的问题盯控整改。

5. 车辆段和各运用车间要认真落实现场盯控措施，特别注重接、送车制度在执行过程中的控制。要按照列检作业标准化的要求，严格各岗位一班、一列、一辆作业标准的过程的卡控。

6. 加强对列车试风装备的日常使用和管理，严格执行操作程序，确保列车制动机试验数据上传准确。

7. 针对对事故调查分析不重视、方法不当的问题，调查专业组和监察部门加强教育，加大培训，提高责任心和事故调查能力，严格事故定性定责。

43

济南东站调车机越过站界一般 C 类事故

一、事故概况

2008 年 11 月 18 日 6 时 23 分，济南局调车机（济南机务段 $DF_5$1088 号）牵引一辆试验车由济南东站 3 股转线进入 D_2 信号机与上行进站信号机之间时，因机车乘务员未执行呼唤应答制度，盲目臆测运行，造成调车机车越出上行 S 进站信号机 2 m。构成铁路交通一般 C 类事故。

二、原因分析

1. 机车乘务员没有执行作业标准化，接近站界标调车作业时，没有按规定执行呼唤应答十、五、三车距离信号，司机对前方进路的确认不彻底、不到位，盲目臆测牵引运行。

2. 学习司机精力不集中，没有严格执行《技规》第 229 条规定，只顾看回头信号，没能盯住进站信号机位置。

3. 机班二人对调车作业区域中的“短线路”没有做到超前预想，进站信号机与 D_2 信号机之间的距离为 49.6 m，而调车机车(18.8 m)＋连挂车辆(26.6 m)＝45.4 m，乘务员的操纵空间仅为 4.2 m，在此瞭望条件困难的情况下，机班二人没能引起足够的重视。

4. 济南机务段安全管理不到位，该机班近半年时间没有到济南东站调车作业，既没有认真地进行排查分析，又没有制定安全预案和卡控措施。

5. 调度所调度员违章指挥行车，明知调车和接车进路发生冲突，仍指示办理调车作业和接车作业，是造成这次事故的又一原因。

6. 济南东站车站值班员违反接发列车时停止调车作业规定，错误执行调度员的违章指挥，违反开放接车信号时机，是造成这次事故的重要原因。

三、事故责任

济南机务段负事故主要责任；路局调度所负事故同等主要责任，追究济南站同等责任。

四、采取措施

1. 加强安全宣传教育，强化“安全责任重于泰山”的意识。要进一步提高对运输安全工作极端重要性的认识，树立安全工作如临深渊、如履薄冰、如坐针毡的强烈责任感，营造痛定思痛保安全的浓厚氛围。

2. 各部门和单位要深刻接受吸取本次事故教训，举一反三，加强对作业人员安全教育，牢固树立安全第一的思想，严格执行作业标准规定，杜绝类似问题的发生。

3. 济南机务段强化安全管理，全面认真排查段管内存在类似安全隐患的地点，对这些地点制成行车提示卡，组织机车乘务员记名学习，人手一册，出勤必须携带，纳入出勤检查内容，由出勤调度员和值班干部负责检查落实情况。对这些安全关键区域，必须严格执行呼唤应答标准。

4. 济南机务段强化调车作业管理，立即组织调车指导区包括小运转指导区乘务员，重新进行一次《技规》第十二章（调车工作）的全面学习。对调车、小运转指导区乘务员担当的作业区段进行一次重点排查分析，对乘务员作业生疏的区域，指导区要认真组织乘务员看道，该添乘指导的必须保证添乘质量，制定出切实可行的整改措施。

5. 车站加强作业人员安全教育，提高安全大局意识。在影响行车安全的情况下，坚决维护安全规章制度的严肃性，必须坚持“安全第一”的立场，果断拒绝不合法的命令要求。增强作业中的安全预想能力和联防联控的意识。

6. 加强车机联控制度落实，对有可能造成安全影响的关键作业环节，加强卡控。正确及时开放信号、准备好接发列车进路。准确掌握列车运行情况，严禁抢钩。

7. 强化调度人员“安全第一”的责任意识。教育调度人员深刻吸取“4.28”事故教训，牢固树立“安全第一”的责任意识，正确摆正安全与效率的关系，时刻把安全放在首位，正确指挥列车运行，坚决杜绝违章指挥的行为，确保行车绝对安全。

8. 严格按章作业，加强列车运行调整。一是严格执行接发列车的有关规定，接发列车时，必须停止列车进路上的调车作业；二是加强列车运行调整，严禁以机外停车调整列车运行；三是调度人员发布调度命令和口头指示前，应详细了解现场情况，并听取有关人员的意见，确保调度命令和口头指示准确无误。

9. 强化安全管理，加强对日常作业的监控和检查，调度所加强内部管理，加强日常作业的盯控，及时查找和整改调度指挥中存在的问题，坚决纠正日常作业中的“两违”行为。

经常分析列车调度员录音，查找日常调度指挥中违章指挥的行为。

10. 强化职工的业务培训，加强调度人员对《技规》、《行规》、

《调规》中接发列车、调车作业以及所辖调度区段车站《站细》中相关业务知识的学习培训，使调度人员熟悉掌握所辖调度区段的行车设备及作业情况，提高调度人员业务技能，确保调度指挥安全。

44

京包线集宁南站机车越过站界一般 C 类事故

一、事故概况

2008 年 11 月 23 日 5 时 28 分，DF_{4B}7168、DF_{4B}1417 号机车牵引 22063 次货物列车（编组 49 辆，总重 2 311 t，换长 59.1）到达京包线集宁南站 5 道，计划本务重联机车入库。5 时 32 分集宁南站开放 5 道机车转线调车信号，5 时 36 分动车，5 时 39 分停于集二线 K0＋125 处，越过集宁南站上行进站信号机（SJ）60 m。构成铁路交通一般 C 类事故。

二、原因分析

经调查分析，本务机车 DF_{4B}7168 乘务员对集宁南站站场改造后的设备变化和集宁站《关于集宁机务段本务机车出入库规定》的内容不清楚，机车入库前执行车机联控制度不彻底，在不清楚机车入库经路的情况下盲目动车。同时，重联机车 DF_{4B}1417 机车乘务员对机车转线经路的信号机不认真确认瞭望，在机车越过 D_{28}、D_{14} 两架折返调车信号机后，既没有按规定提醒本务机车司机停车，也没有采取果断的停车措施，是造成事故的直接原因。

三、事故责任

集宁机务段负事故全部责任。

四、对有关人员的处理

1. 给予集宁机务段段长、党委书记行政警告处分。

2. 给予集宁机务段主管运用副段长、主管安全副段长行政记过处分。

3. 给予机务处处长行政警告处分，主管运用安全副处长行政记过处分。

4. 对其他相关责任人作出如下处理：

(1)给予集宁运用车间 DF_{4B}7168、1417 号司机 4 人开除路籍留路察看 1 年处分。

(2)给予集宁运用车间指导司机两人撤职处分，免去干部职务。给予集宁运用车间主任撤职处分，党总支书记撤职处分，车间分管集大段副主任撤职处分；给予车间分管安全副主任、培教副主任警告处分；给予车间副主任两人、总支副书记兼工会主席分别考核 1 000 元。

(3)给予段安全科长撤职处分，运用科长撤职处分；给予段教育科长考核 300 元。

五、采取措施

1. 集宁机务段要认真吸取这次事故教训，切实重视和加强机车乘务员调车作业标准化的有效落实，段主要领导要亲自上手，组成专项检查组对管内各运用车间的安全管理进行为期半个月的专项排查和整治，严格落实干部包保责任，强化现场检查纠偏，从严考核惯性两违，切实解决运用作业现场管理弱化，惯性违章屡禁不止的问题。

2. 机务系统要进一步强化《铁路机车运用管理规程》、《机车操作规程》的对规、对标落实，加大干部添乘检查频次和地面抽查力度，强力推行联控互控和呼唤应答制度，特别是要针对现场作业中违反“两纪、一化”打盹睡觉、间断瞭望，不确认信号、不呼唤应答的惯性问题，采取强有力的措施，有效遏制有章不循、脱标作业的不良习惯，强化遵章守纪、标准化作业的习惯养成，全面提升安全管理品质。

3. 集宁机务段要切实加强机车乘务员的业务培训和安全教育，特别是针对今年以来电气化改造后管内部分车站的站场变化情况，对乘务员进行专门的补强培训，严格培训考试，达标上岗；对新改建站场首次值乘机车出入库作业，车间、车队必须派干部添乘指导，使乘务员对车站站场和出入库进路情况准确掌握，底数清楚，切实提升业务保障能力。

4. 机务部门要加强运用干部对列车（调车）监控记录数据和显示屏记录分析力度，全面落实退勤日分析和“三级分析”制度，特别是通过视频回放分析，及时发现和解决机车运用作业中的违反两纪和违规操纵问题，有力地促进乘务员作业的规范化和标准化。

5. 机务系统各运用车间要大力开展典型违章违纪案例及事故案例教育，通过案例点评和学习讨论，使广大乘务员认真吸取教训，充分认识到违章作业的危害性和遵章守纪的必要性，切实增强安全责任感，提高标准化作业的自控和互控能力，确保机务运用安全。

6. 车务站段要针对电气化改造施工后站场设备的变化，认真组织相关单位修订完善作业办法，并纳入《站细》；同时，职能科室和车间要认真组织有关作业人员进行专门培训和达标考试，切实加强现场作业的督导检查，确保行车人员的基本作业技能能够适应铁路安全发展的需要。

45

南同蒲线 T22127 次货物列车机车刮坏信号机一般 C 类事故

一、事故概况

2008 年 12 月 3 日 23 时 35 分，侯马北机务段 DF_{8B}0137 号机车牵引 T22127 次货物列车（编组 57 辆，总重 5 035 t，换长 69.4）在南同蒲线襄汾站 1 道通过时，本务机车运行方向右侧第 5 个蓄电池箱盖开放，将站内 D_{25} 调车信号机刮坏。23 时 38 分襄汾站将列车拦停于南同蒲下行线襄汾—柴庄间 K643＋592 处；D_{25} 信号机 12 月 4 日 0 时 12 分修复，DF_{8B}0137 号机车经处理、检查无异常后 0 时 26 分区间开车。构成铁路交通一般 C 类事故。

二、原因分析

侯马北机务段地勤人员及机车乘务员检查机车不认真，未能发现 DF_{8B}0137 号机车运行方向右侧第 5 个蓄电池箱盖假锁闭的安全隐患，由于列车在运行中震动使该蓄电池箱盖开放，将襄汾站 D_{25} 调车信号机刮坏。

三、事故责任

侯马北机务段负事故全部责任。

四、事故处理

1. 中断侯马北机务段安全成绩。

2. 机务处处长向路局写出深刻检查，并全局通报批评；责成机务处主管副处长向主管局长写出深刻检查。

3. 侯马北机务段：

(1)段长、党委书记向铁路局写出深刻检查，并给予行政警告处分。

(2)给予主管副段长行政记过处分。

(3)给予主管安全副段长行政警告处分。

(4)同意侯马北机务段对有关人员的处理：

①给予运用二车间主任、党总支书记行政记大过处分。

②给予车间主管质量副主任撤职处分。

③给予地勤检查司机开除路籍、留察 1 年处分。

④给予车队长、副队长行政记大过处分。

⑤给予 2 名司机撤职处分，并待岗 1 年。

五、采取措施

1. 认真吸取教训，全面查整问题。各单位、各部门要结合此次事故教训，举一反三，认真查找本单位在安全基础管理存在的不足，加大现场作业的检查、控制，对存在的安全隐患要及时整改，一时不能处理的，要制定补强和监控措施，堵塞漏洞。

2. 强化现场控制，严格落实标准。各单位、各部门要加强现场作业安全的监督检查，突出整治作业人员简化作业程序、卡控措施不落实等违章违纪问题。要结合现场作业实际，针对性开展对标落标活动，切实提高职工安全责任意识，增强职工遵章守纪、执行作业标准的自觉性，夯实安全基础。

3. 采取有效措施，强化专业管理。路局机务处要制订有效措施，针对机车和自轮运转特种设备走行部部件防脱，在系统内各机务段、供电段开展专项整治工作。

(1)由主管段领导负责，12 月 15 日前必须对所有走行部及蓄电池箱盖的防脱装置进行一次彻底清查，认真检查防脱方案的落实情况，对落实不到位的要立即采取措施，进行整改，做到合格一台，出库一台。

(2)立即建立机车走行部防脱专项改造台账，将改造方案下发到各有关车间、科室，做到人人清楚，确保每一台机车防脱装置改造切实有效。蓄电池箱盖必须采用外卡式的防脱装置，便于日常检查。

(3)防脱装置改造要纳入检修、日常检查、验收范围，明确各部门的职责范围，层层把关，建立层层质量卡控制度，使防脱装置真正纳入日常化、制度化、标准化管理，确保防脱装置状态良好、作用可靠。

(4)制定定期防脱装置检查制度，明确负责人、责任部门、检查人及检查周期，采用记名检查方式，本着谁检查谁负责的原则严肃追责。检查周期要结合机车检修修程，但不得超过一季度。对此项工作的落实情况要定期抽查，段领导干部不得超过一季度，车间干部不得超过 1 个月。

(5)整备、地勤车间要将走行部防脱装置纳入重点检查范围，对作用不良、状态不好的必须立即提票处理，对防脱装置不良的机车严禁出库。

(6)乘务员在出库前、中间站停车时要对防脱装置的可靠性进行检查，运行中要加强后部瞭望，发现危及行车安全的隐患时要立即停车并采取防护措施，确保行车安全。

4. 各系统要明确制度，加强系统内移动设备走行部的检查，采取有效措施，坚决杜绝走行部部件脱落而引发事故。

第三部分　车　辆　部　门

46

兰新线 86606 次货物列车脱轨较大事故

一、事故概况

2008 年 7 月 8 日，乌鲁木齐机务段 $DF_4$0667 号机车牵引 86606 次货物列车（编组 51 辆，总重 1 283 t，换长 66.1）15 时 21 分运行至乌鲁木齐局兰新线乌兰达布森—博乐间 K2333＋996.9 处，机后 41 位 X_{6A} 5202883 车辆 6 位车轮轮缘（列车运行方向前转向架 2 位轮对右侧轮）爬上曲线内侧轨面，走行 6.6 m 后，5、6 位车轮相继落下轨面，15 时 25 分列车行至博乐站西端岔区，机后 41～46 位车辆相继脱轨，堆积、横在西岔区，侵入 1、3 道，脱轨 6 辆，中断正线行车，列车脱轨后走行 3 793.9 m。经救援，19 时 40 分将 41～45 位脱轨车辆清出限界并开通正线；23 时 50 分机后 46 位车辆起复完毕。共造成车辆报废 3 辆，大破 1 辆，中破 1 辆，小破 1 辆；损坏尖轨 2 根、基本轨 2 根、连杆 3 副、混凝土枕 287 根、钢轨 275 m、螺栓 1 657 根、扣件 1 400 个；损坏信号道岔转辙杆件 3 套、信号机 2 架、电缆箱盒 6 个；停留在 3 道的中型捣固机侧翻受损。直接经济损失估算 739.1 万元。中断行车 4 小时 15 分。构成铁路交通较大事故。

二、原因分析

1. 下心盘组装螺栓松动、螺栓孔磨耗严重。经对事故车现场检查，该车 1、2 位下心盘 16 条螺栓全部松动，2 位下心盘螺栓松动间隙最长 20 mm，最短间隙 5 mm；1 位下心盘螺栓松动间隙最长 14 mm，最短间隙 2 mm。下心盘螺栓孔磨耗严重，背面口部呈喇叭状，经测量，1 位下心盘螺栓孔径最大 32 mm，2 位下心盘螺栓孔径最大 27 mm，均超过原型直径 23 mm 的规定。造成下心盘组装螺栓松动的主要原因是最后一次临修时，施修单位（最后两次临修均为同一单位）只是按《铁路货车站修规程》对临修故障进行了施修，没有执行运装货车〔2007〕102 号电报整治标准“螺栓紧固后须用扁铲将靠近螺母的螺纹铲堆（3 扣以上），每扣螺纹铲堆长度应不小于 10 mm 且深度不小于螺纹深的 2/3”的规定。

心盘是连接车体和转向架的关键环节，轮轨力和车体惯性力都要通过心盘进行传递，同时车体和转向架之间也通过心盘产生一定的相互制约作用。心盘螺栓的松动将增大车体和摇枕之间的相对位移量，降低车体和转向架之间的约束刚度，难以利用车体的惯性力来抑制转向架的横向摆动，加剧了摆振和松动之间的恶性循环，导致车体与转向架相对位移增大，造成转向架定位偏差。当车辆通过曲线时，在离心力的作用下，车体相对于转向架发生横向窜动，使车辆重心偏移，是造成此次列车脱轨事故的主要原因。

2. 上、下心盘圆周磨耗严重。经对事故车现场测量检查，该车运行方向前台车 2 位上心盘直径为 286 mm，磨耗 14 mm；1 位上心盘直径为 295 mm，磨耗 5 mm；2 位下心盘直径为 313 mm，圆周磨耗 8 mm；1 位下心盘直径为 310 mm，圆周磨耗 5 mm。由于装用转 8A 型转向架的货车由心盘承重，在运行过程中上下心盘承受着纵向冲击力、牵引力和车体侧摆振动、侧滚振动以及车辆的蛇行运动、车辆通过曲线时的回转阻力。上、下心盘严重磨耗后导致上下心盘间隙过大，车体与转向架相对位移增大，定位产生变化而引起车辆横向和纵向动力学性能的变化造成车辆运行品质下降，是此次列车脱轨事故的原因之一。

3. 侧架导框磨耗严重。经对事故车现场测量检查，该车运行方向前台车 4 位侧架（侧架号 5135）6 位、8 位承载鞍支承面偏磨 2 mm，超过了《关于铁路货车集中整治技术要求的通知》整治标准中第 2. 2. 1 条“侧架导框顶面偏磨大于 1 mm 时更换”的规定；4 位侧架 6 位导框摩擦面单侧磨耗深度 3 mm，两侧磨耗深度之和 4. 5 mm。侧架导框顶面偏磨、侧架导框摩擦面单侧磨耗和两侧磨耗尺寸超限的主要原因是该车临修时未按整治标准要求，对“承载鞍与侧架进行全面分解检查”，发现“侧架导框顶面偏磨大于 1 mm 时”未及时更换。其次是该车段修时未按规定堆焊和加工，检查时还发现 6 位导框摩擦面堆焊时焊波不平整呈条状（磨耗深度达 3 mm，焊波清晰可见），更加剧了导框及承载鞍的磨耗，全车 8 个导框，只有最先爬轨的 6 位轮位置的导框磨耗过限恰恰说明了这一点。

转 8A 型货车轮对与侧架的定位主要通过承载鞍与侧架导框的配合来实现，侧架与承载鞍承载面间的摩擦、承载鞍与侧架导框间的摩擦等因素都会影响到转向架的抗菱刚度。侧架导框档边内侧磨耗严重，造成车辆轮对承载鞍与侧架的定位效能降低，车辆运行时横向摆动幅度增大。同样也是造成此次列车脱轨事故的原因之一。

4. 摇枕斜楔摩擦面磨耗板丢失。经对事故车现场检查，该车一位转向架（运行方向后台车）摇枕斜楔摩擦面磨耗板丢失 3 块。摇枕斜楔摩擦面磨耗板的丢失引起斜楔位置升高，主要载荷都落在摇枕下的五组弹簧上，由于摇枕弹簧载荷增加，挠度加大，造成车辆减震性能降低，车辆运行品质恶化，不利于车辆通过曲线。是造成此次列车脱轨事故的又一原因。

根据以上对脱轨车辆故障的综合分析，此次车辆脱轨事故的原因是：在下心盘组装螺栓全部松动，2 位上、下心盘磨耗严重，4 位侧架 6 位导框磨耗超限及承载鞍支承面偏磨超限等多种因素的作用下，加剧了转向架蛇形运动和车辆运行中的横向摆动，使车辆运行品质下降，导致车辆空车脱轨。

三、事故责任

哈尔滨铁路局车辆负事故主要责任；呼和浩特铁路局车辆负事故重要责任；乌鲁木齐铁路局车辆负事故重要责任；沈阳铁路局车辆负事故次要责任。

四、事故教训

此次车辆脱轨事故充分暴露出货车段修、辅修、临修作业中未认真执行相关技术标准、规章制度及文电；"三检一收"制度未有效发挥作用；检修作业过程控制不到位、工艺标准不落实；检修质量不高等问题还普遍存在，教训十分深刻。同时也反映出运用系统安全防范手段落后，防止货车脱轨各项措施的落实还任重而道远，须引起全路车辆系统的高度重视。

五、采取措施

1. 进一步做好有效规章标准和文电的管理，加强技术规章和技术标准的贯彻、落实，建立规章、制度的动态管理机制和检查、考核、反馈的闭环管理机制，确保货车检修、运用作业现场技术标准的贯彻和落实。

2. 加强各检修车间工艺流程建设，贯彻以工装保工艺、以工艺保质量、以质量保安全的指导思想。实行配件异地检测、集中修理、扩大换件修，达到以配件检修质量保整车质量的目的。

3. 完善质检、验收队伍建设和组织管理，落实"三检一验"制度，严格对车辆检修的工程质量、工作质量实施有效的检测、检验；对修竣的车辆或零部件的检修质量实施有效的检测、检验。提高质量自控、互控水平，确保运用列车的安全运行。

4. 加快各列检作业场建设，完善"5T"布局，实现以"科技保安全"的目的，提高车辆运行品质的监控水平，依靠科技手段减少因车辆运行品质下降导致货车空车脱轨事故的发生。

47

陇海线 10454 次货物列车车辆制动梁脱落一般 C 类事故

一、事故概况

2007 年 9 月 7 日 22 时 17 分，洛阳机务段 $SS_3$6098 号机车牵引 10454 次货物列车运行至郑州局陇海线黑石关站，机后第 38 位 C_{62A}4549480 车运行方向第 3 位制动梁、移动杠杆及下拉杆脱落，第 4 位制动梁固定杠杆支点元销、开口销丢失。刮坏道岔连杆，耽误本列 1 小时 25 分。构成铁路交通一般 C 类事故。

二、原因分析

该制动梁是 2006 年 1 月 13 日吉林车辆段梅河口检修车间从 C_{64}4830697 车分解下来的制动梁，经检修后于 2006 年 1 月 16 日支出装在 P_{62T}3135594 号段修车上。2007 年 7 月 8 日，通辽车辆段对 P_{62T}3135594 车段修时将该梁卸下，8 月 29 日未经加修换在 C_{62A}4549480 车上。

1. 不认真检查制动梁标记是造成这起事故的直接原因。8 月 29 日通辽列检二班在更换制动梁时，错误地在材料库返修配件存放架上取制动梁，在装车时工长没有确认检修标记，只是进行了外观检查，致使未检修的制动梁装车使用。

2. 材料工擅自运回未检修的制动梁为这起事故埋下了隐患。8 月 2 日通辽作业场材料员到段领料，领取 4 个有检修标记制动梁后，私自在待加修存放处将 17 根未检修的制动梁运回作业场，存放在返修制动梁架上，为使用未检修的制动梁埋下了隐患。

三、事故责任

通辽车辆段负事故全部责任。

四、对有关人员的处理

1. 给予责任者工长撤职处分并待岗。

2. 分别给予运用车间副主任、技术员撤职处分。

3. 分别给予运用车间主任、党总支书记撤职处分。

4. 分别给予检修车间主任、党总支书记警告处分。

5. 给予技术和统计科运用专职记大过处分。

6. 分别给予技术和统计科科长、安全科科长警告处分。

7. 给予主管运用副段长行政记大过处分并免职。

8. 分别给予段长、党委书记记过处分。

9. 给予局车辆处主管副处长行政警告处分。

五、事故教训

这起事故是一起典型的管理事故，充分暴露出通辽车辆段在基础管理、干部作用、职工标准化作业以及安全控制等方面存在的问题，具体体现在：

1. 列检配件管理存在严重漏洞。通辽列检返修制动梁和良好制动梁存放在同一料库，虽然分架存放，用红、绿颜色以示区分，但是更换制动梁时容易混淆拿错，给未检修的制动梁装车使用创造了条件。

2. 错误节约成本的思想为安全埋下了隐患。通辽列检作业场擅自运回未修制动梁是为了下次返修冲抵报废梁数量，从而减少作业场的成本支出，这种为节约成本而忽视安全的错误思想最终导致了事故的发生。

3. 配件供应结合部失控。列检请领制动梁只是材料工和检修车间制动梁班组的工长进行填记交接记录单并领取配件，没有相关科室的审批和协调，缺乏有效的监督，同时检修车间对待加修配件管理不到位，造成列检领料人员能够将未检修制动梁运回作业场。

4. 专业管理不到位。路局车辆处和通辽车辆段虽然都制定了配件、材料管理办法和实施细则，但日常检查不认真，对作业场存放的配件没有针对办法进行重点检查，造成了制度形同虚设，现场不执行、不落实。

5. 干部管理失职。各级干部对安全管理隐患问题不能及时发现，管理上层层失控，这是导致这起低级事故发生的深层次原因。

六、采取措施

认真开展安全反思、检查、整治活动，深查管理漏洞，从严执行作业标准，强化逐级安全质量控制。

1. 全面深入的开展安全大检查、大整治工作。全局车辆系统的大检查、大整治工作推倒重来，层层开展反思，全面对规检查，深查管理漏洞。

2. 全局车辆系统要全面反思安全管理存在的问题，切实转变干部作风，迅速扭转安全被动局面。

3. 车辆处要真正担负起系统领导、业务指导、专业管理的职能，清理、整顿、完善各项管理制度，全面提升车辆系统的工作质量和管理水平。

4. 将该起事故在系统内开展讨论，迅速对全局列检储备配件的管理现状进行一次全面检查，共同吸取教训。

48

京沪线 87142 次货物列车关闭折角塞门发车一般 C 类事故

一、事故概况

2007 年 11 月 6 日 9 时 44 分，南京东机务段 $ND_5$0027 号机车牵引 87142 次货物列车（编组 50 辆，总重 1 137 t，换长 60.0）由蚌埠东站 12 道出发时，车站外勤助理值班员发现列车尾部车辆抱闸，立即向车站值班员汇报，经调度员布置、曹山站确认，于 10 时 16 分在曹老集站停车检查。发现机后第 44、45 位（C_{64K}4836040、C_{64K}4850731）间车辆折角塞门关闭、制动软管未连结，造成该列车尾部 6 辆车无风运行。构成铁路交通一般 C 类事故。

二、原因分析

1. 现场严重违章作业。阜阳车辆段蚌埠东列检当班检车员有章不循、违章蛮干，擅自简化作业程序，在作业前未查阅待检室信息揭示，作业中不携带必备工具，未按规定对列车进行技术作业及尾部风压试验，严重违反铁道部《铁路货车运用维修规程》(铁运〔2003〕23 号)文件第 30、32 条规定，导致 87142 次列车机后 44、45 位间风管未连结，关闭折角塞门发出，是造成本起事故的直接原因。

2. 车间班组管理松弛。阜阳车辆段蚌埠东运用车间管理干部严重失职，对现场长期存在的同对列检作业人员不平行作业、工具携带不齐全、简化作业程序、安全联系不彻底等严重违章违纪现象失查失管，对班前安全预想、跨班重点控制、现场安全联控等作业程序存在的严重疏漏，特别是对 87142 次机后第 8 位(C_{62BK} 4613470)虚报“车统 23”扣临修，严重违反辅修车扣车规定的现象视而不见、习以为常，为事故的发生埋下严重隐患。

3. 安全监督检查不力。阜阳车辆段分管领导及专业科室专业安全管理、现场监督检查职责严重不落实，现场检查浮于表面。8～9 月份安全生产大检查大整治期间，该段包保干部主管运用副段长仅 2 次到蚌埠东运用车间进行检查，虽曾发现现场列检作业存在“未按规定同进同出、车间干部考核质量不高、交接班制度执行不严”等问题，但并未深入分析、紧盯不放；段领导班子其他成员期间也曾数次对该车间进行检查，但均未发现该车间、班组长期存在的惯性违章违纪、安全控制措施执行不到位、试风作业不带校验压力表及无线电台存在隐患等问题，致使安全关键性作业失控。

三、事故责任

阜阳车辆段负事故全部责任。

四、对有关人员的处理

1. 分别给予检车员 2 人行政记大过处分，待岗 6 个月，调阜阳北出发列检场工作；给予当班值班员行政警告处分，撤销值班员职务。

2. 给予责任班组工长撤销工长职务，行政记过处分，改任检车员，待岗3个月；分别给予责任车间值班主任2人行政记过处分；分别给予责任车间主任、工会主席2人行政记过处分；给予责任车间工程师行政警告处分，待岗3个月。

3. 分别给予段安全科科长、副科长、技术员行政警告处分。

五、事故教训

1. 干部工作作风不实。该起事故直接原因是现场职工作业严重违章违纪，但问题根源在安全基础管理。阜阳车辆段部分领导干部抓安全管理宏观化、粗放化，安全监督检查质量不高，工作作风不实，缺乏主动上手、前瞻控制、严肃认真的工作态度。

2. 现场安全关键失控。阜阳车辆段异地车间、班组安全管理松弛，现场关键卡控不力，基本规章制度不落实，尤其是在交接班信息传递、阶段计划下达、重点工作布置、安全卡控措施方面存在一系列问题，班组管理混乱，对安全关键人、关键时段、关键作业的控制措施不清，责任不明。

3. 安全专项整治流于形式。该起事故暴露出阜阳车辆段安全生产大检查大整治活动开展不深、不细、不实，尤其是干部安全包保责任未有效落实，对现场标准化执行不严、违章作业、简化作业、工具佩带不全、车间班组安全管理弱化、技术规范控制不力等诸多问题未能及时发现，及时采取有效整改措施，安全专项整治活动未能取得实质性效果。

六、采取措施

1. 认真吸取事故教训。各单位、各部门要立即将该起事故通报传达到全体干部职工，结合实际，举一反三，深刻吸取教训，牢固树立“安全第一”的责任意识、问题意识和忧患意识。阜阳车辆段要眼睛向内，再次对该起事故进行深入分析，查找深层次根源，落实对安全大检查、大整治包保干部的责任追究。

2. 强化异地车间管理。各站段要立即开展一次对异地车间的安全专项检查，单位主要领导亲自上手组织，制定详细的检查方案，查清车间、工区、中间站安全管理现状，理清各项关键作业流程，制定针对性的控制措施，夯实安全基础管理，切实提高异地车间的自主管理能力。

3. 切实转变干部作风。各单位、各部门领导干部转变工作作风，高度重视设备故障控制及安全管理方面存在的问题，深入现场监督检查，针对惯性"两违"屡禁不止，要敢于动真碰硬，采取有效措施，严格分析考核，上查一级，追究有关干部管理责任。

4. 做好安全专项整治"回头看"。阜阳车辆段要立即开展安全生产大检查大整治"回头看"活动，重点检查各车间、班组安全生产隐患问题的整改情况，是否落实专人限期整改到位，对一时难以解决的是否落实安全控制措施，特别是对一些惯性"两违"是否落实盯控整改。各单位也要结合实际，全面总结、巩固提高。

5. 加大安全督查力度。各有关车辆段要对货车运用管理、现场列检作业进行专项检查，补强完善安全控制措施上存在的漏洞，认真思考并细化制定货车密集到发时列检作业的应急处置预案。各办事处安监室要重点对辖区内各站段异地车间进行安全监督检查，督导、帮促站段分析问题，制定对策，盯控整改。

49

广州站 K226 次旅客列车分离一般 C 类事故

一、事故概况

2007 年 12 月 18 日 20 时 45 分，广州机务段 $SS_8$131 号机车牵引 K226 次旅客列车(编组 18 辆，总重 1 004 t，换长 42.9，兰州车辆段车辆配属，兰州客运段担当客运值乘)在广州站 9 道始发开车，走行 3 m 后列车起非常制动停车。检查发现机后第 9 位

RW_{25G} 553484 号车与第 10 位 YW_{25G} 669359 号车车钩分离，制动软管拉开，电力连接线拉损（未断），停车后两车分离约 1.06 m。22 时 20 分经广州车辆段抢修处理完毕，延误列车至 22 时 30 分开，开晚 1 小时 45 分。构成铁路交通一般 C 类事故。

二、原因分析

K226 次车底于 2007 年 12 月 18 日 12 时 40 时担任兰州—广州的 K225 次到达广州站 8 道，车底于 13 时 20 分进广州客技站Ⅰ场 8 道，无甩挂作业，广州车辆段库检作业人员于 14 时 30 分开始库内作业。机后第 9 位 RW_{25G} 553484 号车于 2007 年 7 月由兰州车辆段实施段修，车辆入库后该车 2 位端车钩的钩扁销横穿螺栓只有 1 条（完整为 2 条），而且无螺母紧固（完整为 4 颗，每条各 2 颗），由于广州车辆段干部作风不实，安全管理基础不牢，现场安全管理流于形式，走马观花，敷衍了事，存在严重好人主义，以至库检作业人员严重简化作业及漏检，15 时 14 分至作业完毕，未发现该车车钩存在的明显故障，导致 19 时 12 分车底出库在广州站 9 道停稳前，发生螺栓窜出脱落，钩扁销在没有支撑、未受纵向牵引力的情况下随即脱落，20 时 45 分开车后在本务机车牵引下，造成钩体被拉出随即发生列车分离，是造成此次事故的直接原因。

三、事故责任

广州车辆段负事故主要责任；兰州铁路局兰州车辆段负事故重要责任。

四、对有关人员的处理

1. 给予广州车辆段事故直接责任人员留用察看 1 年处分。

2. 给予广州车辆段运用车间列检日班工长行政记大过处分，撤销工长职务。

3. 给予广州车辆段运用车间主任、总支书记、主管副主任和主管安全副主任撤职处分；给予技术科科长、主管副科长、安全调度科科长、主管副科长、值班调度员行政警告处分；给予主管专职行政记过处分。

五、采取措施

1. 立即将事故记名传达到每一名干部职工，认真吸取事故教训，开展为期1个月的大学习、大反思、大整治活动，对广大干部职工进行一次深刻的教育，认真查找事故深层次的原因，大力整顿干部作风和职工两纪，强化干部和职工安全责任和牢固树立“客车无小事”的安全意识。

2. 强化技检作业时间和强制性作业标准，加强库检作业互控纪律和机制，严格按库检作业标准作业，加强走行部、钩缓装置和悬吊装置的检查，杜绝违章违纪、简化作业的情况发生，通过明确的制度和机制，遏制现场作业“两违”的发生。

3. 加强干部现场作业控制，狠抓现场“两纪一化”，重点落实作业标准和作业纪律，职能干部必须深入现场，重点检查库检、站检检修人员的作业纪律及干部跟班作业情况。干部要深入现场进行调研，对现有不明确、不统一的技术管理标准、作业标准进行一次全面清理后，再统一下发。

50

宝成线41043次货物列车车辆部件脱落一般C类事故

一、事故概况

2007年12月21日12时16分，41043次货物列车运行至西安局宝成线杨家湾—观音山间K25＋860处，机后33位车辆D_{12} 5631206因运行前端球形心盘中心销脱落，导致该车辆分离，15时25分恢复行车，中断行车3小时09分。构成铁路交通一般C类事故。

二、原因分析

41043次机后第33位（D_{12} 5631206）车辆因前台车心盘销开焊脱落，造成车辆分离。

三、事故责任

成都东车辆段负事故全部责任。

四、采取措施

1. 进一步强化应急预案的演练工作，认真吸取这起事故在救援方面的教训，特别是要加强对各救援队日常管理、演练的检查，增强干部职工的应急抢通意识。

2. 加强对防止列车分离措施落实的检查，加大段修质量的考核力度，在落实和效果上下功夫，真正吸取事故教训。

51

侯月线86259次货物列车脱轨一般C类事故

一、事故概况

2007年12月23日13时53分，郑州局新乡机务段$SS_4$905、$SS_4$976号机车牵引86259次货物列车通过侯月线端氏站，行至侯月线端氏—郑庄间下行线K135＋166处时，机后6～7位车辆分离，14时05分停车，当时速度38 km/h。司机下车检查发现机后第7位车辆第一台车第二轴脱轨，第7位车辆前钩拉坏；15时50分脱轨车辆起复并恢复行车。车辆中破1辆，工务轨枕、零配件损坏159根/套。中断正线行车1小时45分。构成铁路交通一般C类事故。

二、原因分析

经现场勘察和调阅相关资料分析，排除机车操纵、线路质量、货物装载和治安因素，初步分析认为造成此次事故的主要原因是：机后7位车辆前钩钩尾框下片有15 mm×100 mm的旧痕，强度下降，导致列车在运行过程中该钩尾框被拉断，车钩脱落并与该车1位下拉杆碰撞后，顶在2位制动梁、2位车轴轴身及轮座处，造成1位台车2位轮对脱线。

三、事故责任

南京东车辆段负事故全部责任。

52

沪昆线 10817 次货物列车分离一般 C 类事故

一、事故概况

2008 年 1 月 2 日 21 时 11 分，10817 次货物列车行至广铁(集团)公司沪昆线湘潭东—湘潭间下行 K1 126＋439 湘潭大桥处，由于机后第 32 位 C_{62A} 4402543 号车前钩(2 位钩)钩尾框存在 2 处 32 mm×14 mm、29 mm×9 mm 的旧痕及钩尾框铸造质量不良，导致在后弯角处裂断，造成与机后第 31 位车分离停车，钩体被拉出脱落。经救援和分部运行，0 时 05 分开通区间。构成铁路交通一般 C 类事故。

二、原因分析

C_{62A} 4402543 号事故车 2 位钩尾框上片在后弯角处折断，断口有两处旧痕，一块在左上角 32 mm×14 mm，另一块在中部上平面 29 mm×9 mm。该车 2007 年 4 月由北京局丰台车辆段段修，钩尾框是段修的互换大部件，段修时应对其作探伤检查，其断裂位置正是探伤负责部位，段修质量不高是造成事故的主要原因。其次，从该车钩尾框断面分析，上片有旧痕，下片有多处气孔，属材质不良，造成其强度降低，系铸造质量问题，是事故发生的重要原因。

三、事故责任

丰台车辆段负事故主要责任；济南局工程机械厂负事故重要责任。

53

京广线 1155 次旅客列车车辆发电机脱落一般 C 类事故

一、事故概况

2008 年 1 月 21 日 1 时 13 分，武昌南机务段 SS_9 144 号机车牵

引1155次旅客列车运行至北京局京广下行线黄梁梦站站内K421+821处，机后1位邮政车UZ_{25B}7958（209T型转向架）发电机脱落并砸坏18DG受电端XB1箱、18号道岔主副机防护罩和14号道岔主机电缆盒。构成铁路交通一般C类事故。

二、原因分析

UZ_{25B}7958邮政车发电机因吊销折损脱落，而U形安全吊存在旧痕裂纹断裂也未起到保安作用。

三、事故责任

武昌客车车辆段负事故全部责任。

四、事故教训

1. 干部职工安全意识淡薄。此次事故发生在全路春运工作刚刚开始之时，发生在全路上下认真贯彻运输安全工作会议、全国铁路工作会议精神之日，发生在繁忙的京广正线上，充分暴露出武昌客车车辆段干部职工安全意识淡薄，对目前的安全形势仍然没有足够的认识，工作中缺乏危机感和紧迫感。

2. 基本作业严重失控。虽然武昌客车车辆段下发了《运用作业指导书》、《运用质量记录》、《乘务趟乘作业图表》等专项文件，对工艺标准、质量记录填写、趟乘作业过程和标准做出了详细规定，但工作人员在落实作业标准上存在严重漏洞。一是库检作业不认真，该车于2007年8月24日挂入编组后即按段秋季整修要求进行了电机抽销检查，检查人未按要求对电机销套间隙进行测量，仅进行目测就判断磨耗不过限，同时在质量记录中也未按要求填写间隙量；二是乘务员在主要技检站未对该车电机状况进行检查，在一般技检站未对该车进行巡视，在列车运行途中因邮政车通道堵塞也未对该车电机发电情况进行检查，严重违反乘务作业标准，致使发电机脱落后，乘务员在运行途中和郑州站均未发现，直至终到汉口站后才发现。

3. 车辆专项检查流于形式。此次事故发生前，武昌客车车辆段下发的《关于悬吊装置专项检查的通知》、《秋季客车整修标准的通知》对电机抽销检查要求有明确的规定。2008 年 1 月 4 日又组织了图定客车春运整修工作，对车电机具也提出了具体要求，但在各次检查中均没有发现该电机存在异常情况，给事故的发生埋下了隐患。

4. 质量鉴定把关不严。武昌客车车辆段质检中心在 2007 年 12 月 26 日对该次列车进行了质量鉴定，在鉴定中也未发现异常，鉴定记录中也没有该车相关故障的记录。

54

青藏线 T27 次旅客列车分离一般 C 类事故

一、事故概况

2008 年 2 月 2 日 6 时 26 分，西宁机务段 NJ_2 064、066、063 号机车牵引 T27 次旅客列车运行至青藏线甘隆—纳赤台间 K868＋368 处，$NJ_2$063 机车与第一位发电车 KD9992647 分离，发电车 1 位制动软管拉断。经处理后 7 时 40 分开车。构成铁路交通一般 C 类事故。

二、原因分析

1. 西宁车辆段格尔木货车运用车间站检班，对 T27 次旅客列车进行技检和连挂作业时，不认真检查车钩状态，未能发现 NJ_2 063 号机车钩腔内部存有积雪和冰块，盲目连挂，造成钩锁铁未完全落锁，在列车通过曲线和变坡点时，锁铁跳出，造成列车分离，是事故发生的主要原因。

2. 西宁机务段格尔木运用车间对 NJ_2 型机车库内整备作业存在死角和漏洞，对机车车钩运用状态检查不到位，未能及时发现钩腔内存有的积雪和冰块，是事故发生的重要原因。

三、事故责任

西宁车辆段负事故主要责任，西宁机务段负事故重要责任。

四、采取措施

1. 认真吸取事故教训，举一反三，加强对旅客列车技术检查和换挂机车作业。换挂机车作业时，站检检车员和司机必须要确认机车与车辆的连挂状态，主要检查车钩锁铁是否落锁。

2. 连挂作业中凡出现机车车辆车钩开锁现象，要高度重视，必须查出产生开锁的原因，在没有查找出开锁原因时，要更换机车。

3. 加强机车库内整备对机车车钩的检查，列车到达格尔木站摘头完毕后，必须对机车车辆的车钩进行技术检查，并进行"三态试验"。

4. 机务部门要组织专人对所有 NJ_2 型入库机车的车钩进行检查，打开钩舌检查钩舌、钩锁铁等各部件质量状态，检查钩腔内有无积冰、雪；如发现有积冰、雪立即进行清除和解冻。

5. 加强干部作用的发挥。对检查指导不力，导致事故发生或扩大事故的干部坚决撤职，彻底实现干部作风的新转变。

6. 加强培训工作。对车辆检车员和机车乘务员加强对 NJ_2 型机车的车钩构造和性能方面知识的培训。

7. 给 NJ_2 型机车的车钩增加检查车钩落锁检查的标示，便于检车员确认连挂和落锁状态。

55

兰新线 26062 次货物列车刮坏行车设备一般 C 类事故

一、事故概况

2008 年 4 月 3 日，11088 次货物列车乌鲁木齐局兰新线柳树泉站通过时，司机发现柳树泉站上行正线Ⅲ道下行出发信号机（矮型）倒在线路旁，随即向车站报告，经检查倾倒的信号机距钢轨外侧 0.67 m，不影响本列车运行。通过线路旁找到的人力制动机手轮和手制动轴组合体与 N_{17AK}5065779 现车痕迹对比确定，柳树泉站上行正线Ⅲ道下行出发信号机是被Ⅲ道通过的 26062 次列车机次第 27 位 N_{17A}5065779 脱落的人力制动机手轮和手制动轴组合体砸倒。构成铁路交通一般 C 类事故。

二、原因分析

因 26062 次列车机后第 27 位 N_{17A} 5065779 车辆人力制动机定检质量不良，列检检修作业质量控制不严，导致带有故障隐患的车辆在运行中发生人力制动机手轮和手制动轴脱落，致使柳树泉站上行正线Ⅲ道下行出发信号机被砸坏。

三、事故责任

乌鲁木齐铁路局乌西车辆段负事故主要责任；上海局阜阳车辆段负事故次要责任。

四、采取措施

1. 举一反三认真吸取事故教训，结合安全专项整治工作，切实抓好车辆运行安全基础工作。

2. 根据相关标准细化和落实列检作业指导书，加强列检作业质量控制。

3. 加强车辆人力制动机检修工艺标准落实和质量控制，从源头消除车辆事故隐患。

56

京九线 N523 次旅客列车分离一般 C 类事故

一、事故概况

2008 年 4 月 10 日 8 时 11 分，南昌机务段 DF_{4D} 3051 机车牵引 N523 次旅客列车（编组 18 辆，总重 975 t，换长 42.9）由南昌站始发，8 时 28 分列车运行至京九线 K1 469＋425 处，进入向塘站计划 6 道停车时，机车与机后第 1 位行李车 XL_{25G} 206237 发生车钩分离，相隔距离 95 m。8 时 50 分列车重新连挂后进入向塘站 6 道停车，9 时 07 分列车开车。构成铁路交通一般 C 类事故。

二、原因分析

通过对现场调查和事故现状分析，造成 N523 次旅客列车车钩分离系机后第 1 位 XL_{25G} 206237 第 1 位车钩防跳铁未装，导致车钩防跳作用失效所致。

三、事故责任

南昌车辆段负事故全部责任。

四、事故教训

1. 南昌车辆段安全管理有待加强。段、车间职能部门在平时的安全管理中没有认真落实安全逐级负责制，对南昌站检作业违章违纪和作业混乱现象习以为常，没有从根本上解决现场作业混乱现象，从而导致了这起事故的发生。

2. 车间管理不到位。车间在安全管理工作中没有严格执行《段细》、《站细》制定的各项作业标准，作业管理监控不到位。对站、库、乘列检作业日常检查缺乏有效的手段，尤其是对机车连挂防关、防跳的检查不落实，导致现场管理失控。

3. 作业标准落实不到位。站检和乘务列检人员在始发作业中，没有严格执行列检作业标准，站检乘务人员严重违反铁路局制定的围歼旅客列车事故六十条和防止折角塞门关闭的通知相关规定，在列车始发前，未将防跳装置装上，导致事故的发生。

4. 南昌机务段在安全管理工作中存在隐患。对机车操作规程规章执行不到位，司机操作过程中存在业务不熟练，违章操作。

57

郑州站 K157 次旅客列车车辆制动梁折断一般 C 类事故

一、事故概况

2008 年 7 月 4 日 4 时 40 分，北京铁路局担当乘务的 K157 次旅客列车运行至郑州站内 2 道停车时，郑州站列检检查发现机后 17 位车辆（YW_{25G} 669484）制动梁一位端折断，构成铁路交通一般 C 类事故。

二、原因分析

调查显示：1位制动梁1位端轴根部与制动梁焊接处直线断裂，断面为60%新痕、40%旧痕；制动梁断面因与轮辋内侧面摩擦，有5 cm^2 的磨痕；3位上拉杆与11位制动拉杆吊顶抗。

三、事故责任

北京铁路局物资处负事故主要责任；北京西客车车辆段负事故重要责任。

58

津山线1521次旅客列车关闭折角塞门发车一般C类事故

一、事故概况

2008年7月26日17时33分，沈阳机务段$SS_9$0068号机车牵引1521次旅客列车（编组17辆，总重932 t，换长40.8）由天津临时客站11道始发，17时46分列车运行至张贵庄—军粮城间，司机实施空气制动调速时，发现列车制动异常，18时00分列车停于军粮城站6道。经公安、车辆、车务人员共同确认，机后第一位车辆（YW_{25G}677295）前端折角塞门关闭，处理后于18时58分开车。构成铁路交通一般C类事故。

二、原因分析

1. 北京车辆段天津站检运用车间在1521次站检及送车作业中，未按规定进行列车简略试验、确认机车、车辆的连接状态，擅自简化送车作业程序和标准，是造成事故的直接原因。

2. 天津车务段乘务车间运转车长，开车前未按规定检查和核对列车制动管风压，未及时发现风压异常的问题，是造成事故的次要原因。

三、事故责任

北京车辆段负事故主要责任，天津车务段负事故次要责任。

四、采取措施

1. 北京车辆段举一反三，加强站检安全管理和技术管理，有效防止职工简化作业、两纪松弛的问题，特别是尾部无人试风的问题发生。

2. 天津车务段加强运转车长的管理，提高标准化作业自觉性和应急处理能力。

3. 北京铁路局、北京车辆段、天津车务段按照本单位责任事故追究考核办法对事故相关责任部门和人员进行考核处理。

59

陇海线 12613 次货物列车车辆制动梁下拉杆脱落一般 C 类事故

一、事故概况

2008 年 11 月 25 日 19 时 03 分，由郑州机务段 $SS_3$4463 号机车牵引 12613 次货物列车（编组 64 辆，总重 1 448 t，换长 78.9）运行至郑州局陇海下行线马砦站时，车辆配件脱落，刮坏 29 号道岔连接杆，造成控制台断表示。19 时 36 分，列车进郑州北上发场 8 道，列检技检作业时发现机后 35 位车辆 C_{62A}4427098 制动梁下拉杆脱落弯曲变形。构成铁路交通一般 C 类事故。

二、原因分析

12613 次货物列车机后 35 位车辆 C_{62A}4427098 第 2 位制动梁（运行方向 3 位）支柱圆销脱落，移动杠杆移位脱出，造成 1 位下拉杆失去支撑后下移，1 位上拉杆、闸调器失去支撑搭在 2 位轴身上；1 位下拉杆落在制动梁安全吊上，随着自身重量与列车的运行振动的叠加，致使安全吊变形脱落，下拉杆下沉，前端头撞上马砦站 29 号道岔第 3 连接杆，撞击后下拉杆严重变形，两头上翘，中部弯曲，几乎成 U 字形，且被两根挤在一起的制动梁架起，2 位制动梁（运行方向 3 位）支柱圆销孔下片折断、1 位制动梁（运行方向

4 位）五眼铁圆销被挤掉丢失。

三、事故责任

上海铁路局南京东车辆段负事故全部责任。

60

北京西动车所动车护板脱落丢失一般 C 类事故

一、事故概况

2008 年 12 月 1 日 1 时 05 分，北京西动车所在对 CRH_2 061C 进行一级检修时，作业人员发现 3 号车 2 位端 1 位侧污物箱排污口下方护板（500 mm×700 mm）脱落丢失。构成铁路交通一般 C 类事故。

二、原因分析

由于污物箱排污口下方护板滑道固定螺栓松动，造成一侧滑道及护板脱落，是事故的主要原因。CRH_2 型动车组污物箱排污口下方护板滑道与底板原设计连接方式为焊接方式，工厂擅自改变为螺栓连接方式，未经铁道部审核，螺栓连接方式存在缺陷，是造成事故的重要原因。

三、事故责任

北京车辆段负事故主要责任；南车四方机车车辆股份有限公司负事故重要责任。

四、事故教训

1. 动车组检修质量存在严重不足。“11.29” C2061 次动车组底板脱落事故中，事故车于 11 月 28 日才做完一级检修，29 日就发生了问题；“11.30”C2008 次动车组热轴事故中，事故车于二级检修后上线运行第一个往返就发生热轴，说明北京西动车所检修作业中未严格落实质量标准，质量交验把关不严，造成检修质量存在安全隐患。

2. 设备检修责任不够明确。动车组生产厂家、售后服务及北京动车所等单位间检修分工不明确，检修责任不落实，存在谁都管谁都管不到位的问题。动车所内部作业人员没有落实记名修的规定，对每一个固定螺栓具体由谁负责紧固，谁负责检查，没有明确规定，事故发生后无法实现追溯。

3. 专业技术管理不到位。车辆段技术管理粗放，技术规范、操作规程、管理办法仍然很不健全，动车组检修没有做到一车一卡，一列一卡。探伤作业无技术标准，检查质量无监督手段，检查记录填记无跟踪考核。

4. 职工培训不到位。京津城际铁路运行已经有4个月了，但现场操作人员对动车组新设备、新技术仍然不能熟练掌握，停留在一知半解的水平。

5. 对高速铁路安全的极端重要性认识不足。近来，京津城际动车组屡屡发生底部被异物刮打、车辆配件脱落的问题，路局虽然组织大规模的搜寻，但都没有彻底追究到问题的根源，也没有采取更加有效的措施，致使重复问题继续发生。

五、采取措施

1. 加强动车组检修工作。车辆段在厂家的配合下，立即制定CRH_3型动车组轴端装置的检查范围和标准，成立由局、厂相关人员组成的五个专项检查组，逐列逐辆对CRH_3型动车组轴端装置状态进行开盖检查、确认，并造表登记。同时，对全局所有动车组技术状态进行一次普查，认真分析原因，制定整治措施。对入库的动车组进行全面检查，尤其是走行部和车底板，列列实行记名式专项检查，保证责任到人、件件不漏；要严格落实检修质量标准，严把质量交验关，杜绝质量不良车出库上线。

2. 加强动车组技术管理。由车辆处牵头，对北京车辆段北京西动车运用所进行一次认真细致的解剖麻雀式的分析，查找管理上存在的问题，明确各级干部和各岗位作业人员的职责，明确界定设备管理单位和生产厂家、售后服务部门的检修职责，确保安全生产职责落实到位。北京车辆段要根据技术标准，在路局车辆处的指导下，编制各岗位、各工序的作业指导书和工艺标准，并上墙明示，要建立健全工序间的相互交接、验收制度，完善自控、互控机制。北京车辆段要明确一名副段长专管动车组，车辆处动车科要尽快进入工作角色，加强对动车组的技术管理。

3. 加强职工技术培训。车辆段要把近来发生的问题作为典型教材，向职工传授业务技术知识，向职工宣讲高速铁路设备安全的极端重要性，引导干部职工吸取事故教训，增加职工主人翁的责任感，牢固树立动车组无小事的意识，发动职工自觉地发现身边的隐患。

4. 强化标准化作业。要引导职工工作精益求精、一丝不苟，检修程序一项不漏，设备故障一个也不放过。路局决定北京西动车所尽快按照视频、广播监控系统，提高标准化作业监督约束水平，完善标准化作业考核手段，提高全员标准化作业水平。

5. 加强干部巡视检查力度。机务、车辆、客运和安监系统的领导干部要深入车间，上车上线，跟班作业，调查研究，发现动车组检修和运用中的问题，按照首问负责制的原则，谁发现问题谁负责督促落实，涉及到动车组走行部、底板部件等关键部位，问题不解决绝不放过。工务、电务、供电系统的干部要加强线路巡视，教育职工发现异物和设备损坏后要立即向路局报告，路局接到报告后要组织各系统共同分析确认原因，彻底消除设备隐患。

6. 加强动车组乘务人员检查巡视。加强值乘中的巡视、监控，及时发现问题、做好记录并妥善处理。发现问题要在第一时间准确记录发生的时间和区段，为故障分析和检查提供准确依据。司机、随车机械师和列车长发现异常情况，要立即向列车调度员汇报，采取提醒后续列车主要运行或拦扣后续列车的措施。由车辆处牵头，尽快组织制定具体通报的范围和处置方案，完善动车组司机、机械师、列车长间的信息通报制度，发生问题及时沟通信息，三乘联动，妥善及时处置，防止事态扩大。

7. 提高动车组技术、检修人员工作积极性和责任感。路局和站段要从待遇上给予倾斜，提高他们的待遇，鼓励他们积极工作，提高业务素质，达到激励工作积极性的目的，逐步形成人人爱干、会干、干就干好的良好氛围，形成安全生产的良性循环。

第四部分 工务工程部门

61

胶济线 D59 次列车撞人重大事故

一、事故概况

2008 年 1 月 23 日 20 时 48 分，D59 次动车组列车（济南车辆段 $CRH_2$037A、053A 号，编组 16 辆）运行至济南局胶济线安丘—昌邑间 K131＋200 处，与擅自强行上道的中铁十六局作业人员相撞，列车停于 K129＋861 处。造成 18 人死亡，9 人受伤。构成铁路交通重大事故。

二、原因分析

中铁十六局胶济客专指挥部第十一工区违法使用的包工队施工作业人员法律意识淡薄，在慢行命令未下达、不允许进行施工准备，并且其施工负责人及监理、设备管理部门、建设单位现场监控人员没有到位的情况下，擅自砸开栅栏门锁，强行进入营业线活动，被通过的动车组碰撞。

三、事故责任

中铁十六局集团有限责任公司负事故全部责任。

四、事故教训

1. 中铁十六局胶济客专指挥部第十一工区线路队严重违法违规，在没有接到当日施工调度命令，在封锁前 1 小时限速 45 km/h 和施工封锁时间还未到，在建设、监理、设备管理等单位监控人员也未到达现场之前，擅自砸锁开启防护栅栏门，强行进入防护网内，多人擅自上道，随意活动，导致群死群伤事故的发生。

2. 中铁十六局作为国有大中型企业，且长期在铁路营业线上组织开展施工工作，本应清醒认识到铁路营业线施工的严肃性和风险性，本应严格执行有关规章制度和措施，但从事故调查情况来看，该企业组织管理混乱，工程违法分包、以包代管，安全管理不到位，责任意识不强，责任制度不健全，安全责任不落实，对现场作业违法违章行为熟视无睹，丧失了安全管理和监督，没有尽职尽责、真正负起管理责任。

3. 中铁十六局干部作风不实，各级管理人员没有履行职责，不能及时发现现场安全隐患，更没有及时采取有效措施解决安全问题，特别是领导干部安全责任意识不强，管理不到位，对工程违法分包的现象不了解、不控制，没有采取有效措施；对作业现场管理混乱、违法违规违纪现象，不监督、不检查、不考核，严重失职。

五、事故处理

（一）对济南铁路局的处理

1. 依据《事规》第五十四条“同时追究设备管理单位责任”、铁道部《铁路运输安全考核办法》（铁劳卫〔2007〕208 号）第十九条“铁道部将追究有关铁路局安全监管不力的责任”，以及《铁路营业线施工及安全管理办法》（铁办〔2007〕186 号）第四十二条“因监督不力发生铁路交通事故的，……影响安全成绩”等规定，追究济南铁路局“1.23”重大事故“监管不力”的责任，影响济南铁路局安全成绩。

2. 对济南局 2008 年经营业绩，按铁道部《铁路运输安全考核办法》第十九条等规定进行考核。

3. 给予铁路局局长、党委书记行政警告处分，给予分管建设副局长、分管工务副局长行政记大过处分，给予分管运输副局长行政警告处分。

（二）对中铁十六局有关人员的处理

对事故直接责任人移交司法机关依法处理；对已死亡的事故直接责任人免于司法处理。

对事故间接责任人给予党纪政纪处理及经济处罚：

1. 对中铁十六局二公司董事长、总经理、党委书记、副总经理兼总工程师、安全总监分别给予行政记大过处分,并各罚款1万元。

2. 对中铁十六局胶济客专项目经理、总工程师、安全总监分别给予撤职处分,并各罚款3万元。

3. 对中铁十六局胶济客专指挥部第十一工区工区长、技术主管分别给予撤职处分,并各罚款2万元。

4. 对中铁十六局胶济客专指挥部第十一工区安全防护员5人各罚款1万元。

5. 中铁十六局领导由中铁建总公司给予处理。

六、采取措施

这起事故性质严重,给人民生命财产造成重大损失。为认真吸取事故教训,提出如下建议:

1. 开展安全大检查活动。立即召开全路安全电视电话会议,将这起事故原因、教训通报各单位,动员全路各单位、各部门和各级组织举一反三,深刻吸取事故教训,站在构建和谐社会和保护人民生命财产安全的高度,完善安全措施,加强安全管理,消除安全隐患,坚决杜绝类似事故的发生。

2. 开展施工安全专项整治活动。各铁路局建设、运输、工务等有关业务部门要组织施工安全专项检查,突出抓好与营业线并行及交叉的施工作业的安全检查。对营业线所有施工工点现场逐一检查,以安全质量为重点,围绕制度保证、施工方案、审批程序、现场控制、施工措施、开通条件进行检查评估。经检查评估合格后方可复工。坚决遏制重进度、轻安全质量的思想和做法。当安全质量与工期发生矛盾时,必须将安全放在首位。

3. 对工程建设单位施工安全进行检查。各铁路安全监管办要对工程建设安全进行一次全面排查。自即日起,济南铁路局胶济客运专线工程涉及营业线的全面停工整顿,清理所有包工队,要组织各单位、各部门及胶济客专公司和工程设计、施工、监理等单位自查自纠,对存在的问题限期整改。在进一步查找原因,吸取教训的基础上，切实解决管理混乱、责任不落实等问题。要采取强有力的措施，加强对施工、监理单位的管理和考核力度，对于违章蛮干的施工单位从严从重处罚。要进一步完善应急预案，施工、监理、建设单位要对应急预案进行彻底检查，立即进行完善；同时，加强对现场有关人员的培训和管理，切实做到启动迅速，处置得当。

4. 强化安全检查监督力量。各铁路安全监管办要提高安全监督检查实效，及时发现问题、解决问题。充分利用法律手段，加大对安全生产违法违规行为的查处和对发生事故各方责任主体的处罚力度。该停止招投标的停止招投标，该降级处罚的降级处罚，该清除出铁路市场的清除出铁路市场。从严查处转包和违法分包行为，发现一起处理一起。同时，要按照“四不放过”的原则，严肃追究事故各方责任，特别是对事故责任人和负有直接管理责任的人员，必须依法依规严肃追究责任。

5. 胶济客运专线公司作为建设单位，要进一步加强对施工单位的管理和监督，及时查处、纠正中标施工单位违法分包、违章蛮干等行为，对施工单位的资质、工程技术人员、施工组织设计及安全生产保障措施等进行严格审查，及时发现和制止施工单位违规违法问题。

6. 济南铁路局设备管理单位，要全面加强施工安全控制，对涉及营业线的施工及安全防护设施、设备进行全方位防控，特别是对施工前的准备、施工中的作业和施工后的验交开通进行全面把关。同时，要进一步加大线路巡查防护力度，及时制止施工单位的违法违规行为。

62

京沪线 DH41053 次货物列车脱轨较大事故

一、事故概况

2007 年 8 月 31 日，上海铁路局南京东机务段 HXD_3 0053 号机车牵引 DH41053 次货物列车(济南西机务段机班;编组 51 辆,总重 4 258 t,换长 61.2)于 22 时 19 分在济南局管内京沪线茅村站 7 道开车,22 时 21 分 50 秒列车突然起非常制动,22 时 22 分停于京沪线 K791＋770 处,机后 22 位至 29 位共 8 辆车辆脱轨,其中机后 22 位车辆(车号 C_{62A} 4401456)在 40 号道岔导曲轨处侧翻于线路左侧。脱轨车辆不影响下行正线行车,经救援,9 月 1 日 9 时 40 分,起复完毕开通线路。造成货车车辆大破 1 辆、小破 7 辆及其他设备损失。构成铁路交通较大事故。

二、原因分析

线路不良是造成事故的主要原因。脱轨点前后 10 根轨枕缺少 2 套扣件,1 根轨距杆在钢轨外口折断。前后 200 m 线路最大高低、方向为 9 mm,接近临时补修标准;扣件扭矩和接头螺栓扭矩不合格率临近 12%;存在道床翻浆、根木枕失效等设备缺陷,降低了线路质量标准和轨道结构强度。

车辆修理质量不高,运行品质不良是造成事故的原因之一。机后 22 位车辆(C_{62A} 4401456)3 位轮对两个轮直径相差最大 2.1 mm、平均 2.0 mm,使轮对在运行中相对于转向架不正位,在低速情况下车辆出现失稳现象;侧架导框承载鞍支撑面偏磨,枕簧高度差超限、摇枕斜楔摩擦失效;2 位摇枕 8 位斜楔磨耗板上部焊缝开焊(旧痕),下部连接仅两点点焊,磨耗板失去正常作用,导致减振效果下降,两侧架的横向定位作用失控,使摇枕与侧架间的抗菱刚度急剧减少,车辆运行品质恶化,特别是在低速运行状态下加剧了车辆的蛇行运动,导致机后 22 位车辆先行脱轨。

三、事故责任

济南铁路局徐州工务段负事故主要责任,柳州铁路局柳州车辆段负事故次要责任。

四、对有关人员的处理

1. 给予济南铁路局徐州工务段段长、党委书记、分管副段长降级处分。

2. 给予济南铁路局工务处长、分管副处长记大过处分。

3. 有关单位按照管理权限分别对有关责任人给予处分。

五、采取措施

这起事故的教训十分深刻，一定要全面认真地汲取这起事故教训，采取坚决有力的整改措施，杜绝类似事故的再次发生。

1. 加强安全宣传教育，强化“安全责任重于泰山”的意识。要进一步提高对运输安全工作极端重要性的认识，树立安全工作如临深渊、如履薄冰、如坐针毡的强烈责任感，营造痛定思痛保安全的浓厚氛围。教育引导全体干部职工认清当前面临的安全形势，真正认识到：安全是铁路运输的前提和基础，是提高企业效益、维护职工利益的先决条件。没有安全，一切都无从谈起。

2. 加强对非提速干线设备质量整治，迅速扭转非提速干线质量严重滑坡的严峻形势。济南局要强化对非提速区段线路设备的管理，全面对管内非提速干线线路设备质量进行一次摸底，对病害严重的线路（区段），立即按照标准进行病害整治，消除隐患；工务部门要针对非提速干线线路设备质量滑坡的情况，在确保提速线路质量良好的前提下，加大对非提速线路、到发线、编组场、水害线路等薄弱设备的检查、整治力度，对存在严重病害的线路要限期整治确保各条线路的设备质量均衡良好；各工务段要严格按标准、按要求进行线路设备的维护维修，对无法保证行车安全的要采取限速措施，确保行车安全。

3. 强化专业管理，完善落实机制。工务部门线路质量事故的连续发生反映了技术专业部门管理落实不到位，安全逐级负责制执行不力，对安全隐患整改工作缺乏力度，干部作风严重不实等问题。专业管理部门必须负起本专业的技术管理责任和系统安全管理的责任，强化安全信息收集、处理和上报制度，及时对各类安全信息进行梳理、分析，采取有效措施迅速整改；建立和健全专业部门的安全生产责任考核机制，要把指导和检查站段工作纳入专业管理日常工作的量化标准，确保专业管理的各项职责落实到位。

4. 加强线路质量检查评价。这次事故的发生突出暴露出部分线路动态检测数据不能真实反映线路设备实际质量状态。工务部门要研究建立针对不同等级线路的动态检测和静态评估相匹配的线路质量评价体系，以静态评估的实际情况不断提高动态检测数据准确率，以动态检测数据科学指导静态评估工作，通过建立动态和静态有机结合的线路质量评价体系，全面真实反映线路设备质量状态，科学指导线路维护维修。

5. 加强干部作风建设和标准化作业制度的落实。要严格干部责任制的落实，深入现场及时发现问题，及时解决问题，及时发现和制止危及安全的问题和行为，落实干部责任追究制度；要加大车间、干部的考核力度，工务车间、工区要严格各项制度落实，严格标准化作业，加强对线路、道岔设备的检查和病害整修，严格记名修和作业回检制度，使设备管理制度真正落到实处。

6. 强化装用转 8A 型转向架车辆的专项整治。由于转 8A 型转向架货车，安全保障能力低。对装用转 8A 型转向架的车辆检修时必须严格按照标准进行整治，确保整治质量。对不适用改造、同时短期内也不能报废的货车车辆在部分地区集中适当限速运行，确保提速干线及主要通道的运输安全。

7. 提高货车检修质量。加强摇枕、侧架等大部件的检修。严格落实检修工艺和质量标准，认真执行翻转检查及探伤等工艺标准，加强对关键部位的检查，特别是对易磨损部位加强检查，对磨耗过限的部位严格按照检修标准堆焊磨平，保证形成平面消除偏磨。严格焊修工艺执行，对需焊修的部件，焊修时要严格执行焊接工艺标准，保证平焊不仰焊，需翻转焊修必须翻转，需满焊的不点焊，确保焊接质量。加强轮对预检，及时发现轮对故障；加强轮对选配，认真测量轮对各部尺寸，按照检修限度严格把关；加强轮对复检，坚决杜绝不合格轮对装车使用。

63

胶济线 DH27309 次货物列车脱轨较大事故

一、事故概况

2007 年 9 月 16 日，济南西机务段 SS_4 7218 号机车牵引 DH27309 次货物列车(编组 63 辆，总重 5 436 t，换长 76.0)19 时 29 分在胶济线东风站开车，20 时 49 分在昌乐站通过，运行至胶济下行线昌乐至潍坊西间 K171＋680 处，发现前方 120 m 左右下行线左侧有人挥动防护旗示意停车，司机立即于 21 时 00 分 47 秒采取非常制动，当时列车速度 74 km/h，21 时 01 分 24 秒停于 K171＋225 处。机车 A 节第 3、4 位动轮脱轨(左右轮对均脱下运行方向右侧)；机后 1～19 位车辆在胶济下行线 K171＋500 至 K171＋600 处脱轨颠覆，机后 20 位前台车脱轨，其中 2 辆车侵入上行线，影响上下行线行车。经救援起复，胶济线上行线于 17 日 10 时 39 分开通，下行线于 18 日 1 时 03 分开通。共计中断上行线行车 13 小时 38 分，下行线行车 28 小时 2 分。构成铁路交通较大事故。

二、原因分析

事故的主要原因是施工单位中铁十八局集团有限公司在胶济线 D5KK183＋214 (运营里程 K171＋520)处进行框架涵施工时，违法违规、盲目蛮干；监理单位中铁咨询济南铁路顺达工程建设监理有限责任公司现场监理严重失职；建设单位胶济客运专线有限责任公司现场管理严重失控；济南铁路局在框构桥的施工过程中履行设备管理职责不到位。

三、事故责任

中铁十八局集团有限责任公司负事故主要责任；中铁咨询济南铁路顺达工程建设监理有限责任公司负事故重要责任；同时追究济南铁路局、胶济客运专线有限责任公司有关人员重要管理责任。

四、对有关人员的处理

1. 责成中铁十八局集团有限责任公司、中铁咨询济南铁路顺达工程建设监理有限责任公司对事故相关责任人，按照有关程序和规定实施严厉的责任追究。

2. 给予济南铁路局淄博工务段段长、党委书记、分管副段长记大过处分。

3. 责成胶济客运专线有限责任公司给予总经理记大过处分，给予指挥长降职处分，给予总工程师撤职处分。

4. 给予济南铁路局工务处长、副处长记过处分。

5. 给予济南铁路局建设处长、副处长记过处分。

各有关单位根据相关规定、制度、办法，按照管理权限对涉及这起事故的责任者分别予以责任追究。

构成犯罪的，依法追究刑事责任。

五、事故教训

（一）施工单位违法违规施工

中铁十八局集团有限公司胶济客运专线工程指挥部违法违规，以及未按施工组织设计（方案）组织施工。

1. 在建设单位未对《D5KK183＋214.02 殷大路钢筋混凝土框架桥工程的施工组织设计（方案）》批复的情况下，擅自施工，开挖基坑；在防护桩的施工中偷工减料（采用低应变法检测 3、4、5、6 号防护桩，桩长最大为 14.5 m，最小 10.5 m，对折断的桩身混凝土破开检查发现，缺少竖向主筋和箍筋）。以上行为涉嫌违法。

2. 在未与工务部门签订安全监护协议、未向建设单位办理开工报告的情况下，擅自对 D5KK183＋214.02 框架桥防护桩进行施工，构成违规。

3. 未按批复的《D5KK183＋214.02 框架桥防护桩的施工组织设计（方案）》组织施工。

4. 施工组织设计（方案）中防护桩计算有误。

5. 险情出现后，未立即采取应急措施，造成列车脱轨事故。

6. 内业资料填写极不规范，现场管理混乱。

（二）监理单位严重失职

中铁咨询济南铁路顺达工程建设监理有限责任公司胶济客运专线工程监理站现场监理严重失职。

1. 发现施工单位擅自施工，未能制止。

2. 发现施工单位现场未按批准的施工组织设计（方案）执行，未能及时有效的制止。

（三）建设单位现场管理严重失控

1. 对施工单位未提供开工报告擅自开工情况不明，现场检查、监督十分不力。

2. 对防护桩施工组织设计（方案）审查不严格、不细致。

（四）设备管理单位安全防控不到位

1. 工区执行营业线施工监控规定不规范。工长在没有收到工务段与施工单位签订的安全协议的情况下，签收了施工单位送达的营业线施工配合通知单，并盲目的进行配合。

2. 营业线现场施工安全监控不力。工区发现未签订安全协议的施工后，对影响路基稳定的施工虽然多次进行口头制止，但没有书面填发停工通知书，也没有及时地将有关情况逐级汇报到工务段。工务段对胶济客专施工没有按相关规定严格执行，造成管理脱节，施工安全监管失控。

3. 安全检查质量不高。对既有线安全关键无数，设备检查有死角，添乘检查等制度流于形式，没有及时发现无计划违法违规的施工。

六、采取措施

1. 深刻吸取教训，提高思想认识。要进一步理解“违章就是违法、就是犯罪、就是杀人”的深刻内涵，对违章违纪不制止，就可能发生严重违章，就可能造成违法，就可能造成事故，发生事故，就是杀人，就会给国家和人民的生命财产造成严重的损失。要站在构建和谐社会和保护人民生命财产安全的高度充分认识这起事故的严重性，充分认识各级干部的重大责任，充分认识在建设施工管理方面存在的混乱局面，充分认识这起事故对国家和企业造成的损失，充分认识铁路提速安全的重要性。真正接受事故教训，把整改措施落实到工作、标准、作风和每一个细节当中去。

2. 采取断然措施，全面停工整顿。济南局要对建设工程进行一次全面排查，彻底消除安全隐患。自 9 月 18 日 15 时起，胶济客运专线工程全面停工整顿。组织各单位、部门及胶济客专公司和工程设计、施工、监理等单位严肃自查自纠，突出抓好 9 个方面的整顿：整顿思想，整顿队伍，整顿制度，整顿程序，整顿方案，整顿安全管理体系的贯通，整顿工程质量管理，整顿协调配合工作，整顿开工条件确认纪律的执行。对方案设计、审核、过程管理存在的问题提出整改措施，人员、机构、措施不到位的问题要下发整改通知，责成责任单位限期整改。

3. 开展专项检查，强化落实整改。济南局有关业务部门要立即组织施工安全专项检查组，突出抓好与既有线并行及交叉的施工作业的安全检查。对既有线所有施工工点现场逐一检查，围绕安全质量，从制度保证、施工方案、审批程序、现场控制、施工措施、开通条件进行检查评估。经检查评估合格后方可复工。对整顿不力的单位下发整改通知书，责成责任单位限期整改，否则不得复工。坚决遏止重进度，轻安全质量的思想。当安全质量与工期发生矛盾时，必须将安全放在首位。从严查处转包和违法分包行为，发现一起处理一起。

4. 加强基础管理，提高管理水平。一要加强队伍的管理。在进一步查找原因，吸取教训的基础上，切实解决管理不顺，责任不落实，专业力量薄弱等问题。要采取强有力的措施，加强对施工、监理单位的考核和管理力度，对于违章蛮干的施工单位、管理失控的监理单位从严从重处罚。二要严厉打击有法不依、有章不循的行为。对施工单位以包代管、偷工减料的违法行为决不姑息，一经发现，依法从严处理。对于失职、失察的管理人员一律予以清退。三要进一步完善应急预案。施工、监理、建设单位要对应急预案彻查彻整，立即进行完善；同时，加强对现场有关人员的培训和管理，切实做到启动迅速，处置得当。

5. 加强监督检查，严肃事故处理。要提高安全监督检查实效，及时发现问题、解决问题。充分利用法律手段，加大对安全生产违法违规行为的查处和对发生事故各方责任主体的处罚力度。对检查中发现的重大问题，责令立即整改，并按规定及时上报，对问题严重、屡查屡犯，甚至发生事故的企业，要按照“四不放过”的原则严肃处理。

64

沪昆线57031次路用列车脱轨较大事故

一、事故概况

2008年3月8日18时15分，57031次(装运长轨)在广铁(集团)公司沪昆线竹冲站4道发车，计划到涟源—杨市间卸轨，18时19分当列车行至站内西头12～4号岔间(K1 242＋626)曲线处，由于广州工务机械段衡阳长轨运输车间在衡阳西站装运长轨时，违反有关作业标准，第5～33位车中部间隔铁装置均未向上翻起，长轨横向未锁定，在1月22日至3月7日共卸长轨22根，已发生了偏载，当列车运行至道岔曲线时，因长轨偏载使车辆重心向曲线下股偏移，加上长轨在曲线上产生的横向摆动力，致使机后第32位T_{11A} 8070167、33位T_{11A} 8070157号车曲线上股车轮悬浮爬轨后脱轨颠覆。影响站内西头上下行线列车运行，经救援至20时48分开通上行线，9日0时15分开通下行线，1时18分株洲机务段救援列车吊臂在转向时因故障倾倒，再次影响沪昆线上下行正线行车，下行线至9时48分、上行线至10时15分开通。分别中断上行正线行车 8 小时 57 分、下行正线行车 15 小时 29 分。构成铁路交通较大事故。

二、原因分析

1. 广州工务机械段衡阳长轨运输车间在衡阳西站专用线装车时，违反《无缝线路大中修作业标准》(TB/T 2658.2—1995)中第 4.2.5.5～4.2.5.6 条的有关规定。同时，也违反了沈阳机车车辆工厂《T_{11A} 型 4 层 500 m 长钢轨车组使用说明书(试行)》中第 4.2.3 条“拨动长钢轨对好横向位置，翻上间隔铁，并用锁定压铁将长钢轨锁定”的规定，第 5～33 位车中部间隔铁装置均未向上翻起，造成长钢轨横向未锁定，该问题在衡阳站管衡阳西货运人员的交接检查和广州工务机械段长轨车作业人员分批卸车作业中均未发现和采取措施，致使在列车运行和卸轨过程中，长钢轨向运行方向左侧严重偏移偏载。在经过竹冲站 2/4 号道岔曲线时，因长钢轨偏载，使车辆重心向曲线下股偏移，加上长钢轨运行在曲线上产生的横向摆动力，造成曲线上股车轮悬浮后爬上钢轨，是导致列车脱轨的主要原因。

2. NS1601F 型 1032 号 160T 伸缩臂式起重机 1 月 13 日编入株洲机务段株洲救援车间后，保修期内多次出现故障，北车集团齐齐哈尔轨道交通装备有限责任公司未将故障彻底消除，在本次事故复旧过程中吊机力矩限制器故障短路，电源盒电源线烧损，失去显示、预警和限动安全保护作用，加之该起重设备投入时间短，作业者熟练程度不高，是导致吊臂故障倾倒、延长事故救援时间的主要原因。

三、事故责任

广州工务机械段负事故主要责任；北车集团齐齐哈尔轨道交通装备有限责任公司负事故重要责任；株洲机务段和衡阳车站负事故次要责任。广州工务机械段承担事故直接经济损失的 50%；北车集团齐齐哈尔轨道交通装备有限责任公司承担事故直接经济损失的 45%；株洲机务段承担事故直接经济损失的 3%；衡阳车站承担事故直接经济损失 2%。

四、对有关人员的处理

(一)集团公司

1. 集团公司党政主要领导和分管领导分别向铁道部写出深刻检查,请求部党组给予严肃处理。

2. 给予工务处主持工作副处长、分管副处长行政记过处分。

3. 给予机务处处长、分管副处长行政警告处分。

4. 就“2.25”、“3.8”两起事故,给予货运处处长行政记过处分,副处长行政记大过处分。

(二)广州工务机械段

1. 给予广州工务机械段段长、党委书记行政记大过处分,副段长降级处分。

2. 给予广州工务机械段机械设备科主管长轨设备工程师、施工管理科主管长轨运输方案工程师行政记大过处分。

3. 给予安全科科长行政降级处分。

4. 给予广州工务机械段包保干部行政办公室主任、职教科科长行政记大过处分。

5. 给予广州工务机械段长轨运输车间主任兼党总支部书记、主管安全生产副主任行政撤职处分。

6. 给予广州工务机械段长轨运输车间工会主席行政降级处分。

7. 给予广州工务机械段长轨运输车间主任安全员、现场安全包保干部解聘干部职务处分。

8. 给予广州工务机械段长轨运输车间工长、副工长、安全调度开除路籍留用察看 1 年处分。

(三)株洲机务段

1. 给予株洲机务段段长、党委书记行政记过处分,给予副段长撤职处分。

2. 给予株洲机务段救援车间主任行政撤职处分。

3. 给予株洲机务段救援起重机司机行政撤职处分，降为学习司机。

(四)衡阳站

1. 给予衡阳站站长、党委书记行政警告处分，给予副站长行政记过处分。

2. 给予衡阳站衡西货运车间主任、党支部书记、主任安全员行政记过处分。

3. 给予衡阳站货运组织员行政记过处分。

五、事故教训

1. 安全意识十分淡薄。这起事故的发生从表面上看，主要是职工违章作业，但根本原因在领导干部安全意识淡薄。“安全第一”的思想不牢固，体现在标准不高、要求不严。对现场违章作业习以为常，甚至把违章违纪看成正常的事情，暴露出工务、货运部门，特别是广州工务机械段安全管理松弛，安全思想麻痹，一些干部职工对违章问题视而不见，置若罔闻，给安全生产埋下隐患。

2. 安全管理制度不健全、不落实。这起事故是长期以来疏于管理造成的，特别是对专用车的管理存在很大漏洞。规章制度不健全，实施措施没有细化，考核机制严重缺失，致使违章违纪问题长期存在，没有得到及时制止和纠正。57031 次 29 辆长轨车的间隔铁全部锈蚀固死，这说明装钢轨不使用间隔铁的问题已长期存在，逐级负责、专业负责、岗位负责严重不落实，安全管理“严不起来、落不下去”。

3. 严重违章违纪，现场作业严重失控。装载长钢轨不使用间隔铁，从装车、卸车到车站交接各个环节都没有发现，没有制止，安全联控、互控流于形式，没有发挥作用，群体不负责任，各级不负责任，一系列环节卡控形同虚设。

4. 专业管理严重不到位。专业管理责任不明确，表面上都在管理，实际上都没有管。事故充分暴露出不按方案装车、不按规定装载等安全管理上的严重问题，但货运、工务、安监等部门长期下现场检查安全工作、检查专业管理、检查关键部位、检查重点环节，一直没有发现这个问题。站段的技术科、安全科、车间干部，长期在现场也没有发现这个问题。长轨车的装车加固方案虽然是由货运部门确定的，但货运部门强调是专用车辆，只管定方案，不管监督检查，不管执行控制。广州工务机械段在装卸过程中长期违章，一直没有发现，专业管理上存在严重失察失控。该批车辆在去年 12 月 16 日就到了辅修期，至今没有检修，各列检所以为自备车上配有随车列检，就不再检查，致使间隔铁严重锈死，无人过问。

5. 救援工作严重不力。事故救援中，救援起重机的倾倒造成本已开通的线路再次中断，延长了事故时间，扩大了事故影响，教训极为深刻。一方面，救援实战操作能力差，救援起重机是新购设备，在事故救援前演练不多，起重机司机对设备的性能不熟悉，指挥员、操作员配合不默契。另一方面，对救援安全预想不到位。该救援起重机还未参加过事故救援，而且故障多，有些故障厂家还未完全排除，但株洲机务段没有引起足够重视，没有采取更保险的防范措施，特别是在力矩限制器电源盒烧损的情况下，没有引起警觉，没有仔细观察，没有精确操作。

六、采取措施

1. 深刻吸取事故教训。集团公司立即召开了全集团电视电话会议，把事故情况和事故教训迅速通报到全体干部职工，举一反三、深刻吸取教训。使全体员工清醒的认识到当前集团公司所面临的严峻安全形势，组织全员认真开展安全反思。同时。派驻工作组，对事故主要责任单位广州工务机械段进行帮促，重点在安全管理、制度建设、现场作业等方面进行帮助指导，切实发现和帮助整改在机制落实、干部作风、规章制度执行等方面的严重问题。

2. 深挖细查，深入开展安全大检查活动。集团公司立即开展了安全大检查活动，对各系统、各单位的安全状况进行一次全面分析，找出本单位、本部门安全方面存在的薄弱环节，抓住主要矛盾，明确安全卡控的重点，明确包保责任人，特别对货装安全、应急救援、设备质量、劳动安全、防洪防汛、调车防溜、施工安全、专业管理和干部作风等方面进行深挖细查，深入查找安全死角死面，对一些长期存在已经习以为常的问题，将以最坚决的态度、最有力的措施、最迅速的行动彻底整改。要求各单位、各部门切实加强对安全大检查活动的组织领导，主要领导亲自挂帅，制定周密计划，举一反三查找问题，按照“五定”原则，彻底整改，逐一销号，绝不走过场。同时，由集团各业务处室组成检查小组，深入各单位检查指导安全大检查活动。

3. 深入开展货装安全专项整治。深刻吸取“2.25”、“3.08”事故教训，坚决遏制货装安全不稳定的局面。要排查货装安全隐患。各有关单位和部门对货装安全隐患进行一次全面的排查和整治，重点检查货物装载加固方案管理、方案落实执行、装车质量签认等情况。特别是对装载加固方案进行全面细致的清查，能保证安全的，由站段长或主管站段长签认批准后装车；不能保证安全的，立即停止装车，并制订整改措施，达到保证安全的条件后，由站段长或主管站段长签认后才能装车。对存在安全隐患的暂行方案、试运方案，一律不批准；要加强过程控制，提高货装质量。加强装车源头控制，对办理箱装玻璃、长大货物等装车站单位，必须经集团公司专业部门审核批准，取得资质才能装车。对未配备超偏载检测设备的装车站，一律不办理废金属材料、料石等易发生超偏载问题货物的发送业务。对合资铁路和地方铁路交付的货车，进一步改进交接检查手段，杜绝装载质量不良货车进入干线运输。同时，加强货装控制，对特种车辆、专用货车、长大货物的装载问题下大力气进行整治，大力推行标准化作业，开展装载标准车活动。装车后对货物装载加固情况，按照部要求进行拍照或录相存档，坚决杜绝装载加固状态不良的货车上线；要加强货检卡控。严格执行货检区段负责制和货检作业标准。加大对货装状态进行检查和监控，发现问题及时处理。对长轨装车、卸车、运输等关键环节，特别是对间隔铁、锁卡等重点部位，做到记名作业、记名检查，最后由把关干部签认方能上线。同时加强长轨运输过程中的安全巡视检查，认真检查长轨车锁卡是否锁牢、间隔铁是否在工作状态，消灭事故隐患；要加强货车超偏载监控。充分发挥超偏载检测监控系统的监控作用，对信息反馈制度进行一次检查和细化，切实加强货物车辆的途中监控，严格对报警车的分析，发现问题，果断处置，及时报告，不放走一辆危及运输安全的超载、偏载货车，确保货物运输安全。

4. 大力开展救援起重机专项整治。各机务段、各工务救援队立即对所有救援设备进行一次集中清查，确保故障不过夜，确保运用良好；对自己不能处理的，专题向集团主管部门报告，并及时要求厂家派人处理。进一步完善救援工作标准，完善各型救援起重机操作规范，杜绝再次发生救援起重作业过程中撤除监控设备等不安全行为，确保救援安全。配齐配强救援列车的工作人员，配齐配全救援列车装备配件，加强培训演练，不断强化职工事故救援业务技能培训，特别是救援列车工作人员，要进行从理论到实践的全面教育培训，加强抢险救援演练，提高救援能力，真正做到"练兵千日、用兵一时"。

5. 强化安全专业管理。要健全规章制度。各业务处是安全管理上的责任主体，必须抓住规章制度、技术标准、设备标准、作业标准等关键，主动研究解决专业管理方面出现的新情况，及时修订完善本专业的规章制度。即日起，各业务处室会同办公室、人事、劳卫部门，立即对本系统及站段的管理标准开展修订和清查工作，真正做到用制度管事，用制度管人；要狠抓规章制度的落实。进一步建立健全集团公司考核机制，做到奖罚分明，确保各项规章制度落实到位，确保各项工作落到实处；要加强安全结合部管理。由总工程师室牵头，货运、车辆、工务、电务等专业处室参加，加强对长轨车、轨检车、检测车、自备车等路用车的专业管理，全面排查结合部安全中的死角，查找管理和制度漏洞，制定有针对性的专业管理办法。同时，工务、货运、机务、车辆处要加强对广州工务机械段的专业管理，帮助其严格落实各项安全管理制度和技术标准、作业标准，促进安全工作稳定。

6. 坚决落实铁道部各项重点工作，切实加强现场安全控制。按照部领导在全路运输安全工作座谈会上的讲话精神，各部门、各单位要严格按照集团公司的部署要求，扎实推进提速安全保障体系、安全专项整治、非提速线路设备达标整治、安全防护和屏障工程、设备修程修制改革等今年重点工作。特别是对今年上半年进行的生产资源整合和优化站段机构设置改革工作，要坚持“两手抓”，切实加强改革期间的安全检查和安全控制，确保现场作业有序可控，确保运输安全稳定。

65

成昆线 7420 次旅客列车撞人较大事故

一、事故概况

2008 年 3 月 31 日 8 时 11 分，配合成都局西昌工务段进行线路维修作业的夹江濡城建筑有限公司 4 名劳务人员，在沿成昆线步行前往“天窗”维修作业点途中，行至白果 1 号隧道内一曲线地段时，被自白果站 1 道开出的 7420 次旅客列车碰撞。造成 3 人死亡，1 人重伤。构成铁路交通较大事故。

二、原因分析

西昌工务段劳务人员安全意识淡薄，违法行走铁路线路；西昌工务段未将劳务人员按企业内部职工同等进行管理，未严格履行对劳务人员安全培训教育、安全监督管理职责。

三、事故责任

西昌工务段负事故全部责任。

四、对有关人员的处理

1. 给予西昌工务段段长行政记过处分。

2. 给予西昌工务段党委书记行政记过处分。

3. 给予西昌工务段总工程师行政记大过处分。

4. 给予西昌工务段技术科科长行政降级处分。

5. 给予西昌工务段技术科 2 名副科长行政降级处分。

6. 给予西昌工务段安全调度科科长行政警告处分。

7. 给予西昌工务段安全调度科副科长行政警告处分。

8. 给予西昌工务段安全调度科劳安监察行政警告处分。

9. 给予西昌工务段越西线路车间主任行政撤职处分。

10. 给予西昌工务段越西线路车间支部书记行政撤职处分。

11. 给予西昌工务段越西线路车间副主任行政撤职处分。

12. 工区工长撤销工长职务。

13. 当班班长撤销班长职务。

14. 5 名线路工待岗半年。

五、事故教训

1.“以人为本”的思想树得不牢。西昌工务段日常强调抓好管内线路施工和重点作业安全多，强调作业中注意行车安全、尽快改善设备质量多，但督促技术、安全部门落实安全防范措施，确保作业人员特别是劳务人员的施工作业安全和上下工途中的人身安全少，导致了该起事故的发生。

2. 考核制度和卡控措施落实不力。西昌工务段和车间检查现场违章违纪现象多、批评多，而在职工奖惩考核方面执行得不严，没有用“三严四铁”的要求严格考核，考核制度落实不力；现实工作逐级负责制不到位，专业负责制不到位，班组安全管理不到位，“干惯了、看惯了”的现象在部分干部职工中仍然存在，工作中把标准化作业抛在脑后，劳动安全方面存在较多隐患。

3. 重行车，轻人身的倾向依然存在。西昌工务段领导和业务部门把主要精力放在对管内设备维护和对道床翻浆等病害的整治上，对职工作业过程中的劳动安全，尤其是劳务人员的劳动安全投入精力不够,工作力度不大。

六、采取措施

1. 成立安全督导组,每周对各车间检查,确保行车及人身安全;将事故的相关情况及人员处理情况立即通报全段,吸取教训,引以为戒;由段线、桥、安牵头,对管内危险地段进行清理,有针对性的制定劳动安全、行车安全卡控措施,设置警示标志标语,防止类似事故再次发生。

2. 从即日起至9月底,在全段范围内开展“安全大反思、大讨论”活动,结合自身实际,深入查找在安全生产管理中存在的问题,及时采取整改防范措施,确保安全生产。

3. 抓好自控型班组建设。对所有班组进行认真调查、整顿,坚持班前安全警示讲话,强化一同上下班,落实走路肩办法,设好防护,做好作业过程安全监控工作。

4. 由段线、桥、安负责,对维修等重点作业,分类制定包含作业的安全、质量、人员组织等在内的实施方案指导意见,指导车间实施。要求各主管人员、包保人员做到心中有数,并掌握车间工作进度、安全、质量情况,与车间一同奖惩挂钩,掌握好现场作业安全。

5. 切实转变干部作风。认真查找安全管理不到位、管理失控、工作作风不实等方面的漏洞。对干部作风漂浮、好人主义、形式主义,以及不认真落实标准、不愿管、怕得罪人的干部及时进行调整,不断提高安全管理水平,切实转变干部作风。

66

内六线宜宾南站49082次货物列车脱轨较大事故

一、事故概况

2008年5月12日5时42分,重庆机务段$DF_4$9460号机车牵引金沙湾开往宜宾南的49082次货物列车(编组27辆,总重2 353

t,换长 32.6)以 30 km/h 的速度运行至宜宾南站 7 号至 43 号道岔间联络线 140.406 m 处,机后第 12～21 位脱轨,其中第 14～20 位颠覆,未中断正线行车。造成车辆中破 3 辆,小破 7 辆;损坏接触网 5 个锚段、线路约 160 m、道岔 2 组。直接经济损失 161 万元。构成铁路交通较大事故。

二、原因分析

造成本起事故的原因是 49082 次货物列车运行到联络线 K140+406 处(12 号轨)半径为 300 m 的曲线上时,由于线路养护维修工作不到位,该处轨距超限的问题没有得到彻底根治,加之扣板式扣件与钢轨接触面小,造成扣压力不足,在离心力的作用下,轨距拉杆折断,钢轨被弹性挤开,左股(曲线上股)钢轨外倾,致使第 13 位(C_{64} 4968251)右车轮脱轨,左上股钢轨外倾后左车轮碾压轨腰继续前行,造成 15 号(左股)、18 号(左股)、19 号(右股)钢轨折断,引起机后第 12、21 位脱轨、第 14～20 位颠覆。

三、事故责任

自贡工务段负事故全部责任。

四、事故处理

按《成都铁路局领导干部安全责任追究办法(试行)》(成铁监〔2005〕533 号)、《成都铁路局领导干部问责管理办法》(成铁委〔2008〕12 号)对局管干部严肃处理;同时责成自贡工务段按规定对段管干部和相关责任人进行处理。

五、事故教训

1. 站线质量不良。从检查情况看,整个站场道床板结,个别处所翻浆冒泥,养护维修不到位。抽查宜宾南站 9 号、11 号、13 号道岔发现,接头枕木失效,其中接头处 2 根枕木失效有 2 处;连续 3 根失效有 2 处,9 号道岔辙叉后直股内侧错牙达 5 mm。就本起事故而言,列车进路上 1、3、7 号连续三组道岔几何尺寸超限。1 号道岔轨距 7 mm 以上的超道岔轨道静态几何尺寸容许偏差管理值临时补修标准 8 处;3 号道岔三角坑最大 16 mm,超道岔轨道静态几何尺寸容许偏差管理值临时补修标准，尖轨中部枕木连续失效 3 根；7 号道岔轨距超道岔轨道静态几何尺寸容许偏差管理值临时补修标准 2 处。

2. 线路超限处理不到位。宜宾南站一工区 4 月 23 日检查记录显示，41 号、39 号、4 号、11 号道岔分别有 2 处、4 处、2 处、3 处超限，当日已处理，并有处理结果。但在 5 月 6 日的检查记录上，上次检查并处理的超限处所却在同样位置同样存在。5 月 6～7 日，工区分别对 3、7、43、45、47、49 号及菱形道岔进行了保养。但时隔 5 日，于 5 月 12 日事故发生后检查 3 号、7 号道岔轨距、三角坑等几何尺寸多处超限的问题仍然存在。

3. 线路设备日常检查不到位。一是工区职工不按规定检查线路设备。宜宾南站一工区 4 月 23 日和 5 月 6 日对设备的检查，只有几何尺寸的数据检查记录，而没有轨向、高低、轨距拉杆及防爬设备的任何检查记录。二是车间干部检查力度不够。宜宾线路车间在 2 月 25 日后至事故发生前，在近三个月的时间里，一直未对宜宾南站线路、道岔进行检查。

4. 技术管理有待加强。49082 次列车宜宾南站 10 道接车，列车进路必须侧向通过的 3、7、43 号道岔均为 9 号道岔，运监限速应设置为 33 km/h，但却是按限速 48 km/h 设置。查列车运行图技术资料，仅规定 4～7 道侧向限速 30 km/h，8～10 道均经过 9 号道岔侧向，但在长期限制慢行栏中并未提及。说明相关业务部门对基础资料未认真核对，在技术管理上把关不严、存在疏漏。

六、采取措施

1. 深刻反思，吸取教训。立即将本起事故在全局范围内进行通报，督促管内单位认真吸取教训，举一反三，结合安全大反思、大检查活动，对安全生产中存在的问题再次深刻反思，全面排查安全隐患并积极整改。

2. 提高工作标准，加强线路养护维修。认真落实全路运输安全工作会议精神，比照提速线路的工作要求，认真开展第二个“设备攻坚战”，高标准，严要求，全面加强设备养护维修工作。要充分发挥工区、车间、职能部门的作用，全面强化线路设备日常检修工作，切实解决线路维修整治不到位的问题，确保几何尺寸状态随时处于经常保养标准以内。

3. 全面检查，及时整治。工务部门要结合抗震减灾、防洪抗汛等当前工作重点，立即对全局线路设备进行一次全面检查，对检查发现的几何尺寸超限、线路设备失效等问题，要一追到底，查清责任，严格考核，及时整治。要针对站线质量普遍较低的问题，开展小半径曲线及道岔集中专项整治，切实消除安全隐患。

4. 加强安全管理，强化现场控制。各运输站段尤其是工务系统要按照路局关于安全管理“典型引路”的要求，进一步健全安全基本管理制度，强化干部安全管理责任，重点解决干部作风漂浮和好人主义问题，提高干部下基层发现问题和解决问题的能力，加强对主要行车设备、职工现场作业的卡控。

5. 核实基础资料，加强技术管理。相关部门必须认真落实铁道部领导 4 月 29 日讲话中关于线路慢行数据“三核对”的要求，对照《列车运行监控记录装置基础线路数据取用规范》（运装技验〔2007〕108 号）及部、局相关规定，对涉及 LKJ 基础数据的相关技术资料进行全面核对，发现问题立即纠正，切实加强技术管理，消除安全隐患。

67

沪昆线 10936 次货物列车脱轨较大事故

一、事故概况

2008 年 7 月 3 日 13 时 53 分，株洲机务段 SS_{3B}6038 号机车牵引 10936 次货运列车运行至广铁（集团）公司沪昆上行线金竹山—石泉间，机后第 41～50 位车辆脱轨，其中第 44～50 位车辆颠覆，44 位车辆侵入下行线，列车拉断风管后机车停于 K1 289＋486

处。经救援于 21 时 30 分开通沪昆下行线，中断下行正线行车 7 小时 37 分；7 月 4 日 8 时 00 分开通沪昆上行线，中断上行正线行车 18 小时 7 分。构成铁路交通较大事故。

二、原因分析

对事故地点脱轨前 200 m 线路进行检查，正矢连续差最大值为 27 mm，超过《铁路线路修理规则》第 3.7.10 条“曲线正矢经常保养容许偏差值 8 mm”的标准，由于曲线不圆顺，道床缺砟，线路板结，加之该处纵断面为 4.4‰的上坡，运行在曲线上股的轮对对钢轨作用力较大，轮缘瞬间爬上钢轨后脱轨。

三、事故责任

娄底工务段负事故全部责任。

四、对有关人员的处理

(一)集团公司

1. 集团公司董事长、党委书记，总经理，常务副总经理分别写出深刻检查上报铁道部，并请求给予严肃处理。

2. 长沙办事处党工委书记、主任写出深刻检查上报铁道部，并请求给予严肃处理。

3. 给予集团公司工务处处长降级处分。

(二)娄底工务段

1. 给予娄底工务段段长、党委书记、主管生产副段长行政撤职处分，并分别解聘干部职务。

2. 给予娄底工务段主管安全副段长行政记大过处分。

3. 给予娄底工务段技术科科长行政撤职处分，并降级。

4. 给予娄底工务段安调科科长行政记大过处分。

5. 给予娄底工务段涟源线路车间主任、支部书记行政撤职处分，并降级。

6. 给予娄底工务段涟源线路车间 2 名副主任，3 名技术员行政记大过处分。

7. 给予娄底工务段涟源线路车间包保组组长、人劳科科长行政撤职处分，并降级。

8. 给予娄底工务段涟源线路车间包保干部、技术科线路主任行政撤职处分，并降级。

9. 给予娄底工务段涟源线路车间 3 名包保干部行政记过处分。

10. 给予娄底工务段涟源线路车间金竹山工区工长行政撤职处分，并待岗半年。

五、事故教训

1. 安全意识不强、敏感性不高。2008 年以来，广铁集团公司先后发生了“2.25”、“3.8”等严重事故，6 月 23 日，衡阳工务段又发生了因线路失修造成的一般 B 类事故，但广铁集团公司，尤其是工务系统没有认真吸取事故教训，对当前的安全形势没有引起高度重视，致使设备严重失修问题未能得到解决。

2. 安全责任不落实、专业管理不到位。2008 年以来，工务部门虽然也针对薄弱环节开展了集中修、站专线大检查大整治等工作，但仅是原则布置，没有对设备质量和安全管理中存在的问题进行认真的分析、落实整改责任，对基础较差的线路，专业部门怎样监控指导不明确，站段怎样督促工区强化设备维修责任不明确，车间、工区对设备存在的安全隐患整改措施不力，致使安全基础管理薄弱、设备质量不高的现象迟迟得不到根本性的转变。

3. 现场作业标准不落实。这次事故反映出的曲线正矢严重超标，接头螺栓、弹条扣件扭力矩严重不足，线路严重缺砟，道床板结、严重污染，以及线路轨距、水平、高低等线路几何尺寸存在偏差等问题，暴露出娄底工务段涟源线路车间在日常对线路的检查养护中，检查不认真、作业标准不落实的问题十分突出。

4. 干部作风不实，问题整改不到位。广铁集团线路设备长期欠养失修，事故地段线路存在的严重问题，虽然集团专业部门已经掌握，但在问题的整改上，仍局限在提出一般性的要求，而没有落实责任，派人盯住问题的整改；工务段对上级的要求不重视，干部看惯了，职工干惯了，得过且过，没有拿出有效的整改措施。说明广铁集团由于干部作风长期不细不实，从机关处室到站段，从站段、车间到班组，对设备安全隐患等问题的整改力度一级比一级弱化，导致安全生产的问题和隐患得不到及时整治，一些惯性问题长期存在。

六、采取措施

1. 进一步分析事故原因，认真吸取教训。集团公司将立即召开集团安委会、事故扩大分析会，通报事故情况，在集团公司范围内进一步认真分析，深入查找思想认识、安全管理、技术管理、作业标准执行等方面的深层次原因，制定有针对性的整改措施，并严肃处理相关责任人，以此教育和警示各单位、各部门，充分认识集团公司安全工作面临的严峻形势。迅速将铁道部领导的要求和"7.3"货物列车脱轨事故的深刻教训，传达到全集团每一名干部职工，结合当前开展的安全大教育、大反思、大检查、大整改活动，举一反三，深入查找各类安全隐患，对发现的问题认真逐一分析，追根溯源，制定措施，落实整改，排除引发事故的各类安全隐患，杜绝各类严重事故的发生。

2. 深入开展安全"四大"活动。集团公司将始终按照"高标准、严管理、建机制、强基础"的安全工作思路，深入开展安全"四大"活动，地毯式深入查找设备存在的问题，特别是非提速线路、到发线、调车线、道岔、曲线和专用线等重点处所，制定整治倒排计划，加大投入，对站场设备轻型号钢轨更换为重型号，有缝线路更换为无缝线路，木枕改混凝土轨枕，卡板扣件改弹条扣件，确保设备状况均衡。各专业、各系统坚持眼睛向内，深刻查找自身存在的问题，决不能头痛医头、脚痛医脚。系统的、全面的查找安全管理、工作作风、现场作业、设备质量等方面存在的深层次问题，由上而下，从规章制度的操作性、适用性，到站段的分解细化，再到现场作业的落实上，系统的检查发现和整改问题；由下而上，从生产一线发现的问题追溯管理上的差距和制度上的漏洞，确保安全"四大"活动取得实效。

3. 高标准、严要求，强化安全基础。认真贯彻落实6月28日全路运输安全工作座谈会精神，真正将“零故障、零误差、零缺陷”的理念灌输到干部职工头脑中，并在日常的工作和作业中得到贯彻落实。严格执行各项作业标准和技术标准，分段、车间、班组三个层次组织学习学标、查标、对标，并组织考试和检查、考核。同时，要求各级管理人员和技术人员加强现场检查指导，确保作业标准和技术标准在现场执行到位。按照边查边改的原则，组织对前阶段检查发现问题的整改落实，从集团管理层到站段决策层、管理层，再到执行层进行严格的责任追究考核，并认真组织分析原因，落实整改。各部门、各单位主领导亲自上手，认真研究强化车间、班组管理的问题，理顺内部关系，落实岗位职责要求。

4. 加强专业管理，提升设备质量。坚决贯彻落实部领导“零误差”、“零缺陷”、“零故障”的思想理念，高一档，严一格，确保设备质量优良；各设备管理单位强力推行“天窗修”和大站场协议修，优化作业方式方法，充分利用好有限的天窗时间，对作业不要点和要点不作业的单位和职工，一律按照有关规定严格考核并通报批评，对有关管理人员严肃处理。同时，强化专业技术管理，集团公司工务处和各工务单位严格按照技术标准，对管内设备进行一次认真检查，认真核实曲线技术要素、尤其是对小半径曲线的超高、加宽、正矢，严格按照《铁路线路修理规则》的要求进行维护。

集团公司一定认真吸取教训，举一反三，痛下决心，采取最坚决的措施，彻底整改安全隐患，坚决确保安全稳定。

68

京广线32123次货物列车脱轨较大事故

一、事故概况

2008年9月15日，丰台机务段$SS_4$486号机车牵引32123次货物列车（编组57辆，总重5 022 t，载重3 721 t，换长69.8）于19

时 02 分进入邯郸站 10 道，越过警冲标后（相对里程京广线 K431+210）机后第 28～37 位脱轨，不影响上行正线行车。16 日 2 时 55 分，采用拉复法将脱轨车辆起复完毕。损坏工务设备线路 150 m；车辆中破 10 辆；直接经济损失 72.9694 万元。构成铁路交通较大事故。

二、原因分析

车辆脱轨的原因是：由于轨距杆数量不足、曲线上股轨枕挡肩连续破损失效、脱轨点前后扣件松动失效，致使线路结构框架强度不足，在列车运行中无法保持轨距，加之曲线正矢误差较大，加剧了车辆的横向力，造成车辆轮对挤开钢轨后落入钢轨内侧。邯郸站 10 道线路存在严重设备病害，设备质量不良、管理不善是造成事故的主要原因。

三、事故责任

邯郸工务段负事故全部责任。

四、对有关人员的处理

1. 铁道部对路局分管安全副局长、分管工电副局长给予处分。

2. 给予路局工务处处长行政警告处分（到任仅 1 个多月），工务处主管副处长行政记过处分。

3. 给予路局安全监察室主任行政记过处分。

4. 给予邯郸工务段段长行政撤职处分，给予党委书记撤职处分，给予副段长行政撤职处分。

5. 邯郸工务段按照《北京铁路局安全责任追究制度》（京铁劳〔2005〕171 号）和本单位的相关规定，严肃追究相关干部安全管理失职责任。

五、采取措施

这起事故发生在全路安全大检查、大反思活动期间，反映出个别单位安全大检查、大反思活动流于形式，设备管理存在严重问题，设备质量存在严重隐患，特别是工务部门对站专线设备质量重视不够，全局非提速线路专项整治工作效果不明显，个别区段非提速线路特别是站专线质量状况没有得到根本改善。同时也反映出北京局领导干部及事故调查处理部门、单位法制观念不强，事故发生后仅满足于认定了事故原因和对责任者进行了处理，没有及时向铁道部进行报告，严重违反铁道部的相关规定，在事故的管理存在侥幸心理，教训极为深刻。为深刻吸取这次事故教训，扭转安全被动局面，北京局于 10 月 23 日召开安全紧急电视电话会议，对近期几起事故进行了深刻剖析，对有关责任人进行了严肃处理，并对全局举一反三，吸取事故教训，全面强化安全管理工作提出了具体要求。

1. 牢固树立“安全第一”的意识。要求全局特别是各级干部端正态度，统一思想，提高认识，牢固树立“安全第一”的思想和“以设备质量保安全”的意识，强化安全忧患意识。要进一步认真分析，深刻反思，查找工作思路、工作方法和工作作风方面存在的问题，查找安全管理上存在的漏洞，干部安全逐级负责制在落实上的差距，切实加强全体干部职工的安全教育，全面强化安全过程管理，强化各项安全措施的落实，紧急行动起来，振奋精神，全力以赴抓好当前的安全工作。

2. 严格事故管理，确保事故调查分析处理及时准确。认真落实全路运输安全工作座谈会和安全监察工作座谈会精神，严格事故报告、调查、处理、分析程序，严格依据《铁路交通事故调查处理规则》，依法对事故进行准确的定性定责，狠刹瞒报、迟报事故的歪风。按照“四不放过”的原则，认真分析事故深层次的原因，依法追究事故直接责任者和管理者的责任，制定切实可行的安全措施，督促各项措施落实到位。

3. 全面开展四大干线集中整治。北京局决定利用 10～12 月份的时间和京广、京沪线实施“集中修”的机会，全面开展“找差距、鼓干劲、大干苦干三个月，高标准、零误差、四大干线创一流”活动，巩固提高 200 km/h 区段质量水平，有效改善 200 km/h 区段技术条件，区分轻重缓急改造加强质量薄弱地段，突出重点，全面整修，立足短、平、快，迅速提升四大干线质量水平。

4. 加强非提速线路设备整治。要加强非提速线路投入和设备养护，提高设备养护水平，提高工作要求和技术标准，按照“零误差”、“零缺陷”的要求考核行车设备，改善非提速线路技术状态。设备整治的重点是改善轨道框架强度，一是要更换枕木，有条件的线路尽量采用混凝土轨枕。二是要增加轨距杆，补齐道钉和联结扣件，特别是小半径曲线地段和道岔导曲线，有条件的要安装轨撑、分开式扣件等轨道加强设备，个别薄弱区段增设轨道加强设备。三是对现有设备技术资料进行一次全面普查，核对站场设备、行车速度、机车车辆车型的技术条件，重新核定技术参数。四是对钢轨异常磨耗、轨枕外侧挡肩破损、枕木压切等现象的，要采取技术手段解决。五是对严重的病害要深究原因，提高养修标准，彻底整治消除隐患，对久治不愈的病害要展开技术攻关，进行综合整治。

5. 加强专业管理，提高行车设备质量。路局各业务处安排力量，重点对管理薄弱的单位进行包保帮促，帮助站段查找安全管理、设备质量中的普遍性、倾向性和关键性问题，安排好 2009 年财务计划，加大对行车设备特别是非提速线路的投入，力争使行车设备状况有较大改观。

69

牙林线 4182 次旅客列车撞上崩塌山体较大事故

一、事故概况

2008 年 9 月 17 日 5 时 05 分，三棵树机务段 $DF_4$2125 号机车牵引 4182 次旅客列车(编组 10 辆，总重 536 t，换长 22.0)由满归站正点始发，5 时 30 分运行至牙林线满归—阿龙山间 K420＋860 时，司机发现前方约 80 m 处(K420＋779)线路上有山石掩埋线路，立即使用非常制动，停车不及与侵限的山石相撞。继续崩塌下滑的山石将机车运行方向左侧掩埋近 2.0 m，致使 4182 次机车全轮脱轨。机车中破 1 台。中断单线区段正线行车 41 小时 02 分。构成铁路交通较大事故。

二、原因分析

事故直接原因是山体突然大面积崩塌造成。因崩塌为山体内部结构多年逐步变化加剧所造成，目前目测检查及日常巡视手段无法观测山体内部变化，山体突然崩塌，属不可抗力的地质灾害原因导致。

三、事故责任

列根河工务段非责任事故。

四、采取措施

1. 组织各工务段立即对管内易发生山头落石、崩塌等地质灾害地段进行一次全面专项检查，采取记名登山检查的方式，建立检查台账，对危及行车安全地段进行全面清理，逐处制定检查和看守安全保证措施，做到不留死角，抓好落实。

2. 对牙林线事故现场崩塌地段采取 24 小时有人看守制度，在列车通过前必须进行检查，发现问题立即采取措施。同时，路局组织对该处山头进行地质调查，制定整治方案，消除山体继续崩塌隐患。

3. 路局将加大投入，采取科学手段，对区域性可能的山体崩塌等地质灾害重点处所组织专家组进行排查、评估，突出重点，科学防治，确保行车安全。同时，我局将邀请地质专家对各工务段技术人员及相关人员进行专职培训，提高综合防灾素质和应急处理能力。

70

大秦重车线 56603 次列车冲突较大事故

一、事故概况

2008 年 10 月 24 日，56603 次列车[中铁电气化局集团公司电气化公司自轮运转设备；编组 6 辆（第 1 位作业车金鹰 086 号，第

2 位轨道车莱恩 0166 号)，总重 204.6 t，换长 6.7]涿鹿站 0 时 12 分开车，延庆站 1 时 27 分通过，1 时 43 分 19 秒以约 57 km/h 的速度与区间停留的 77007 次 2 万 t 货运列车尾部车辆相撞。造成第 1 位作业车、第 2 位轨道车脱轨，并侵入大秦空车线；第 2 位轨道车上的司机死亡。经救援，大秦重车线 16 时 14 分开通，扣除 3 小时施工天窗时间，实际中断重车线行车 11 小时 31 分；空车线 11 时 36 分开通，扣除 2 小时 26 分施工天窗时间，实际中断空车线行车 7 小时 27 分。构成铁路交通较大事故。

二、原因分析

事故的直接原因：中铁电气化局集团公司电气化公司自轮运转作业车司机、副司机，严重违反《技规》第 251 条规定，在区间通过信号机显示红灯的情况下，没有及时采取有效停车措施，闯过了 2788 号信号机。同时，该自轮运转设备的运行监控装置故障，没有起到红灯前控车作用，导致列车与前行的 2 万 t 列车追尾冲突。

三、事故责任

中铁电气化局集团公司负事故主要责任；太原铁路局负事故次要责任。

四、对有关人员的处理

(一)中铁电气化局集团公司

1. 给予担当本务牵引任务的金鹰 086 号作业车司机、副司机吊销轨道车驾驶证、开除公职予以辞退的处理。

2. 鉴于轨道车组负责人已在事故中死亡，不予追究责任。

3. 给予电气化公司项目部机械队长撤职处分，并扣除安全风险抵押金 2 000 元。

4. 给予电气化公司机械段副段长撤职处分，并扣除安全风险抵押金 5 000 元。

5. 给予电气化公司机械段段长撤职处分，并扣除安全风险抵押金 5 000 元。

6. 给予电气化公司项目部常务副经理撤职处分，并扣除安全风险抵押金5 000元。

7. 给予电气化公司项目部党工委书记撤职处分，并扣除安全风险抵押金5 000元。

8. 给予电气化公司主管大秦线工作的总工程师、主管安全副总经理行政记大过处分，并分别给予1 500元、2 000元的经济处罚。

9. 给予电气化公司总经理、党委书记行政记过处分，并分别给予2 000元的经济处罚。

10. 给予集团公司工管中心副主任行政警告处分，并给予5 000元的经济处罚。

11. 集团公司总经理、党委书记向中铁股份公司写出书面检查。

12. 扣除电气化公司全年安全生产保证金35.75万元。

(二)太原铁路局

1. 铁路局调度所主任、大同西供电段段长、大同电务段段长在路局安委会上做出深刻检查。

2. 给予调度所主管副主任行政警告处分。

3. 给予调度所施工调度室主任行政记过处分。

4. 给予调度所值班主任行政记过处分。

5. 给予大同西供电段主管副段长诫勉3个月的处理。

6. 各单位其他责任人员按照管理权限进行处理，并将结果分别报太原铁路局人事处和安监室。

五、事故教训

(一)中铁电气化局集团公司

1. 作业车值乘人员严重违章。一是本务作业车值乘司机、副司机瞭望不认真，未按地面信号显示要求行车。在区间通过信号机显示黄色灯光的情况下，臆测行车，控速过高，进入隧道内瞭望不认真，在距离区间信号机只有30 m左右时，才发现信号机显示红灯，采取紧急制动措施时机滞后，造成冒进信号与前行列车尾追。二是作业车司机违反电气化公司制定的操作规定，在大同县站没有关闭监控装置主机就启动柴油机，造成监控装置启机后黑屏，无法正常显示。三是作业车司机严重违反铁道部有关规定，在发现运行监控装置故障后，不仅没有及时向车站值班员汇报，也没有执行《技规》第 270 条“以不超过 20 km/h 的速度运行至前方站停车处理”的规定。同时，也没有执行《轨道车管理规则》第 40 条和公司制定的“轨道车监控装置故障时不准上线运行”的规定，给事故埋下了严重隐患。

2. 轨道车作业人员作业制度不落实。一是车长在二位轨道车上用电台指挥行车，违反了公司关于在区间运行时，车长必须在头车驾驶室内协助瞭望的规定。二是二位轨道车副司机在没有司机的指导下单独操纵，违反了铁道部的有关规定，同时也违反了严禁在二端倒打车操纵和夜间严禁副司机操纵的规定。

3. 运行监控装置设备制式陈旧、功能不全。公司没有按照铁安监〔2004〕23 号电报关于“上线运行的轨道车在 2004 年底前必须更换 LKJ-93 型监控装置”的规定，将公司全部轨道作业车进行换装。发生事故的轨道车安装的武汉蓝霞公司生产的 GYJ-2004 型监控装置，该监控装置只具备复示地面信号显示及简单的超速控车功能，不能输入线路基础数据。目前该公司仍有 56 台自轮运转设备安装类似简易功能的监控器，存在运行超速的安全隐患。

4. 运用安全管理不严。一是进入大秦线施工已连续几天，发生事故当日是夜间长距离运行，没有一名干部和管理人员上车添乘检查，且由于监控装置不能转储分析，管理干部对司乘人员日常操纵情况不掌握，造成司机作业随意，违章问题突出。二是对设备不良问题，管理人员不能及时发现。查阅运行记录本一位作业车压缩机长期漏油，司乘人员也多次提出，一直没有得到解决。三是职工培训考试不严肃。查阅 10 份相关作业人员培训考试卷，发现阅卷不认真，3 份试卷存在扣分无理由、核分不正确的问题。

（二）太原铁路局

1. 落实《轨道车管理规则》有差距。铁道部《轨道车管理规则》（铁运〔2007〕22 号）中明确规定对上线轨道车三项设备进行检查。中铁电气化局集团公司电气化公司轨道作业车进入路局管内后，路局调度所认为 1402 号部令已明确该公司轨道车“机车三项设备、三证、备品齐全”，就没有按规定通知机务、电务部门对轨道车状态及三项设备进行检查，在落实部、局有关规定和要求上不到位。

2. 施工配合安全协议有漏项。湖东车务段、秦皇岛东站与中铁电气化局集团公司电气化公司签订的施工配合安全协议中，有施工作业车三项设备必须齐全的内容，但大同西供电段、大同电务段，尤其是大同西供电段作为施工配合单位签订的协议中均没有此项内容，致使中铁电气化局集团公司电气化公司有关作业人员对严格三项设备使用没有引起重视，设备故障后随意处置，埋下事故隐患。

3. 安全思想出现位移，专业管理不到位。在大秦线增运补欠时间紧迫、任务繁重，安全与运输、安全与效率、安全与施工的矛盾日益突出的情况下，路局个别部门安全第一的思想不同程度地出现位移。尤其是局外施工单位大量进入管内作业，部分专业管理部门敏感性不强，重封锁点内的施工作业安全，而忽视了封锁点外施工自轮运转设备运用安全，重轨道车有关证件的确认，忽视了使用设备技术标准和功能的检查，专业管理没有及时跟上，安全监管出现漏洞，未能防止轨道车在封锁点外运行事故的发生。

六、采取措施

（一）中铁电气化局集团公司

1. 深刻吸取事故教训。公司要将此次事故教训及人员处理情况迅速通报全局，加强全局干部职工警示教育，强化安全意识。要重新修订完善公司轨道车行车管理办法和安全操作规程，明确安全管理职责和劳动纪律，严格落实规章制度，强化监督检查。要进一步完善各项事故应急预案，加强应急演练，提高处置突发事件能力。

2. 全面开展轨道车专项整治。公司要制定安排，停止轨道车辆一切作业，从 10 月 25 日～10 月 31 日止，利用一周时间对轨道车辆进行一次排查，建立专项档案，组成 4 个专项检查组，对司乘人员、机械设备状况、三项设备等进行专项检查整治，不符合铁道部相关技术标准和要求的坚决下线，禁止在既有线上作业。

3. 加强三项设备管理。对不符合铁道部相关技术标准和要求的三项设备，全部限期进行更换。公司工管中心负责，武汉产蓝霞运行监控装置全部更换，此项工作在 11 月底前完成。新更换的列车运行监控装置必须能够符合铁道部和各铁路局相关技术标准和要求。

4. 强化培训教育工作。利用一周时间，集中组织轨道车司乘人员专项培训班，重新学习铁道部、所在路局及公司有关行车规章制度、现有机械、运行设备性能、安全操作规程，特别是运行监控设备操作程序和使用方法的培训，要重新进行考试，不合格者坚决不得上岗。

(二)太原铁路局

1. 汲取事故，强化“安全第一”思想。10 月 27 日路局召开月度安委会，常务副局长通报了铁道部《事故通报》，铁路局安监室通报了事故概况、原因及存在问题；路局运输处、机务处、电务处及调度所、大同西供电段、大同电务段分别就事故中所暴露出本部门、本单位的问题做了检查；铁路局局长对事故进行了深刻剖析，并要求下午再次召开事故分析会，认真吸取教训，制定有效措施，杜绝今后。会后，各部门、各单位迅速将事故情况及会议要求利用各种形式传达到每名干部职工，事故责任单位对责任人员按规定做出严肃处理，进一步强化干部职工安全意识，提高抓安全、保安全的自觉性。

2. 反思问题，制定有效整治措施。10 月 27 日下午，由常务副局长组织,2 名副局长、局总工程师参加,局运输、机务、工务、电务、车辆、建设处,安监室、总工室,大秦扩能改造指挥部以及调度所、大同西供电段、大同电务段等单位和部门再次召开事故分析会,不讲客观,眼睛向内,深入剖析施工安全、轨道车运用管理等方面存在的问题,并制定了措施。

(1)明确期限,开展专项普查。针对事故教训,路局各部门组织各单位利用 5 天时间对管内所有自轮运转设备(包括局外单位)管理全面开展普查:一是由总工室、安监室牵头,对路局自轮运转设备管理办法和制度进行全面普查,制度是否健全、职责是否明确、标准是否规范。二是由机务、工务处负责,对自轮运转设备管理情况进行全面普查,运用管理、设备质量、人员素质是否符合标准。三是由电务处负责,重点检查自轮运转设备的三项设备,管理制度是否健全、设备质量、性能是否符合技术标准等。四是由车辆处负责,检查自轮运转设备托运过轨技术鉴定和检查制度的执行情况。五是由运输处负责,检查调度所和车务站段自轮运转设备上线运行的有关制度落实情况。六是由建设处负责,各有关处室参加,重点检查施工安全协议、配合协议是否规范,内容是否有漏项。

(2)明确责任,强化问题整治。各部门、各单位要高度重视自轮运转设备普查工作,要责任到人,做到谁检查、谁负责、谁督办整改,一盯到底,全权负责。对查出的问题实行建档管理,明确整改期限,逐条销号整治。对不符合运用条件和技术标准的,一律禁止上线运行。

(3)明确标准,强化职工素质。各部门、各单位要按照自轮运转设备管理有关要求,制定安排,明确标准,对自轮运转设备司乘人员业务素质进行全面培训教育,突出规章、制度、命令、非正常行车办法和三项设备使用、应急处置等方面的培训,并组织考试,考试不合格的一律不得上岗担当乘务工作,全面提高自轮运转设备司乘人员素质。

(4)明确量化,加强监督检查。各单位要制定自轮运转设备日常监督检查量化标准,重点加大添乘检查及监控装置分析,严格考核。各部门做好对各单位的检查与督办,不断提高自轮运转设备管理水平。各单位、各部门要严格执行《轨道车管理规则》和铁道部、路局自轮运转设备管理有关规定,加强自轮运转设备运用安全及设备质量的监督检查,尤其是局外单位设备,确保运用安全。

71

焦柳线 13019 次货物列车撞作业人员一般 A 类事故

一、事故概况

2007 年 11 月 26 日,天气大雾(能见度不足 10 m)。张家界工务段吉首线路车间周家寨工区日班作业计划安排 6 人到周家寨站 1 道进行点油和整外观作业(天窗外)。8 时整,工长在工区点名分配当日上午工作任务,临时改由工长带班,班长在工区做台账。8 时 11 分,工长等 7 人携带工具沿车站 1 道往南于 8 时 19 分左右到达作业现场 K1 109+150 处开始作业。当时作业过程为:工长在 K1 109+175 处(2 道与 3 道间)参与作业,2 人在Ⅱ道道心整理道砟,其余 4 人在枕木头整理道砟。8 时 19 分驻站联络员通知工长 13019 次货物列车开过来,工长没有及时通知作业人员下道避车,13019 次货物列车(机车 SS_{3B}6116,司机 2 人)以 74 km/h 通过周家寨站,于 8 时 23 分将正在作业的 2 人当场撞死。构成铁路交通一般 A 类事故。

二、原因分析

1. 工长在作业中既担任现场作业的防护员,又担任现场作业带班人,并且参与作业,违反了广铁安电〔2007〕575 号电报规定“凡上线作业必须进行有效防护,二人作业,一人作业一人防护,成组作业,专人防护”的防护制度。在驻站联络员呼叫“13019 次开过来”时，没有及时通知作业人员停止作业，下道避车，是导致事故发生的主要原因。

2. 11 月 26 日 8 时，作业区域天降大雾，能见度不足 10 m，在天气如此恶劣的作业环境下，工长没有执行《铁路工务安全规则》第 3.2.5 条“遇有降雾，暴风雨(雪)，扬沙等恶劣天气影响瞭望时，应停止上线作业和上道检查，必须作业时，应采取特殊安全措施，保证来车之前按规定的距离及时下道”的规定，在没有采取任何特殊安全措施的情况下，盲目蛮干，违章指挥作业人员上道作业，是导致事故发生的重要原因。

3. 工长明明知道自己在作业中担负防护员职责，作业时没有按规定携带口笛(喇叭)、信号旗(灯)等防护用品，仅仅带了对讲机在作业现场担任防护作业，导致现场防护形同虚设，是造成事故发生的又一重要原因。

三、事故责任

张家界工务段负事故主要责任。

四、对有关人员的处理

(一)对集团管干部的处理

1. 给予张家界工务段段长、党委书记、主管安全的纪委书记行政降级处分。

2. 给予集团公司工务副处长(主持工作)、综合科长行政记大过处分。

(二)张家界工务段对其他有关责任人员的处理

1. 给予段技术科副科长(主持工作)、安全科科长行政记大过处分。

2. 给予段安全科副科长，劳动安全监察 2 人行政记过处分。

3. 给予段人劳科科长、副科长行政警告处分。

4. 给予段职教科科长、副科长行政警告处分。

5. 给予吉首线路车间主任、指导员撤职处分。

6. 给予吉首线路车间周家界线路工区工长撤职处分，下岗

1年。

五、事故教训

1. 规章制度执行不力。

一是在贯彻集团公司的文电要求上打折扣。为了有效遏制车辆伤害事故的发生，2007年1月集团公司下发了《关于开展防止车辆伤害事故专项整治活动的通知》（广安电〔2007〕99号）电报，对如何防止车辆伤害事故提出了非常具体的要求，但张家界工务段既没有进行专题安排、布置，也没有结合本单位实际情况提出具体落实措施，仅将电报传真至各领工区学习了事。今年8月份，集团公司通报了外局及管内发生的工务系统因为防护问题造成的人身伤亡事故，并对防护工作做出了具体规定，要求记名传达。但周家寨工区19名职工，仅记名传达10人。

二是执行段制订的文件和规定大打折扣。张家界工务段在今年9月17日制定下发的《关于进一步规范作业安全行为的紧急通知》中明确要求"工区上道作业必须派专职防护员，工地与驻站联络员必须3～5分通话一次"，但管理人员作风漂浮，尤其是车间没有督促工区落实上述制度，导致有效的安全管理规定成了一纸空文。

2. 工班长管理、安全教育工作滞后。

周家寨线路工区工长未持证上岗。集团公司2006年5、6、9月举办了3期工务系统工班长培训班，培训工班长143人。张家界工务段年度教育计划安排三季度举办工班长适应性培训班。但段后备工班长备员不足，三季度的培训没有按计划完成，培训没有实施，导致今年4月份担任周家寨工区工长以来，一直没有进行工班长岗前培训，无证上岗。集团公司关于工班长"先培训，后使用、持证上岗"的规定在张家界工务段没有得到执行。段、车间对工班长管理的不到位，造成不符合工班长资格的人员上岗，导致工区管理混乱，工长带头违章作业、盲目蛮干，班组管理失控。

3. 安全分析制度流于形式。

周家寨工区月度安全分析记录，几乎每月安全分析中存在的问题都是“安全意识不牢；下道避车不及时；作业标准化执行情况较差；上下工集体行走制度坚持不好”，但针对存在的问题，工区没有制订切实有效的整改措施，车间对工区存在的问题也不闻不问，造成人身安全隐患不能及时消除，违章作业屡见不鲜。

4. 车间、班组的劳动安全关键点控制措施落实不到位。

一是《张家界工务段劳动安全关键点控制管理办法》（张工段〔2007〕86 号）中，没有根据山区气候特点，把雾天作业纳入劳动安全点控制措施进行卡控。

二是吉首线路车间、周家寨线路工区对每年深秋初冬常有大雾的恶劣天气，车间、工区管理人员没有将雾天作业确立为劳动安全关键点进行控制，导致劳动安全关键作业失控。

三是车间、班组对确立的劳动安全关键点没有按照“六有”要求落实卡控。车间、班组今年以来对劳动安全关键点的检查几乎没有发现什么问题。尤其是周家寨工区，劳动安全关键点检查频次不按段规定执行，段上规定每月检查不少于 4 次，工区规定不少于 2 次，而且今年 7 月 14 日以后没有任何检查记录。

5. 张家界工务段没有认真吸取教训。

一是周家寨线路工区 11 月 20 日～26 日的日班作业计划安排，全部只是安排了一名驻站联络员，没有安排现场专职防护员，现场不派专职防护员已形成惯性违章，但段、车间没有发现此类严重问题。

二是今年 4 月 28 日，周家寨线路工区在 K1 104＋200～K1 105（作业地点处在弯道）找小坑作业，段领导添乘检查时就发现工区既没有安排驻站联络员，也没有安排工地防护员，作业人员下道不及时等多处违章作业，段按事故苗头进行处理，但吉首车间仅仅组织召开一个分析会，制定了几条整改措施了事，没有对工区的劳动安全管理进行深入全面的剖析，导致工区无论是工长还是作业人员都没有从根本上认识到安全防护的重要性，在思想上麻木不仁。

三是今年以来全路工务系统发生的多起铁路作业人员伤亡较大事故和一般事故，事故原因都是作业过程中安全防护不到位，集团公司都进行了专题通报，并提出了具体控制措施。但张家界工务段从管理层到执行层对本段长期积累沉淀的劳动安全基础薄弱和深层次的安全隐患认识不足，特别是在执行层面没有落实有关安全防护制度，导致同类事故又一次重演。

6. 班前安全预想、班后总结安全等实效性制度在落实上走了过场。

一是周家寨线路工区事故当日分工会没有针对大雾天气提出具体有效的安全防范措施，且从 11 月 20 日～26 日 7 天的分工会的安全记录完全相同。

二是事故调查组 11 月 26 日 11 时调阅事故当日的日班工作计划表，当日完工会竟然已经召开，记录为“安全情况良好、质量合格”。

三是临时变更日班作业计划，事故当日日班作业计划为“1 道点油、整理外观”作业，实际上是在Ⅱ道正线整理道砟作业，改变了作业地点，但没有提出相应的安全措施。

7. 张家界工务段安全检查、督促和考核落实不到位。

一是张家界工务段“五定三率”考核办法（张工段〔2007〕26 号文件）的考核标准没有严格执行，文件规定“2 个月未完成工作任务的，除经济考核外，通报批评，3 个月未完成任务按严重违章考核个人，1 年内 5 个月未完成待岗 1 个月”，查技术科今年有 7 个月未完成量化指标（其中每月指标 8 件，9 月份仅完成 1 件），吉首物资车间今年没有完成过 1 件任务，发现违章违纪为空白，吉首线路车间今年没有 1 个月完成量化指标（其中 5、9 月份 1 件违章都没有发现），针对上述情况，段没有采取任何措施，好人主义严重，在落实上不敢动真碰硬。

二是段对干部的考核不严肃。段领导层次未完成量化指标的考核没有落实到责任人，而是轮流坐庄，这个月考核甲，下个月则考核乙。对其他干部未完成量化指标的考核，也不是按照实际完成情况，而是由科室自己上报，也存在考核轮流坐庄的现象。

三是车间、班组安全考核制度落实不到位。周家寨线路工区没有建立班组考核台账，每月发现的问题只在月度分析会中点现象，没有具体内容，也没有进行考核。吉首车间的考核也大多是迟到、早退或设备、工作质量问题，少有作业过程中违章的考核。

四是周家寨工区长期没有建立《干部下现场检查记录登记本》，段、车间对此事不闻不问，以致工区无法反映段、车间干部下现场的检查情况。

8. 怀化机务段机车乘务员执行标准化作业不彻底。调查组对事发现场进行勘查，作业地点在Ⅱ道出站信号机外方不到10 m，出站信号机前方485 m是一个半径为600 m的小半径弯道，司机在进弯道、出弯道，进站、出站等规定鸣笛处所均应鸣笛，况且当天大雾天气，按规定应多鸣笛，但取证现场作业人员均未听到机车鸣笛声。同时，通过对机车监控资料的分析和对机车乘务员的取证，机车机车乘务员未按规定执行进出站三鸣笛、弯道三鸣笛、雾天多鸣笛的规定，没有对现场作业人员起到应有的警示作用，没有有效地防止事故。

六、采取措施

1. 集团公司要进一步组织对“11.26”事故从深层次召开分析会，并将事故情况通报全集团，要将事故情况记名传到每一名员工，举一反三，吸取事故教训，翻箱倒柜查找事故隐患，增强员工的安全意识和自我保护能力，切实做到不伤害自己，不伤害别人，不被别人伤害。

2. 切实加强线上作业安全防护工作，落实“天窗修”制度。一是要严格执行“两人作业，一人作业一人防护，成组作业，专人防护”的防护原则，做到凡上线作业必进行有效防护；二是要严格执行铁办〔2007〕186号文件规定，落实“天窗修”制度，严禁利用列车间隔时间进行施工和影响行车的维修作业；三是要进一步制定细化防护措施，切实履行防护员的防护职责。

3. 加强对恶劣气候条件下的劳动安全控制。遇大雾、暴风雨（雪）、扬沙等恶劣天气影响瞭望时，严禁线上道作业和检查，必须作业时，应设置专人防护，并增设中间防护人员，按规定下道避车。

4. 切实加强员工安全教育，提高自我保护意识和能力。认真落实新工、长休复工、转岗转职人员和其他从业人员的三级安全教育制度，切实提高员工的安全意识，安全教育内容必须切合实际，要强化对预防伤亡事故的实际操作和应变能力训练，使职工真正做到"三懂三会"。

5. 切实加强劳动安全关键点控制。要严格按照铁道部、集团公司有关规定，建立站段、车间、班组三级劳动安全关键点控制体系并纳入安全文件体系，对照"六有"标准（有关键点、有关键点控制措施，有责任人，有检查频次，有检查记录，有整改销号记录）狠抓落实，尤其是各级干部对关键班组、关键岗位、关键环节的作业要全面了解、掌握，对劳动安全关键问题和隐患要严格按"定整改措施、定整改期限、定责任部门、定责任人、定督办领导及定验证部门和验证人"的五定要求抓问题的整改落实。

6. 改变干部工作作风，加强劳动安全工作的领导和管理。一是切实落实干部"五定三率"，真正有效地解决"严不起来，落不下去"的问题；二是严格劳动安全管理和考核制度，对违章违纪的干部职工，要严格按规定考核，决不手软。

72

黔桂线施工中触电一般A类事故

一、事故概况

2008年7月10日18时35分，中铁四局黔桂铁路铺架工程指挥部在龙里站站场改造施工整理已卸路料过程中，汽车吊吊臂触及龙里牵引变电所 214 馈线，致使吊钩下方 5 名作业人员触电伤亡。死亡 2 人，重伤 2 人，轻伤 1 人。同时造成麻芝铺—高坪铺上行接触网跳闸停电，影响行车 1 小时 1 分。构成铁路交通一般 A 类事故。

二、原因分析

1. 中铁四局黔桂铁路铺架工程指挥部龙里站改队副队长作为现场安全负责人，违反《技规》第 158 条“为保证人身安全，除专业人员执行有关规定外，其他人员（包括所携带的物件）与牵引供电设备带电部分的距离，不得小于 2 000 mm”、《铁路工程施工安全技术规程》第 2.6.1“起重机械在输电线路下方及其附近作业时（如达不到安全距离时，应办理停电作业）”、《电气化铁路有关人员电气安全规则》第二条“在电气化铁路上，接触网的各导线及其相连部件，通常均带有高压电，因此禁止直接或间接地（通过任何物件，如棒条、导线、水流等）与上述设备接触”及第九条“为保证人身安全，除专业人员按规定作业外，任何人员所携带的物件（包括长杆、导线等）与接触网设备的带电部分需保持 2 m 以上的距离”的规定，在龙里车站组织人员整理路料吊运岔轨作业中，在明知吊车吊臂与上方馈线未达安全距离、未通知供电部门停电配合的情况下冒险违章指挥作业，导致吊车吊臂侵限触及接触网 214 供电线，是造成此次事故发生的主要和直接原因。

2. 贵 A26755 中型汽车吊司机作为事发时起重吊车操作人员，与担当起重指挥的防护员和担当起重司索的 5 名劳务工，都未经特种设备作业培训考核，无国家颁发的《特种设备作业人员证》，盲目听从站改队副队长的作业安排，在危险作业环境中不使用牵引绳违章吊运作业，是造成此次事故发生的主要和直接原因。

3. 甘肃铁一院工程监理有限责任公司未严格履行监理职责，未严格督促施工单位认真执行有关规范和既有线施工安全管理规定，现场监理人员在销点后放松了对施工单位在邻近既有线作业的监督管理，离开了卸料现场，对卸车和整理作业监督检查不到位，安全卡控不力，未能有效发挥预防监控作用，施工现场失控，是造成此次事故发生的重要原因。

4. 中铁四局黔桂铁路铺架工程指挥部未严格执行既有线施工有关安全规定，对作业制度的执行和现场监控不力，防护措施和装卸作业安全卡控措施执行不到位。装卸作业人员没有进行铁路安全知识的专业培训，租用吊车没有签订安全协议，持证上岗制度执行不严，是造成此次事故发生的重要原因。

5. 中铁四局对安全生产重要性的认识不够，未能彻底吸取其他既有线施工引发事故的教训，对临近既有线作业和电气化区段作业的危险性缺乏认识，安全管理力度不够，安全大反思大检查流于形式，未能有效查改现场问题，致使现场管理松懈，作业人员安全意识淡薄，思想上麻痹大意，作业现场安全失控，也是造成此次事故发生的重要原因。

6. 黔桂铁路扩能改造建设指挥部未严格履行监督职责，“安全第一”的思想不牢固，监督管理不到位，安全管理不严，安全大反思大检查不彻底、不深刻，对安全隐患排查不到位，对既有线施工安全的死角把关不严，失管、失查，是造成此次事故发生的又一原因。

三、事故责任

中铁四局黔桂铁路铺架工程指挥部负事故主要责任；甘肃铁一院工程监理公司负事故重要责任。

四、事故处理

有关事故赔偿、善后等事宜由中铁四局黔桂铁路铺架工程指挥部、甘肃铁一院工程监理公司负责处理。中铁四局、甘肃铁一院工程监理公司对事故有关责任人员予以责任追究。

五、采取措施

1. 黔桂线“7.10”事故发生在奥运会开幕前夕，发生在全路开展安全大反思、大检查期间，发生在黔桂线全力以赴保开通的关键时刻，给人民生命财产造成了重大损失，事故性质恶劣，影响极坏。黔桂指挥部要认真传达贯彻落实铁道部领导对事故处理的指示精神，深刻吸取此次事故血的教训，举一反三，迅速开展建设工程安全大反思、大检查、大整顿，深入查找建设工程中的安全隐患，制定切实可行的安全卡控措施，切实抓好落实。

2. 中铁四局要全面整顿施工及装卸作业，彻底查找安全隐患，细化各种路料装卸和整理作业安全卡控措施，并落实到施工现场。严格安全协议签订和施工登销记，施工单位和设备管理单位须按规定及时签订安全协议，加强安全配合。对所有装卸作业人员进行铁路装卸作业安全知识培训，经考试合格方可上岗。每台吊机在吊卸作业中，必须专人指挥起吊作业，制定严格卡控措施，控制起吊高度，确保起吊安全。

3. 监理单位要认真履行职责，备齐补强现场监理人员，强化施工的安全监督管理，督促施工单位严格按有关程序、规范、规定施工，核查现场施工是否符合营业线安全要求，对不符合的要果断制止和采取有力措施。影响营业线行车安全的施工监理必须现场安全监控。

73

陇海线 81606B 货物列车脱轨一般 A 类事故

一、事故概况

2008 年 6 月 20 日 16 时 28 分，兰州西机务段本务机车 $SS_3$5044 号、重联机车 $SS_3$561 号牵引的 81606B 次货物列车（编组 37 辆，总重 3 012 t，换长 68.0；列尾主机 10031 号、电池 3132 号）运行至兰州局陇海线杨家河—天水间上行 K1 403＋846 处，机后 15 位（B_{15E}7001943，换长 1.6，载重 56 t，发站兰州西，到站双流，品名混货）1 位转向架（运行后方）1、2 位轮对脱轨运行 349 m，在 K1 403＋497 处停车。损坏线路 349 m；车辆中破 1 辆；直接经济损失费用 23.11 万元。中断陇海上行线行车 5 小时 54 分。构成铁路交通一般 A 类事故。

二、原因分析

此次事故的直接原因是兰州铁路局定西工务段天水线路工区天窗点外超范围作业，违章连续拆卸曲线上股 8 根轨枕扣件且未及时恢复，由于 K1 403＋859～K1 403＋853 间无缝线路轨道框架结构强度减弱、温度应力集中，造成线路胀轨，导致机后 15 位车辆 1 位转向架 2 位轮对瞬间爬上曲线上股运行 0.56 m 脱轨。

三、事故责任

定西工务段负事故全部责任。

四、对有关人员的处理

1. 对事故负有主要责任的定西工务段天水线路工区工长给予留用察看 2 年处分。

2. 对事故负有重要责任的定西工务段天水线路工区班长给予撤职处分，岗下培训 1 年。

3. 对事故负有管理责任的定西工务段天水线路车间主任、车间党支部书记给予撤职处分。

4. 对分管线路工区管理责任的定西工务段天水线路车间副主任给予撤职处分。

5. 对事故负有管理责任的定西工务段天水线路车间安全员给予记过处分。

6. 对事故负有管理责任的定西工务段技术科科长、安全科长、检查监控车间主任给予记大过处分。

7. 对主管线路维修定西工务段副段长给予撤职处分；主管安全副段长记大过处分；包保干部段工会主席记大过处分。

8. 对负有领导责任的定西工务段段长给予撤职处分；鉴于党委书记到任时间不长，给予记大过处分。

9. 对兰州铁路局工务处线路科科长给予撤职处分。

10. 对兰州铁路局工务处主管线路维修副处长给予撤职处

分，对主管专业技术总工程师给予记大过处分。

11. 鉴于兰州铁路局工务处处长到任时间不长，给予记大过处分。

12. 兰州铁路局局长、党委书记、副局长写出书面检查，请求铁道部给予严厉处分。

五、事故教训

此次事故发生在全路上下深刻吸取“4.28”事故教训，深入开展安全“大反思、大检查”和“全国安全生产月”的活动期间，影响恶劣，教训深刻。

1. 违章盲目放行列车。定西工务段天水线路工区工长、班长接到线路晃车区间已封锁的信息后，在改道作业地点轨枕扣件未全部安装齐全拧紧，线路未达到放行列车条件的情况下，不采取任何减速措施，盲目通知天水车站驻站联络员销记同意放行列车。

2. 擅自利用列车间隔超范围作业。定西工务段天水线路工区工长、班长无视规章制度，违章指挥，在线路锁定轨温 26 ℃，当天气温 32 ℃、上午轨温 38 ℃，且没有登记的情况下，违章安排人员利用接触网检修天窗，在无缝线路小半径曲线地段使用液压起道机拨道、改道作业；下午在发现 K1 403＋800 曲线方向不良的情况下，又利用列车间隔进行拨道、改道作业。

3. 严重违反作业纪律。定西工务段天水线路工区工长、班长为了消除上午遗留的设备质量隐患，在下午高温时段，违章指挥职工利用列车间隔时间进行调整轨距作业，一次卸开曲线上股内外侧连续 8 根轨枕扣件调整轨距方向，超范围作业，列车接近作业地点时，未能及时恢复卸开扣件，留下了事故隐患。

4. 现场作业管理失控。定西工务段对现场作业从计划申报、天窗修制度的执行、作业工具的使用到应急处理等关键环节严重失控。一次作业违反两条“高压线”，反映出段、车间安全教育工作滞后，职工安全意识不强，对天窗修制度的执行管理不善，对现场作业计划审批把关不严，干部安全监督检查职能不履行，对安全关键卡控不到位，导致现场班组作业在不受任何规章制度约束的情况下进行，在紧固扣件机械发生故障，不能及时修复线路，当危及列车安全时又没有必要的防护备品使用，未能及时拦停列车，最终造成列车脱轨。

六、采取措施

1. 深入开展安全大反思大检查活动。各部门、各单位针对此次事故暴露出的问题，举一反三，吸取教训，静下心来，深入开展安全大反思、大检查活动，在第一阶段反思查摆的基础上，针对存在的问题和影响安全的重点，进一步深入查摆在日常生产中存在的两违问题、责任心问题。尤其是工务部门要正视存在的问题，坚持眼睛向内，以安全大反思大检查活动为有效载体，翻箱倒柜，真正查找领导方法、干部作风、专业管理、技术管理、现场控制等方面存在的问题，切实查找存在问题和隐患的真正原因，定部门、定责任、定专人、定时间，彻底解决安全生产上存在的突出问题。把事故教训变为确保安全的精神动力，真抓实干，迅速扭转运输安全被动局面。

2. 进一步强化干部安全管理责任。督促各级干部特别是领导干部必须树立强烈的政治意识、责任意识，切实肩负起为官一任、保一方平安的神圣职责，沉在一线，抓具体，抓苗头，确保现场卡控不缺位。准确把握影响安全关键性、倾向性问题，消除隐患当机立断、事不过夜。要在职工中大力倡导“一点不差，差一点不行”的严细精神，凡是有标准的，必须按标准作业；凡是违反标准的，必须按制度处理。对不愿管安全、不会管安全、管不好安全的干部要坚决予以调整。

3. 进行全员安全教育培训考试活动。由职教处负责，在全局干部职工中开展一次安全教育培训考试，在全局范围内再次开展对《兰州铁路局各系统“高压线”及对触碰“高压线”人员处理办法》和基本规章的学习，做到入脑入心、一人不漏。对考试成绩弄虚作假的行为一经发现严肃处理。在全体职工中营造安全

“高压线”不敢碰、不能碰、碰不得的警示意识，禁绝违章指挥与违章作业。

4. 全面加强施工安全作业控制。严格执行《铁路营业线施工及安全管理办法》(铁办〔2008〕186 号)和《兰州铁路局营业线施工及安全管理细则》(兰铁运〔2008〕12 号)各项规定，凡是影响行车的施工作业必须纳入天窗内进行，坚决做到“施工不行车，行车不施工”；凡涉及到动用施工机械、影响行车安全的施工作业，必须严格报批，严格审查。工务段调度必须做好记录，督促车间或监控干部必须加强作业现场安全控制，严格按照批复内容进行作业，严禁超计划、超范围、超项目作业。

5. 强化班组日常安全管理。从安全管理基础工作入手，加大对现场作业的卡控力度，各站段、各车间要结合管内实际认真分析并确立安全关键，严肃车间、班组每月关键点的确立，制定切实可行的安全检查卡控措施，责任明确，责任到人；做好工班长的选拔、培训、考核、任用工作，培养一批责任心强、业务水平高、思想素质过硬的工班长队伍。

6. 严格安全责任制考核。依据铁道部、兰州局相关规定对各系统、各单位、各岗位作业过程进行定期的、动态的、循环往复的检查评价，对不落实的人和不落实的事进行严肃的考核处理，以严格的安全责任考核制度强化干部、职工的安全责任意识。促使各级管理者自我加压，养成下得去、抓得准、管得实的工作作风；引导职工贯彻“一点不差，差一点不行”的严细要求，以极端认真的态度落实每一项作业标准，实现安全生产有序可控、良性循环。

74

成昆线 57005 次路用列车脱轨一般 B 类事故

一、事故概况

2007 年 11 月 14 日 7 时 35 分，成都机务段 $SS_3$4372 号机车牵

引 57005 次货物列车(编组 25 辆,总重 1 875 t,换长 32.5)运行至成昆线回龙庵站 1 号道岔 K58＋795 处,机后第 22 位 T_{11A}8070213(长轨列车工作车)车辆脱轨,脱轨后列车继续运行约 1 000 m,在昆明方向 4 号道岔处,机后第 22 位脱轨车辆后台车散架,7 时 40 分列车机车停于回龙庵至青龙场间 K62＋056 处,脱轨散架车辆停于 K61＋706 处,脱轨后运行距离约 2 916.6 m。经救援,脱轨车辆于当日 11 时 50 分起复,12 时 48 分开通线路,中断正线行车 5 小时 8 分。构成铁路交通一般 B 类事故。

二、原因分析

事故直接原因是回龙庵站 1 号道岔组合辙叉叉心前第一间隔铁的螺栓松动后在运行列车震动下脱落,间隔铁失效后,在 570 mm 范围内被车轮轮缘来回撞击并发生滑动,最终机后 22 位 T_{11A}8070213 车辆车轮轮缘撞击碾压该间隔铁后,爬上钢轨轨面导致事故发生。

三、事故责任

成都铁路局成都工务段负事故全部责任。

四、对有关人员的处理

1. 给予局工务处处长、主管处长助理行政警告处分。

2. 给予成都工务段段长、党委书记行政警告处分,主管副段长行政记过处分。

3. 成都工务段按段规定对段管人员进行处理:

(1)对事故责任工区工长,扣 6 个月安全效益工资,取消半年安全奖,免去工长职务,同时行政记大过处分。

(2)对事故次要责任者巡道工待岗 3 个月,另行安排工作。

(3)对回龙庵巡养工区职工扣 6 个月安全效益工资,取消半年安全奖。

(4)对负有一定责任的彭山检控工区全体职工扣 2 个月安全效益工资,同时取消工长、班长 3 个月安全奖。

(5)彭山线路车间对此次事故负有安全管理主要责任,对车间主任、党总支书记扣 2 个月安全效益工资，低聘为副主任、党总支副书记，主持工作，同时给予行政记大过处分。

对彭山线路车间副主任、党总支副书记扣 2 个月安全效益工资，同时给予行政记过处分。

对彭山线路车间技术员、记工员、教员及其他管理人员扣 2 个月安全效益工资。

对彭山线路车间其他在岗职工扣 2 个月安全效益工资。

(6)段线路技术科对此次事故负有技术管理责任，对科长扣 1 个月安全效益工资，同时行政记大过处分；对副科长、主管维修工程师、主任巡道员扣 1 个月安全效益工资。

(7)对分管线路的副段长、段包保干部总工程师、劳人教科副科长、桥路技术科副科长扣 1 个月安全效益工资。

(8)对全段其他职工扣半个月安全效益工资。

五、事故教训

1. 干部安全生产敏感性不强，安全第一意识移位，对上级要求落实不力，设备维修整治不到位。10 月份部安监司对路局工务系统进行检查帮促，特别指出了在道岔联结零件松动和几何尺寸超限等方面存在诸多设备安全隐患问题，并提出了整改要求，但成都工务段在认识上不到位，“安全第一”的思想出了偏差，整改措施落实不力，检查整改不到位，导致事故发生。

2. 工务作业人员安全意识淡薄，日常维修检查不到位，车间干部管理松散。工务作业人员维修和检查工作不到位，对存在的隐患未及时发现和处理，设备检查存在漏检和漏项。

3. 有关作业人员作业标准执行不好，安全意识有待提高。一是成都焊轨段长轨列车押运人员警惕性不高、安全意识不强，押运人员在机后 25 位，距脱轨车 22 位仅间隔 2 辆车，未能及时发现车辆脱轨的异常情况。二是成都车务段的接发列车作业人员安全责任意识不强，作业中未认真监视列车运行，未发现列车运行中异常情况，未对异响引起警觉，丧失了防止事故扩大的有利时机。

4. 车务段远程监控设备管理不到位，未发挥科技保安全、设备保安全的作用。回龙庵车站的监控设备故障时间长达近 3 个月，车务段未高度认识视频监控设备对保证行车安全的重要性，没有督促厂家及时进行彻底修复，以致对列车运行情况失去有效监控。

六、采取措施

1. 开展反思活动，提高认识，牢固树立“安全第一”的思想，解决干部安全责任意识问题。全局工务系统认真结合铁道部对我局工务系统进行检查帮促和本次事故教训，深入开展反思活动，高度认识工务安全管理存在问题的严重性，积极行动，深入抓好问题整改，及时改变安全被动局面。全局各级领导干部牢固树立“安全第一、预防为主、综合治理”的思想，结合特派办和路局安全评估检查提出的问题，亲自上手，吸取事故教训，抓好问题整改。

2. 狠抓干部作风和职工“两纪”，强化现场控制。工务系统以此次事故为契机，狠抓干部安全管理责任。重点解决干部作风漂浮和好人主义问题，提高干部下基层发现问题和解决问题的能力，促进作业标准的落实，加强对职工现场作业的卡控。

3. 加强检查，开展道岔集中专项整治。一是路局责成成都工务段对全段线路设备进行一次全面检查，尤其对合金钢组合辙叉的螺栓进行全面检查，对检查发现的问题要立即整治，确保设备质量。同时，工务系统对管辖线路设备进行一次全面检查，切实消除安全隐患。二是由工务处牵头，由路局筹集资金，利用一年时间，对全局所有道岔进行集中专项整治。

4. 加强对巡道工作的专业管理，科学合理安排巡道班次。根据《铁路线路修理规则》第 9.2.1 条“工务段应根据管内设备情况合理设置巡回区，安排巡回区一般实行三班巡道制”的规定，路局专业部门对巡道班次进行一次检查清理，在审定工务段提出的巡道班次时，结合列车次数和线路设备条件科学合理进行审批，确保对设备情况的有效监控。

5. 进一步完善检养修分开维修体制改革，落实职责，确保设备质量。严格按照《铁路线路修理规则》对检养修分开的要求，进一步明确职责，落实监控工区定期设备检查制度和巡养工区日常检查制度，各级干部抓好监控。

6. 加强长轨列车运输安全管理。焊轨段加强对押运人员的安全意识教育和作业标准教育，严格执行轮流值班制度，值班人员必须坚守岗位、保持精力充沛，在中间站停车时，必须按规定加强对车辆状态及钢轨装载加固情况的检查，运行中密切注视列车运行状态及钢轨装载情况，发现异常情况时，及时使用无线电台通知车站值班员或司机采取紧急措施，防止事态扩大。

7. 认真执行接发列车作业标准和车机联控用语标准。加强车站接发车人员的安全意识教育，作业中及时出务到岗接发列车，认真监视列车走行和货物装载状态，及时发现异常情况和采取果断处理措施，确保列车运行安全。

8. 加强车站远程监控系统的管理、使用和维护。为发挥设备保安全的作业，车务部门必须及时处置监控设备故障，保证监控设备经常处于正常状态。作业人员须认真通过监控设备对现场作业和列车运行情况监视，及时发现危及行车安全的隐患，充分发挥科技保安全的作用。

75

襄渝线 56250 次列车磨心坡站脱轨一般 B 类事故

一、事故概况

2008 年 4 月 23 日 11 时 23 分襄渝线磨心坡站 3 道开 56250 次路用列车，编组依次为重型轨道车 1 台＋专用平车 2 辆，11 时 4

分运行至 K783＋260 处(5/7 号道岔渡线)脱轨 3 辆。中断正线行车 2 小时 26 分。构成铁路交通一般 B 类事故。

二、原因分析

事故原因是轨道车后第一辆平车上零散装载的水沟盖板偏载,因轨道车牵引加速运行,并经过道岔导曲线时,车辆失去平衡,轨道车后第 1 位平车车轮悬空爬上轨面,导致列车脱轨。

三、事故责任

广安工务段负事故全部责任。

四、采取措施

1. 加强轨道车司机和装卸作业人员的安全意识和安全业务的教育,提高安全安全意识和安全作业技能。

2. 建立健全轨道车司机、副司机对装车、卸车作业的监督检查制度,坚决杜绝超载、偏载的情况发生。

3. 严格按月度施工方案的要求进行作业,严禁抢点运行进行装卸作业,确保运行安全。

4. 广安工务段要举一反三,在全段开展一次专项整治活动。防止类似事故的发生。

76

京原线 85714 次货物列车脱轨一般 B 类事故

一、事故概况

2008 年 6 月 21 日,丰台机务段 DF_{4D}4025 号机车牵引 85714 次货物列车(编组 55 辆,总重 1108 t,换长 60.9;全列空油罐车)运行在京原线,12 时 42 分,列车在奇峰塔站 3 道停车,等会 27023 次,12 时 52 分,当列车运行至奇峰塔站 1 号道岔处(京原线 K129＋273.53 处),机后 17 位 G_{70K}6274949 号油罐车运行方向第一位轮对发生脱轨,扳道员听到异常响声,看到车辆脱轨,立即报告车站值班员,值班员当即将列车喊停于 K128＋942 处。损坏尖轨 2

根；车辆中破 1 辆。中断京原线正线行车 4 小时 24 分。构成铁路交通一般 B 类事故。

二、原因分析

由于 1 号道岔结构框架强度不足，道岔导曲线轨道不平顺、不圆顺，在钢轨磨耗、S 形反向曲线、车辆走行部刚性大、列车运行调速等不利因素的共同作用下，导致机后 17 位车辆第一位轮缘爬上钢轨后脱轨。

三、事故责任

丰台工务段负事故全部责任。

四、对有关人员的处理

1. 给予丰台工务段奇峰塔工区工长撤职处分。

2. 分别给予丰台工务段白涧车间主任、书记行政记大过处分。

3. 分别给予丰台工务段安全科科长、技术科科长、维修主管、主任领工员行政警告处分。

4. 分别给予丰台工务段主管生产副段长、主管安全副段长行政警告处分。

五、事故教训

本次事故发生在全路开展安全大检查、大反思活动期间，性质是严重的。扳道员及时发现并采取果断措施才避免了事故损失的进一步扩大。但是，仅脱了一根轴起复救援就用了 4 个多小时，使事故损失扩大，事故性质升级，教训十分深刻。

1. 设备养护标准低。现场检查轨道几何尺寸大都处于临界状态，工区日常线路养护以不超限为标准，线路养护技术标准不高，工作质量要求不严，远远不能适应新形势下铁路运输安全的要求。

2. 应急处理能力欠缺。事故发生后，第一救援方案应当选择复轨器拉复法，但由于现场人员不能熟练使用复轨器而未采用。采用简易起复方法，但救援人员操作不熟练，救援设备机械性能不适应,关键时刻未能起到机动快速起复作用,延误了事故救援的时间。

六、采取措施

1. 各单位要迅速将本次事故情况向干部职工传达,认真吸取事故教训,举一反三,结合自身工作实际查找安全隐患。丰台工务段要对事故原因、教训做进一步分析,制订切实可行的措施,提高线路设备质量,确保行车设备安全。

2. 全局上下要进一步深化安全大检查、大反思活动,认真检查反思对运输安全威胁大的设备、作业问题,消除威胁运输安全的隐患,夯实安全基础。

3. 提高设备养护水平,提高工作要求和技术标准,按照"零误差"、"零缺陷"的要求考核行车设备,加强非提速线路投入和设备养护,改善非提速线路技术状态。

4. 加强救援设备和救援队伍管理,做好救援队、救援班人员日常管理和技术演练,提高应急处理水平,做好救援设备的用、管、修,确保救援设备性能良好。

5. 进一步树立抢通意识和大局观念,要优化救援方案,建立强有力的救援指挥系统,调动全局一切力量,一切工作为救援让路,保证救援通道和参与救援的车辆、人员畅通无阻。

77

京广线 33011 次货物列车脱轨一般 B 类事故

一、事故概况

2008 年 6 月 23 日 15 时 10 分,株洲机务段 SS_1 0759 号机车牵引 33011 次货物列车(编组 54 辆,总重 4 321 t,换长 69.0)到达广铁(集团)公司石湾站 5 道停车待避 K315 次,15 时 31 分开车。15 时 34 分,当机后第 9 位车行至 5 道下行出发信号机南头 5.19 m(对应京广线里程 K1 690+842.54)处时,前进方向第一位轮对漏轨，导致机后第 8、10 位相继脱轨，侵入京广下行正线。造成货车报废 2 辆、小破 1 辆；损坏轨枕 35 根、道岔 1 组、12.5 m 钢轨 1 根；损坏道岔转辙机 1 台，杆件、安装装置等受损。直接经济损失合计 128.62 万元。中断京广下行正线行车 2 小时 56 分。构成铁路交通一般 B 类事故。

二、原因分析

发生本次车辆脱轨的主要原因是线路维修保养失格，枕木连续腐朽、失效，持钉能力差，道钉严重浮离，轨距杆脱落、失效，起不到控制轨距作用，加之车辆运行在圆曲线上，在曲线上股横向挤压力作用下，致使动态轨距严重超标，造成轮对漏轨。

发生脱轨事故的重要原因是技术管理失控。衡阳工务段石湾工区按照轨距加宽 15 mm 的标准对该地段进行维护保养，造成木枕地段共有 5 处轨距超《铁路线路修理规则》第 6.2.1 条规定的线路轨道静态几何尺寸容许偏差管理值，且曲线正矢超经常保养标准 2 处，违反了《铁路线路修理规则》第 3.7.10 条规定的曲线正矢经常保养容许偏差管理值。

三、事故责任

衡阳工务段负事故全部责任。

四、对有关人员的处理

1. 给予衡阳工务段段长、党委书记、主管生产副段长行政记过处分，给予主管安全副段长行政警告处分。

2. 给予衡阳工务段技术科科长、安调科科长行政警告处分。

3. 给予衡阳工务段衡山线路车间主任、指导员、主管安全副主任、副主任行政撤职处分。

4. 给予衡阳工务段衡山线路车间主任干事行政记大过处分。

5. 给予衡阳工务段衡山线路车间石湾工区工长记行政大过处分，并免去工长职务。

6. 给予衡阳工务段衡山线路车间石湾工区班长行政警告处分。

五、事故教训

1. 安全意识不强、工作作风不实。这次问题发生在现场，但根子在管理和思想意识，事故充分暴露了安全敏感性不强，在安全管理上存在的深层次问题。今年以来，集团公司先后发生了“2.25”、“3.8”货物列车脱轨等严重事故，集团公司全体干部职工深刻吸取教训，努力建立和完善安全控制体系，深入开展安全“四大”活动，安全形势刚刚趋于平稳，实现安全生产100天不久，一些干部职工产生了松劲厌战、麻痹和盲目乐观的思想，没有时刻保持高度警惕，没有按照铁道部的要求，始终以“如履薄冰、如临深渊、如坐针毡”的紧迫感和危机感抓安全工作。集团对站段的安全管理上仍然是原则管理、宏观管理多，盯细节、盯关键、盯落实的少，检查工作原则要求多，具体指导少。对安全的管理仍然存在严不起来，落不下去，对存在的问题整改不到位，责任制落实不到位，专业管理不到位。没有始终绷紧“安全第一”这根弦，抓安全不够扎实、不够深入、不够全面、不够具体。

2. 线路基础差、设备质量不高。在设备整治和养护中，存在重正线、轻站线，重提速区段、轻非提速区段的思想，没有统筹兼顾，存在顾此失彼的现象。在今年的设备集中修中，把主要精力都放在了京广正线等主干线上，把大部分精力都投入到正线的设备检查与整修中，对到发线及站专线设备，特别是对木枕道岔和线路的投入不足，导致线路设备状态差、养护不良，从这次事故暴露出来的问题看，事故地点存在的枕木连续腐朽、失效，持钉能力差，道钉严重浮离，轨距杆脱落、失效等问题，均反映出线路设备日常养护质量存在缺陷，这是导致此次事故发生的重要原因。

3. 技术管理不到位、现场作业失控。“6.23”货物列车脱轨事故中，对事故地点脱轨前100 m线路进行检查，线路轨距偏差最大值为1 455 mm，如此严重的问题发生，主要原因是衡阳工务段石湾工区按照轨距加宽15 mm的标准对该地段进行维护保养，严重违反了《铁路线路修理规则》中轨距加宽应为 5 mm 的规定，而且该技术标准是石湾工区 4 月 20 日由株洲工务段移交衡阳工务段管理前已在执行的标准，工区的《线路设备履历书》是 2006 年末的现状，至今未更新，错误的标准执行了一年多时间。技术管理不到位、不按标准维护作业，导致现场安全险象环生。该执行的标准没有执行，该修改的技术标准没有修改，该检查的关键部位没有检查，该处理的设备隐患没有处理，甚至在管理层和操作层都出现了“干惯了、看惯了、习惯了”的错误倾向，不能对照标准开展日常安全检查和技术检查，没有发现管理中的深层次隐患，没有想到这些问题带来的可怕后果，以致现场作业依然按“老规矩”办，难以纠正，无视规章制度和技术标准，未认识到技术管理失控导致发生事故的必然性。

4. 专业管理薄弱、安全监督不力。去年以来，集团公司多次在安全会议上强调站专线的设备质量，今年，工务系统在站线、调车线上也发生了数起事故，集团公司工务处也采取了一些措施，组织开展了设备整治，但站专线仍然存在不少问题，专业处室在管什么、怎么管、管到什么程度等问题上心中无数，方法不多，手段落后，安全检查仍然停留在完成量化指标上，对站段安全状况掌握不清，对潜在的安全隐患未及时发现和处理，对少数单位安全管理薄弱、基础不牢等问题没有引起高度重视，对发现和解决行车安全突出问题上缺乏强烈的紧迫感和责任感，以致一些低级错误反复发生，安全隐患长期存在。

5. 工作标准不高、要求不严。安全管理“低标准、低要求”没有从根本上得到扭转，下现场检查不细、质量不高、要求不严的问题大量存在，远远没有达到铁道部提出的“零误差”、“零缺陷”、“零故障”的标准要求。衡阳工务段的日常设备检查标准低，对设备检查标准不高、要求不严，设备状况掌握不清，未能及时发现站场线路设备的缺陷。一些站段领导缺乏控制力，缺乏事业心，缺乏务实作风，工作粗放、纪律松弛，对一些长期存在的惯性问题熟视无睹、无能为力，导致设备失格，管理失控。

六、采取措施

1. 进一步分析事故原因，认真吸取教训。集团公司立即召开安委会、事故扩大分析会，通报事故情况，在集团公司范围内进一步认真分析，深入查找思想认识、安全管理、技术管理、作业标准执行等方面的深层次原因，制定坚决措施，并严肃处理相关责任人。以此教育和警示各单位、各部门，充分认识集团公司安全工作面临的严峻形势。迅速将铁道部领导的要求和“6.23”33011次货物列车脱轨事故的深刻教训，传达到全集团每一名干部职工，结合当前开展的安全大教育、大反思、大检查、大整改活动，举一反三，深入查找各类安全隐患，对发现的问题认真逐一分析，追根溯源，制定措施，落实整改。排除引发事故的各类安全隐患，杜绝各类严重事故的发生。

2. 深入开展安全“四大”活动。集团公司将按照“高标准、严管理、建机制、强基础”的安全工作思路，深入开展安全“四大”活动，地毯式深入查找设备存在的问题，特别是到发线、调车线、道岔、曲线和专用线等重点处所，制定整治倒排计划，加大投入，对站场设备轻型号钢轨更换为重型号，有缝线路更换为无缝线路，木枕改混凝土轨枕，卡板扣件改弹条扣件，确保设备状况均衡。各专业、各系统坚持眼睛向内，深刻查找自身存在的问题，决不能头痛医头、脚痛医脚。系统的、全面的查找安全管理、工作作风、现场作业、设备质量等方面存在的深层次问题，由上而下，从规章制度的操作性、适用性，到站段的分解细化，再到现场作业的落实上，系统的检查发现问题；由下而上，从生产一线发生发现的问题追溯管理上的差距和制度上的漏洞，确保安全“四大”活动取得实效。

3. 切实加强技术管理，做到源头防范。工务系统对小半径曲线的技术参数进行全面复核，核定曲线要素，对道岔、附带曲线的参数和实际情况进行认真检查，整改线路设备的薄弱环节，从源头上把住曲线的重点关。完善技术管理台账，做到每年定期更新。对股道升级、道岔大修等线路大中修项目，由专职技术人员把关，做到施工结束验收接管，技术台账同时更新并落实到工区，及时组织工区职工学习掌握。对暂时未能升级改造的线路，纳入重点检查和监控范围之内，加密检查周期，对检查发现的问题，严格按照“五定”要求建档、销号，追踪整改。

4. 加强站专线设备的检查整治。自即日起在集团公司管内开展为期一个月的站专线设备专项检查整治。由集团公司工务处牵头，组织各工务段认真对照《铁路线路修理规则》的标准和相关要求，高标准、严要求抓好站专线设备专项检查整治工作。加强轨距的整治力度，特别是小半径木枕曲线轨距，必须按“零误差”标准，严格作业标准化，提高作业质量，确保轨道框架稳定，确保动态情况下不扩大、不超限，集中消灭假轨距现象。加大钢轨修理工作，特别对轨面轧伤、马鞍、钢轨肥边、曲线上股侧磨的定期检测，做好钢轨打磨工作，做到经常性、周期性。对各类设备病害，实施限期定人整改，发现一处，消灭一处，确保设备质量。

5. 强力推行“天窗修”，强化专业技术管理。要坚决贯彻落实部领导“零误差”、“零缺陷”、“零故障”的思想理念，高一档，严一格，确保设备质量优良；各设备管理单位强力推行“天窗修”和大站场协议修，优化作业方式方法，充分利用好有限的天窗时间，对作业不要点和要点不作业的单位和职工，一律按照有关规定严格考核并通报批评，对有关管理人员严肃处理。同时，强化专业技术管理，集团公司工务处和各工务单位严格按照技术标准，对管内设备的技术资料进行一次认真核实，认真核实曲线技术要素、曲线起终点位置与《设备履历书》的一致性，尤其是对小半径曲线的超高、加宽、正矢要严格按《铁路线路修理规则》的要求校正。

78

胶济客运专线D54次列车撞人一般B类事故

一、事故概况

2008年8月23日14时32分，临淄客场信号楼车站值班员接到D54次动车组列车司机汇报："在胶济客专线临淄—青州市间上行线K236+000处撞一人，"立即汇报列车调度员，通知车站值班干部和临淄站公安所。事故地点位于胶济客专线临淄—青州市间上行线K232+550处，两侧护栏完整。死者已被撞成两截，当场死亡，在现场南侧10 m处的排水沟内发现了死者所穿的黄色防护服。构成铁路交通一般B类事故。

二、原因分析

临时栅栏巡查人员违反有关营业线安全规定，置项目部不允许横跨线路的要求于不顾，擅自横跨线路，是事故发生的直接原因。

三、事故责任

中铁六局负事故全部责任。

四、事故处理

1. 按照《中铁六局集团太原铁路建设有限公司职工安全生产奖惩办法》第三章第二款第三条的规定，给予胶济指挥部罚款4万元的处罚，并通报。

2. 按照《中铁六局集团太原铁路建设有限公司责任事故有限赔偿办法》第三条第二款的规定，给予第四作业队副队长罚款3 500元的处罚，并给予行政记过处分；给予胶济项目部第四作业队队长、支部书记各罚款2 500元的处罚，并给予行政警告处分。

3. 按照《中铁六局集团太原铁路建设有限公司责任事故有限赔偿办法》第三条第二款的规定，给予中铁六局胶济指挥部副指挥长 2 人各罚款 2 500 元的处罚，并在公司范围内通报批评；给予中铁六局胶济指挥部常务副指挥长、党工委副书记各罚款 2 500 元的处罚，并在公司范围内通报批评；给予中铁六局胶济指挥部指挥长兼党工委书记罚款 2 500 元的处罚，并在公司范围内通报批评。

五、采取措施

“8.23”人身伤亡事故的发生，暴露出中铁六局在安全管理上存在很大漏洞，尤其涉及既有线的施工项目对可能发生人身、行车事故的易发事故点要责任到人，严密把控，对既有线施工的安全培训、教育(尤其是针对动车组的特点)，要纵向到底，横向到边，绝不留死角，在平时的施工作业中，要加强班前安全交底，班中安全监督检查，班后安全生产总结。为杜绝以后人身、行车等事故的发生，要求指挥部及作业队扎扎实实作好以下几方面工作：

1. 指挥部全体人员重新记名传达胶济铁路客运专线工程建设指挥部于 2008 年 8 月 15 日下发的《关于迅速贯彻落实铁道部安监司司长添乘检查情况的紧急通知》。在指挥部内开展专项劳动人身安全的普及教育。

2. 结合近期开展的安全“大检查、大反思”活动，指挥部及各作业队全体职工，深刻检查反思，查找工作中的不足与问题。在指挥部与各队内部开展查问题、找差距活动，使每一位职工都受到教育，同时得到提高。做到查不出问题不放过，职工不受教育不放过。

3. 加强班前安全交底制度的落实，让每位职、民工在施工作业前要领会劳动人身安全的重点，做到横向到边，纵向到底，不留死角。指挥部与作业队管理人员要加强对班中施工作业安全监督检查的力度，作业班组做好班后安全生产的总结。

4. 指挥部要加大安全生产奖惩力度，作业队对违反安全纪律的职工，视情节严重程度分别给以教育、罚款、下岗、开除的处罚，指挥部承担管理连带责任。

5. 各队对所设的临时栅栏门，加强管理。24 小时设专人看守，现场设出入登记簿，对于进入栅栏门的人员作好安全警示，并在栅栏门登记簿登记。

6. 作业队复印临淄车站列车时刻表，记名式发给作业队的领工员、防护员、带工员等班组长以上的作业及管理人员，让大家清楚各时段旅客列车运行情况，做到心中有数，以确保人身及行车安全。

7. 胶济客专指挥部加大对既有线施工安全的检查监督，防止类似事故的发生。

79

陇海线88502次货物列车脱轨一般B类事故

一、事故概况

2008年9月14日0时25分，洛阳机务段SS_{3B}6047号机车(郑州机务段配属，洛阳机务段支配)牵引洛阳北上行场开出的88502次货物列车，0时35疏解区10道停车，1时06分开车，运行至白马寺站第一接近时，车站联控4道停车。列车于1时17分进入陇海上行线白马寺站进站12号道岔后，因道岔右侧曲股尖轨折断，SS_{3B}机车后端(A节)脱轨，侵入陇海上行线限界，A、B节分离，机后1～2位车辆脱轨，于1时18分停于站内K677+666处。造成机车小破1辆，车辆中破2辆；损坏线路68 m；损坏电务信号设备1组。直接经济损失111.2万元。中断行车2小时52分。构成铁路交通一般B类事故。

二、原因分析

造成这起事故的直接原因是12号道岔右侧曲股尖轨距跟部5.4 m处钢轨外侧轨底角存在有疲劳裂纹，当机车通过该线路段时，B节牵引，A节运行方向的第一转向架(3轴转向架)在向心力的作用下冲击运行方向的右侧钢轨，致使钢轨疲劳源处产生折断错口，A节车第一转向架第1轮对右侧爬上钢轨，导致机车车辆脱轨。该道岔尖轨的折断，虽然是疲劳折断，所处位置探伤检查不易发现，但道岔养护维修不到位，是导致尖轨折断的重要因素。

三、事故责任

洛阳工务段负事故全部责任。

四、事故处理

1. 中断洛阳工务段安全成绩。

2. 给予洛阳工务段段长、党委书记行政记过处分，给予主管线路、生产副段长行政记大过处分。其他事故相关责任人由洛阳工务段依据有关规定处理。

五、事故教训

1. 此次脱线事故发生在安全生产“大反思、大检查”验收期间，给我局的迎验工作带来被动，一定程度干扰了部验收组的紧张工作，也打乱了全路运输生产秩序，影响较大，教训深刻。

2. 虽然该断轨处处于母材探伤盲区，但说明路局在关键设备的卡控上还存在一些漏洞和薄弱环节，在关键问题的解决上科研攻关能力不足，明知是探伤盲区，却没有在思想上高度重视，不能积极与厂家及上级部门组织攻关，或探求其他探伤方式。

3. 在设备管理上，对属于超期服役设备，我们在提速区段重点更换了 1997、1998 年上道的道岔，但对 1999 年上道的道岔未引起高度重视。仍然按照正常设备检查、养护标准管理，对超期服役设备框架刚度下降而引起的潜在安全隐患认识不足。

4. 西陇海线的线路设备质量曾引起铁道部领导的高度重视，路局虽然也加强了投资和整治力度，但在实际工作中对待西陇海线还没有达到对京广线和东陇海线的重视程度，特别是站线设备在保畅通中存在一定程度的管理和投入的上弱化，这次事故也正在这方面敲响了警钟。

六、采取措施

1. 为认真吸取事故教训，坚持眼睛向内查找不足，再次在工务系统组织“大反思、大检查”活动，排查安全隐患，发现问题及时处理。

2. 积极与厂家及上级部门组织攻关，作为重要研究课题进行攻关，寻求钢轨Ⅲ区探伤的有效途径。

3. 严把设备上道关，对辙叉、尖轨、可动心轨等关键设备把好质量验收关，在运输装卸过程中严防因外力对新设备造成的不必要的伤害，上道前对关键钢轨的Ⅲ区采取磁粉探伤，确保上道的设备质量完好。

4. 结合目前正在开展的“秋季设备安全大检查”活动，认真的进行查摆，并高度重视对设备薄弱处所的排查整治工作，对钢轨超期服役、疲劳、伤损严重的地段要及时进行修理、更换，缩短探伤检查周期，加大检查频率，彻底消灭设备方面的安全隐患。

5. 为进一步分析白马寺站12号道岔尖轨折断的原因，将折断轨头送往铁科院做金相组织分析，查明伤损的真正原因，为杜绝今后类似事故的发生，采取必要的防治措施提供可靠的科学依据。

6. 针对此次事故，举一反三，深入查找日常工作中存在的问题，制定针对性措施并切实抓好整改，确保行车和人身安全。

80

京沪线T66次旅客列车撞接触网支柱一般B类事故

一、事故概况

2008年9月16日4时09分，北京机务段DF_{11}0142号机车牵引的南京西开往北京的T66次旅客列车(编组18辆，总重1001 t，换长42.9)运行至济南局京沪线大汶口—北集坡区间上行线K575+420处，撞上倒伏在上行线的接触网支柱，列车紧急制动后于4时10分26秒停于K574+925处。经救援抢修，于7时05分开通线路，中断京沪上行线行车2小时56分。构成铁路交通一般B类事故。

二、原因分析

148号支柱存在严重制造质量缺陷，在接触线疲劳断裂后的张力作用下，148 号支柱受到冲击断杆倾倒，承力索因有陈旧的断股也造成断线，后因接触网接地跳闸停电，两次强送电将处在接地点的接触线烧断后形成现场看到的热熔状接触线断口，T66 次列车到达事故地点后，虽采取了紧急制动措施，但终在惯性作用下，撞击了倒伏在线路上的 148 号支柱，致使多处承力索、导线拉断、轧断。

三、事故责任

中铁电气化局集团有限公司负事故主要责任；云南铜业古河电气有限公司负事故同等主要责任。济南供电段负事故重要责任；承力索生产厂邢台鑫晖铜业特种线材有限公司负事故次要责任。

四、事故处理

按照《铁路交通事故调查处理规则》及根据《济南铁路局安全管理失职渎职行为问责办法（暂行）》（济铁人发〔2007〕209 号）有关规定，对济南铁路局有关人员进行责任追究。中铁电气化局集团有限公司、云南铜业古河电气有限公司、邢台鑫晖铜业特种线材有限公司根据《铁路交通事故调查处理规则》和企业的责任追究办法，对有关人员进行责任追究。

五、采取措施

1. 加强安全宣传教育，强化“安全责任重于泰山”的意识。要进一步提高对运输安全工作极端重要性的认识，树立安全工作如临深渊、如履薄冰、如坐针毡的强烈责任感，营造痛定思痛保安全的浓厚氛围。

2. 加强设备管理和维管监管工作，对管内所有运行的接触网支柱进行全面排查，对存在严重裂纹的支柱及时进行补强和更换，对局内接触网设备开展专项普查维修工作，严格检修工艺和标准，消除设备隐患，提高设备质量，防止类似事故的再次发生。

3. 制定措施，进一步强化调度指挥。电气化区段，对不明原因的接触网停电，强送电不成功且情况不明时，严禁向该供电臂范围内放行电力机车牵引的列车和动车组，非电力机车牵引的列车进入该区段时，首列限速 20 km/h 运行，经首列确认无异常状况后，方可放行后续列车。杜绝现场情况不明、盲目放行列车导致故障或事故升级问题的发生。

4. 进一步优化事故救援组织。发生突发情况、事故时，列车调度员接到报告后，要根据现场实际救援需要，迅速通知有关部门和单位；各担负应急救援任务的单位要配备齐全救援备品，熟悉了解本区域地方企业单位存有各种特殊救援器具的地点、联系方式，确保应急救援时出动迅速、备品齐全；各单位接到救援出动的命令后，必须以最快的速度组织人员、机具出动，迅速赶赴现场，对组织不力、出动缓慢的单位严格进行考核、严肃处理。

5. 制定事故抢修救援交通示意图，按区间公里标分段绘制标明道路桥涵示意图，做好文字说明，缩短抢修救援到达现场的时间，尽快抢修复旧，将事故对运输秩序的影响降到最低。

6. 建议中铁电气化局集团有限公司保定制品厂对接触网支柱生产工艺和质量加强控制，严格按设计和工艺要求生产，加强生产过程监控，并严格产品出厂检验，实行一杆一铭牌制度，按批次出具产品合格证时，应注明本批次的全部产品编号。

7. 建议铁道部组织专家组对发生事故的该类型接触网支柱提出补强措施和意见。

8. 鉴于在检查该型号接触网支柱过程中，下腹板中部普遍存在裂纹现象，建议铁道部组织专家组对该型号的接触网支柱进行设计优化，提高支柱断裂区域的强度。

81

广大线 40980 次货物列车撞坍方脱轨一般 B 类事故

一、事故概况

2008 年 11 月 1 日 22 时 35 分，滇西铁路公司楚雄西运用车间

本务机车 DF_4 9409 号、重联机车 DF_4 9413 号牵引 40980 次货物列车（编组 27 辆，总重 1 408 t，换长 38.4）运行至广大线沐滂至新哨间 K129＋835 处，司机突然发现列车运行前方约 70 m 处显示红色灯光，立即采取紧急停车措施，列车走行 236 m 后，于 22 时 36 分撞上坍方泥石流停车，本务机车 DF_4 9409 号脱轨侧翻。造成机车中破 1 台，线路损坏 125 m，直接经济损失 30.566 万元。经采用线路拨道便线施救措施，于 4 时 23 分开通区间，中断行车 5 小时 47 分。构成铁路交通一般 B 类事故。

二、原因分析

该地段堑坡较陡，坡面为砂岩，风化严重、裂隙发育，风化的土体内夹有大量未完全风化的大块石，由于受周边地区近期多次地震影响（10 月 27 日至 29 日，发生 2.0 级以上地震共 7 次，最大震级 3.4 级），堑坡土体扰动失稳，加之自 10 月 24 日以来该地区持续降雨达 178.8 mm，造成堑坡土体含水饱和，以致突然发生坍塌，属不可抗力的自然灾害造成。

三、事故责任

列昆明铁路局工务非责任事故。

四、事故教训

1. 广大线修建时，线、桥、路设备标准等级较低，存在先天性结构不足，尤其是路基挡护设备抗洪能力较为薄弱，不能满足运输安全的需要。

2. 对今年云南省境内多处发生地震，加之对地震后出现的异常降雨天气可能对设备造成的损害估计不足，仅依据云南省气象台发布的预计雨季于 10 月 17 日结束的天气预报信息，就确定我局的防洪期延期至 10 月 20 日，而没有牢固树立全年防洪的意识。

3. 设备代维修单位云南铁路建设工程公司的技术管理及安全管理能力有待进一步提高。一是工区工班长的技术业务素质较低，对设备的日常检查掌握不住重点，对设备存在的普遍性问题缺乏有效的处置能力；二是车间管理人员配置不合理，技术管理力量薄弱，不适应当前车间管理的需要。

4. 工务专业化管理单位广通工务段，根据广大线设备情况，设置了维修和检查监控两个车间，对广大线的设备维修及检查进行监督管理。10 月 31 日，根据广大线连续降雨的情况，广通工务段及时下发通知要求代维修单位做好对线、桥、路设备的检查工作，但对设备代维修单位的监督落实情况不到位。

五、采取措施

1. 广大线修建时按地方铁路二级标准设计，线、桥、路设备标准等级较低，尤其是路基挡护设备抗洪能力较为薄弱，滇西铁路公司应按照轻重缓急，增加投资力度，逐步补强，逐年消除隐患，提高设备抗灾害能力。

2. 设备代维修单位需进一步提高技术管理能力，一是加强对工班长业务素质的培训，提高工班长业务技能；二是在车间配备技术人员，对工区日常作业进行技术指导。

3. 广通工务段加强专业化管理力度，指导帮助代维修单位进一步细化对高堑坡、高路堤地段的设备检查制度，确保重点地段得到有效监控。

4. 增加巡道工的防护备品装备，有计划地配备无线列调对讲机，加快应急处理的信息传递速度，确保发现险情时防护及时有效。

5. 昆明机务段加强专业化管理，强化机车乘务员雨、雾季行车办法措施的落实，运行中加强瞭望，措施果断，“宁可错停，决不错行”。

6. 针对云南省境内震后余震不断，管内气候异常的情况，并根据铁道部运输生产例会精神，路局决定 2008 年防洪工作延期，从 11 月 2 日起，各单位按照《关于 2008 年防洪工作延期的紧急通知》(昆铁电工〔2008〕642 号)电报要求，认真落实各项防洪措施，坚决克服麻痹松劲思想，重点抓好对危岩落石、边坡溜坍等重点危险处所的检查监控工作，确保行车安全。

82

西康线 1485 次旅客列车机车碰刮装载机一般 B 类事故

一、事故概况

2008 年 11 月 6 日 0 时 03 分，安康机务段 SS_{7C}040 号机车牵引 1485 次旅客列车(编组 18 辆，总重 1031 t，换长 42.8)运行至西康线临潼北至田王站间 K12＋270 处，因中铁电化局郑西客运专线 13 标段项目部雇用的陕西省第四建筑公司工程队擅自使用福田雪沃牌装载机违法作业侵入既有线，导致 1485 次旅客列车机车碰刮装载机挖斗左前角。造成机车排障器座、油压减震器、砂箱、脚蹬变形，刮坏机车蓄电池箱。1485 次旅客列车区间停车 1 小时 34 分。构成铁路交通一般 B 类事故。

二、原因分析

1. 中铁电化局郑西客专 13 标段项目部施工管理混乱，施工安全组织措施不健全。临近既有线施工未采取切实可行的安全防护措施，施工机械管理不善，工程分包后现场安全管理失控，雇用当地无牌照装载机，且司机无特种车辆驾驶证，违法作业侵入既有线限界，是造成此次事故的主要原因。

2. 郑西客运专线公司作为该工程建设管理单位，施工安全管理不到位。对该标段临近既有线施工监督检查不力，对工程分包情况不掌握，对工程施工中存在的项目部管理混乱，安全防护措施不落实，施工机械管理不善的问题监督检查不到位，没有发挥建设管理部门的主体作用，为事故的发生埋下隐患。

3. 西安工务段作为既有线设备管理单位，施工安全防护意识不强，对施工单位安全组织措施不健全的问题审查不细、把关不严。对新建路基施工与既有线未有效隔离的问题采取措施不力，卡控不到位。对施工结束后施工机械随意停放的安全隐患没有引起足够的重视。对此事故负有不可推卸的责任。

三、事故责任

中铁电化局西安工程公司、郑西客运专线公司负事故主要责任，西安铁路局西安工务段负事故同等责任。

四、事故教训

1. 中铁电化局西安工程公司施工管理混乱，客专 13 标项目部对分包工程队管理严重失控，施工队计划、安排不清楚，人员、机械作业情况不掌握。发生事故后，电化局郑西客专 13 标段项目部经理等所有人员均不知道工程队在此运土作业，对工程作业情况心中无数，导致所属工程队违法作业。

2. 中铁电化局西安工程公司施工安全措施不健全。该项目部编制的施工组织设计文件，没有路基填充施工过程中影响既有线安全的控制措施，项目部规定临近既有线的路基土方作业，要求在白天进行，并必须有项目部监控和相关配合单位人员到场的情况下才允许作业，但是，由于该项目部日常管理混乱，检查落实不到位，管理制度形同虚设。

3. 中铁电化局西安工程公司施工安全防护措施不落实。随着新线路基填充工程的不断增高，没有与既有线采取切实有效的隔离措施。施工结束后施工机械未撤离现场，随意停放，为违法作业提供了方便。

4. 郑西客运专线公司对该标段临近既有线施工管理不到位。对该标段工程分包情况不掌握，对工程施工中存在的项目部管理混乱、施工组织措施、安全防护措施、施工机械管理措施不落实的问题监督检查不到位，没有发挥建设管理部门的主体作用。

5. 郑西客运专线公司安全信息不畅。该起事故发生后，客运专线公司上午 9 时才知道情况，未能及时赶赴现场协助事故调查，反映出该公司日常对施工单位安全问题信息管理要求不严，渠道不畅的问题比较严重。

6. 西安工务段作为既有线设备管理单位，对影响既有线安全的新建路基工程施工安全组织措施不健全的问题审查不细、把关不严，没有及时发现施工安全组织措施中存在的漏洞。

7. 西安工务段对影响既有线安全的新建线路工程作业重视不够，施工安全防护意识不强。对施工队可能违法在夜间作业预想不周。对客专西康复线路基施工与既有线未有效隔离的问题采取措施不力，卡控不到位。对施工结束后施工机械随意停放的安全隐患没有引起足够的重视。

五、采取措施

1. 责成中铁电化局郑西客运专线 13 标项目部停工整顿，健全和完善施工安全管理的各项制度和措施。同时要求中铁电化局郑西客运专线 13 标项目部对临近既有线的施工必须采取物理隔离措施，经建设单位和既有线设备管理单位验收合格后方可开工。

2. 中铁电化局郑西客运专线 13 标项目部对临近既有线的施工地段，当日施工完毕后，所有施工机械必须撤离施工现场，集中管理并派人员看守。

3. 郑西客运专线公司对此次事故要认真进行扩大分析，采取得力措施，对所辖各标段影响既有线安全的施工进行全面的检查整治，切实履行建设工程管理和施工安全管理的主体责任，确保既有线运输安全。

4. 为了认真吸取这起事故教训，铁路局于 11 月 6 日上午召开了扩大分析会，11 月 9 日下午召开全局安全紧急电话会议，深刻查找和全面整顿建设工程施工管理方面存在问题，进一步明确施工安全责任，规范施工安全管理，为此西安铁路局决定从 11 月 10 起，在全局范围内迅速开展为期两个月的施工安全专项整治活动。一是凡涉及既有线施工的单位 11 月 10 日、11 日一律停工两天，由质检站、公安局负责，建管处配合，组织“11.6”事故责任人员到相关施工单位进行巡回检查，同时各部门、各单位要组织学习《营业线施工安全管理实施细则》、"施工网络图制度"等有关施工安全管理文件。二是深入开展施工安全隐患排查。重点围绕施工组织和安全措施、安全配合协议、自轮运转设备运用管理、安全防护人员设置、大型施工机械管理、临近既有线防护措施等内容，全面排查本部门、本单位存在的问题，对排查问题要建立专门记录，逐级汇总，边查边改。同时，各单位要制定《施工安全质量卡控表》，单位要与主管业务科室（车间）签订《施工安全责任状》，业务主管科室（车间）要与施工监控人员签订《施工安全责任状》。三是全面整改规范。主要内容是对排查出的问题进行认真梳理，按照管理权限进行分类，路局各业务部门、站段都要建立施工安全问题整改销号制度，问题销号必须明确责任人、明确完成期限，各系统业务主管部门要抓好指导和质量把关。四是积极抓好各项建设工程预介入工作。对临近铁路既有线的各项建设工程必须采取物理隔离措施，建立和完善相关制度制度。同时路局工务、电务、供电等设备管理单位，要根据管内施工分布情况和各项工程进展，积极介入各项施工，要克服等通知、等邀请的思想，全面做好既有线行车安全防护工作，要制定《检查表》，加大检查力度，切实做好施工单位资质、准入条件、施工方案和安全组织措施审核把关，检查督促施工单位工程机械管理等各项安全措施的落实，要制定工程管理预介入办法，明确人员资质、预介入项目、与安质效考核相配套的考核措施等内容，纳入"施工管理委员会"工作范围，实现施工安全的有序可控。

83

京包线施工耽误列车一般 B 类事故

一、事故概况

2008 年 11 月 7 日，中铁六局天津铁建公司大包线电气化改造工程项目部按照施工计划，在京包线马盖图—哈拉间上下行线 K541＋569～K544＋288 处进行曲线改造封锁施工，上、下行同步封锁共计三处 6 个拨接口，15 时 08 分北京局大机道岔捣固车 DG-55 在捣固作业中，在下行线 K542＋822 处前台车脱轨。20 时 20 分起复，21 时 49 分开通线路，施工延时 5 小时 34 分。构成铁路交通一般 B 类事故。

二、原因分析

捣固车作业过程中后台车处于作业后曲线满足设计超高的地段，前台车仍处于严重欠超高位置，相当于捣固车在严重超限的三角坑内作业，造成前后台车不在同一个平面，致使前台车曲线外股的车轮处于悬浮状态，捣固时受作业震动力和拨道向内横移力的共同影响，起道钩脱钩，悬浮的前台车车轮脱向曲线外侧，而且线路严重缺砟，道床极不稳定。因此可以认定线路质量不良，未达到放行大型养路机械条件，施工单位盲目指挥道岔捣固车进行捣固作业是造成事故的主要原因。呼和工务机械段未认真履行租用的北京工务机械段道岔捣固车的管理责任，本局捣固车前往下一个拨接口作业前，没有提醒北京局捣固车作业人员有关安全注意事项和派人进行监护，导致北京局捣固车在线路不具备捣固作业条件的情况下，进行了捣固作业。是造成事故的重要原因。

三、事故责任

中铁六局天津铁建公司负事故主要责任；呼和浩特铁路局施工办、大包建设指挥部负事故同等主要责任；呼和浩特铁路工务机械段负事故重要责任；集宁工务段负事故次要责任。

四、事故处理

1. 对中铁六局天津铁建进行处罚，并责令停工整顿 3 天；中铁六局天津铁建对事故有关责任人做出处理，并制定切实有效的防范措施。

2. 对大包建设指挥部进行处罚。

3. 对呼和浩特铁路局施工办、大包建设指挥部、呼和工务机械段、集宁工务段领导和相关责任干部，以及运输处、建管处、工务处领导和相关责任干部进行考核处理。

4. 大包建设指挥部、呼和工务机械段、集宁工务段按照所承担事故责任的等级，对事故相关责任人员做出严肃处理。

五、事故教训

(一)中铁六局施工安全制度不落实的问题十分突出

1. 不按规定签订安全协议。11 月 7 日哈拉至马盖图曲线拨接封锁前，中铁六局天津铁建公司电气化改造工程项目部没有与呼和浩特工务机械段签订大机配合施工安全协议，违反铁道部和铁路局的有关规定。

2. 施工组织方案落实不力。中铁六局天津铁建公司在“封锁施工组织方案”中规定，线路水平预留大机作业 50 mm，欠超高不大于 20 mm，脱轨点实际欠超高 90 mm，而且线路严重缺砟，道床极不稳定，说明具体执行施工组织方案流于形式。

3. 擅自变更施工组织计划。按照确定的施工组织方案，两台大机应同时作业，中铁六局施工现场组织人员担心施工延点，擅自变更大机作业方案，将两台捣固车分开在两个拨接口分别进行捣固作业，由于没有制定相应的安全措施，也没有派人进行监控，导致北京局捣固车由跟随作业变为单独作业后，不清楚变更后的相关作业要求，给事故埋下严重隐患。

4. 线路放行条件把关不严。中铁六局施工现场组织人员安全意识不强，盲目抢时间，赶进度，降低放行列车标准，在线路不具备放行大型养路机械的条件下，违章指挥大机进行捣固作业，直接导致作业车脱轨。

(二)施工安全管理和现场组织严重不到位

1. 施工计划审批把关不严。运输处没有认真审查 11 月 7 日哈拉至马盖图曲线拨接施工计划，对没有签订施工配合安全协议等资料不全的严重问题未按规定进行把关，盲目批准了该项施工计划，反映出呼和局施工计划审批把关不严的问题十分突出。

2. 现场组织不力。该项施工属Ⅱ级施工，路局大包电气化改造工程指挥部和有关业务处领导也到现场进行协调组织，但没有发挥应有的作用，没能发现并纠正施工单位擅自变更施工组织计划和违章放行大机作业的严重问题，直至发生事故。

3. 对租用外局的大型养路机械管理不到位。呼和浩特工务机械段指挥大机作业人员，在施工单位人员变更大机捣固作业方案后，且未制定安全措施的情况下，没有认真履行管理职能，传达部署作业办法和安全要求不清晰、不具体，在结合部的衔接上留下了管理空档。

4. 设备管理单位监管不到位。集宁工务段没有认真履行与施工单位签订的安全协议，施工安全监管责任不落实，特别是对关键作业环节没有进行跟踪和卡控，未能发现施工单位违章放行大机的问题，监管监护工作严重失职。

5. 施工项目管理不到位。大包电气化改造工程指挥部没有认真履行施工安全管理责任，施工组织粗放，对施工相关单位制定的安全措施、施工方案和安全协议审核把关不严，没有及时发现和纠正施工单位不签订安全协议，不落实安全措施和施工方案的问题，未能从源头上堵塞施工安全漏洞。

(三)北京局对出租的大机管理乏力

1. 脱轨车作业人员安全意识不强。北京工务机械段捣固车作业人员，由跟随作业变为单独作业后，臆测认为前行捣固车过去后，线路具备了大机捣固作业条件，没有认真确认线路状态，在线路几何尺寸严重超限的情况下，盲目进行作业。

2. 起复救援不力。捣固车脱轨后，一方面北京局捣固车配备的液压起复设备性能不良，起复过程中多次发生发动机熄火停机和油缸升降不到位的情况，起复过程多次中断；另一方面脱轨车随车作业人员对如何起复心中无数，起复救援技术不熟练，起复缓慢；加之在起复过程中，也没有积极采取其他有效措施，导致起复时间太长，对运输造成极大影响。

六、采取措施

中铁六局天津铁建和路局各有关部门、单位要认真吸取该起事故的教训，深入开展反思、排查，采取切实有效的措施，确保施工安全有序卡控。

1. 彻底摆正施工安全和效率的关系。要举一反三地反思施工安全管理上存在的抢进度、忽视安全的错误思想，必须把错误的思想扭过来、摆错的位置正过来，结合当前学习实践科学发展观活动，认真整改，彻底消除思想认识上的误区。

2. 全面开展施工安全隐患排查整治。要严格对照铁道部和铁路局的施工安全有关规定，对所有既有线施工项目和作业点进行一次翻箱倒柜的大排查，将排查出的安全问题隐患认真梳理，逐项制定具体的整改措施，明确责任部门、责任人和整改期限，形成书面材料在周日的路局大交班会上进行汇报。

3. 着力解决施工现场失管失控问题。要强化安全责任分解、传递，明确领导责任、部门职责和现场人员“点对点”、“面对面”的包保责任，严格施工方案、计划的审批，从源头上把关；严密盯控施工作业现场，从过程中把关；严肃问题纠偏考核，从细节处把关，切实堵住管理漏洞、补强技术短板、纠偏违章蛮干，尤其是及时制止不符合条件盲目放行施工机械和列车的严重违章行为，坚决把施工安全问题隐患遏制在萌芽状态。

4. 从严抓好施工安全规范管理。一是没有签订《施工安全协议》的施工项目，运输处施工办一律不得审批施工计划；二是有关部门必须细致审核《施工方案》，不符合规范标准和技术条件的一律不得组织施工；三是严格按照施工等级派出相应级别的领导和技术干部盯控现场，出现缺位的，严肃追究有关部门单位的责任；四是施工机械作业必须保证“一人一机”进行防护和指挥，严禁擅自施工、盲目作业；五是严格落实《施工安全协议》，凡是设备单位和施工主体单位不监管监控的，一律追究相关单位主要领导的责任；六是施工单位必须严格施工前的安全预想、技术交底和人员培训教育，严禁臆测、冒险放行施工机械和列车。

5. 强化施工安全责任考核追究。建设、监理和相关业务部门必须对重点施工项目进行全程监控，及时发现和纠偏现场违章，由于监控缺位发生问题，追究其连带责任；设备单位配合缺位发生问题，一律追究同等责任；对发生问题和存在问题整改不力的施工单位严厉处罚，直至清理出路局建设市场；对局属各部门、各单位监管监控不到位，领导失察、干部失职的严肃处理，直至撤职降级使用。

6. 充分发挥安全监察监督检查功效。安监部门要强化施工安全现场监督、检查，发现违章施工、野蛮施工立即采取果断措施纠偏制止；对施工作业造成的事故，严肃定性定责，在定施工单位主要责任的同时，一律追究施工监管单位和设备管理单位的同等责任，并按照有关法规和考核办法的规定认真考核，严厉处罚。安全监察人员有偏不纠，失察、失职的，一同追究连带责任。

84

兰青线西宁东站无调度命令施工一般C类事故

一、事故概况

2007年9月3日8时30分，中铁十二局一公司兰青线增建二线第一项目部施工队在无施工计划、无调度命令的情况下，擅自在兰青线西宁东站开挖顶进涵施工。由于现场技术措施不到位，加之雨季土质松软，导致站内1道兰青线K165＋330处南侧路基塌方，中断1道行车。9时43分封闭线路，11时30分开通线路，中断1道行车1小时47分。构成铁路交通一般C类事故。

二、原因分析

1. 施工单位中铁十二局一公司兰青线增建二线第一项目部施工队在无施工计划、无施工方案、无调度命令的情况下，擅自开挖路基施工，是事故发生的主要原因。

2. 该施工项目未经上级批准，擅自施工，施工单位施工前未与设备管理单位签订安全协议，在设备管理单位安全监督人不到位的情况下擅自施工是导致事故发生的重要原因。

3. 施工时技术措施不完善，开挖时未放坡，刷坡时未采取防护措施。

4. 9 月 2 日施工过程中，施工负责人不在施工现场，失去了对现场作业的监督检查和控制。

三、事故责任

中铁十二局集团一公司兰青线增建二线第一项目经理部负事故全部责任。

四、对有关人员的处理

1. 给予事故直接责任人中铁十二局集团一公司兰青线增建二线第一项目经理部施工队安全员待岗处分，经济处罚。

2. 给予事故直接管理者中铁十二局集团一公司兰青线增建二线第一项目经理部施工负责人行政记过处分，经济处罚。

3. 给予中铁十二局集团一公司兰青线增建二线第一项目经理部安质科长行政记过处分，经济处罚。

4. 给予中铁十二局集团一公司兰青线增建二线第一项目经理部经理行政记过处分，经济处罚。

五、事故教训

1. 安全意识淡薄。施工单位在无施工计划和调度命令且未通知相关设备管理单位的情况下擅自开挖基坑。

2. 施工安全管理不到位。施工过程中，施工负责人和安全员思想麻痹，擅自离岗，未对施工过程进行全程监控。

3. 技术措施不完善。施工未按计划进行，施工前的预想、预防工作不足，对施工中可能产生的后果估计不足。基坑开挖前未作防护，在开挖靠近既有线侧路基时，未放坡，再加上雨季路基土质松软，导致事故的发生。

4. 信息传递不畅。现场安全员未履行事故及时上报制度，影响了线路开通时间。

六、采取措施

1. 认真组织学习新颁布的《铁路交通事故调查处理规则》，掌握事故定性、分类、上报等程序。

2. 认真吸取事故教训，制定切实可行的防范措施，防止类似事故的再次发生。

3. 加强现场施工安全管理，现场作业控制，严格按计划施工。

4. 落实安全责任，认真落实逐级负责制。设备管理单位要加强监管，严格现场卡控。认真总结分析所发现的安全隐患，制订相应的整改及防范措施，并将防范责任落实到人。

85

宝成线10572次货物列车碰撞落石一般C类事故

一、事故概况

2007年10月11日1时06分，成都机务段本务机车$SS_3$4018号、重联机车$SS_3$4023号牵引10572次货物列车（编组53辆，总重3 874 t，换长69.8）运行至宝成线斑竹园—罗妙真间出魏黄隧道过曲线后（速度66 km/h），司机发现运行前方左侧砟肩上有一块岩石，立即采取紧急制动措施，机车左侧走行部与该岩石擦刮后，停于K416＋956处。停车后检查发现，本务机车左侧走行部牵引拉杆座等部件被擦刮损伤，岩石紧靠于机后第17位车辆左侧车厢下方，确认无法继续运行，立即向车站值班员报告并请求救援。经救援后，5时53分上行线区间开通。构成铁路交通一般C类事故。

二、原因分析

山坡岩石软硬不均，节理发育，外部探头岩体在重力作用下，岩石从节理裂隙面发生开裂，造成岩体与母体顺节理面剥离，发生突然断裂，分离岩体顺倾向于线路方向的平面发生突然性拉断式岩崩，滚落途中经过撞击碎裂、解体为约44块大小不一的石块，其中一块岩石翻越拦石墙打坏钢轨栅栏，落在30 m高堑顶后碎成两块，一块（约10.8 m^3）落在上行线K417＋200处列车运行方向左侧砟肩上，与10572次机车发生侧面擦刮。另一块（约4.6 m^3）越过上行线落在两线间后，弹在下行线K420＋890处列车运行方向左侧并侵入限界。事故属工务人员对危石孤石地段检查不仔细造成。

三、事故责任

绵阳工务段负事故全部责任。

四、事故教训

1. 搜山检查工作开展不到位。9月4日下发了《关于对重点危石孤石地段进行再次检查的通知》，成立6个检查组，对重点危石孤石地段采取了再次检查的措施，在对上行线K416＋907～K417＋575段检查中，发现新增危石35处，其中新增Ⅲ类危石7处。但由于存在检查不仔细等问题，致使该处病害未被发现，直接导致了事故的发生。

2. 对检查中发现的问题未及时采取有效措施。针对该地段新增Ⅲ类危石7处，检查组虽然提出了“浆砌支护”的建议整治措施，但对存在7处Ⅲ类危石的地段既未纳入防洪危险处所进行全面看守，也未纳入重点地段予以控制，直到10月11日也未对该地段进行浆砌支护。

3. 职能部门责任不落实，未对检查情况进行归纳分析，丧失了防止事故的时机。在9月份组织对危岩孤石的联合检查中，负责此项检查的职能部门未对检查出的病害进行归纳分析，对存在问题未采取有效防范措施。9 月 17 日联合检查结束后，段未再增设防洪看守点。尤其是对上行线 K416＋907～K417＋575 检查中，发现新增Ⅲ类危石 7 处，未将该段列入高度危险处所立即增设汛期防洪看守，丧失了防止事故的时机。

4. 检查记录不规范。在 9 月份开展对危岩孤石地段进行再次检查的汇总资料，各检查组上报的检查记录不规范、不一致，未认真履行“谁检查、谁签字、谁负责”的制度。

5. 检查方式单一，缺乏科学的检查手段。对大岩体缺乏科学的检查手段，因而不能及时发现危岩病害。在以后对这类山体的检查方法和手段加强改进和学习，避免此类事故发生，确保行车安全。

五、采取措施

1. 绵阳工务段立即对该处山体崩坍岩石进行清理，并将该处列为重点防洪处所，增设看守点，纳入车机联控，确保安全。

2. 进一步分析本次崩坍岩石原因，认真吸取教训，查找防洪安全管理上存在的漏洞。一是对这类山体的检查方法和手段加强改进和学习，严格按周期进行清山扫危检查，严格执行雨后检查制度，尤其是发生连续降雨后要加大检查力度。二是对检查中发现的隐患，要及时采取清理、打刷、支撑等措施进行处理，并设置警示标志、安排人员看守。三是要加强对检查及隐患整治情况的监督、复查和责任考核。

3. 绵阳工务段针对此次突发事故暴露出的问题及深刻教训，组织全段干部职工深入开展安全反思自查活动，教育干部职工站在法制的高度，进一步提高对防洪安全工作重要性的认识，牢固树立起“防洪无小事”的观念，狠抓汛期安全各项制度、措施的落实，强化现场作业控制，确保防洪安全。

4. 机务系统以此次事故为教训，广泛开展防洪安全宣传，认真落实汛期行车安全措施，教育机车乘务员在列车运行中加强瞭望，严格执行车机联控制度，发现异常情况果断采取措施，确保行车安全。

86

陇海线 56036 次列车路料坠落一般 C 类事故

一、事故概况

2007 年 10 月 12 日中铁建电化局一公司 56036 次列车(编组 6 辆)由轨道车 2631 号牵引在邳州站施工完毕后，按计划返回大许家轨道车基地。当 10 时 10 分运行至碾庄站 K168 +557 处，由于列车运行方向第 5 辆平板(P2601)上装载的接触网倒立柱(该立柱尺寸为:250 cm×10 cm×20 cm，重 120 kg)坠落，砸坏 3 号道岔(三根连接杆弯曲，控制台失去道岔表示)，弹出后掉在两线中间并侵入下行正线。构成铁路交通一般 C 类事故。

二、原因分析

1. 装载加固制度不落实。邳州站施工作业完毕，轨道车组返回驻地前，负责对车上材料绑扎工作的人员没有按照规定对车上剩余材料进行绑扎固定，是造成这起事故的直接原因。

2. 平板车侧板状态不良。由于日常施工的方便和需要，该施工单位经常将一些施工配件装在轨道车有端侧板的平板车上，但检查该平板车发现(车号 P2601)每面有侧板 6 块，每块 2 个搭扣，其中运行方向右侧第 3 块挡板 2 个搭扣坏了一个，另一个不好使，关得不到位，在运行中脱落打开，车上装的有坠砣、锚板、倒立柱，倒立柱放在锚板上，没有采取捆绑加固措施，因锚板有斜度(呈圆弧状)，且下雨打滑，以致在挡板脱开处发生坠落，砸坏了 3 号道岔弹出后掉在两线中间并侵入下行正线。平车 P2601 侧板配件损坏是导致这起事故的重要原因。

3. 轨道车作业人员违反作业标准也是导致这起事故的重要原因。一是现场施工负责人擅自替代原驻站联络员担任驻站联络员工作，脱离工作岗位，在开车前没有履行安全检查职责，对车组没有进行安全检查就下令开行。二是担任牵引作业的轨道车组司机在轨道车组接到返回命令启动前也没有按照规定对车上剩余材料固定情况进行检查确认，也没有和施工负责人联系落实剩余材料加固情况就开行车组。三是车组在运行过程中后车 2 名司机没有对车辆运行情况和剩余材料固定情况认真履行监控责任。

除此之外，建设单位监管不力也是事故发生的原因之一。如作为代表建设单位的济南铁路局徐连电气化改造工程建设指挥部虽然对轨道车组的路料运输制定了措施，但通过查阅其日常检查资料发现，对轨道车组装载加固质量没有任何检查记录，说明建设单位的监管不到位，存在流于形式的现象。

三、事故责任

中铁建电气化局集团有限公司负事故全部责任。

四、对有关人员的处理

1. 给予负领导责任的徐连一项目部经理罚款 1000 元。

2. 给予负分管领导责任的徐连一项目总工程师罚款 800 元。

3. 给予负安全管理责任的副经理罚款 800 元。

4. 给予负直接领导责任的电化三队队长罚款 500 元。

5. 给予负责设备管理负责人罚款 500 元。

6. 给予直接责任者施工作业负责人罚款 800 元。

7. 给予直接责任者轨道车主车司机罚款 800 元。

五、事故教训

1. 不能严格安全管理，造成装载加固制度不落实。

2. 对设备的管理不善，导致平板车侧板状态不良。

3. 日常安全教育流于形式，致使作业人员安全意识淡薄，违章违标作业现象时有发生。

4. 监管单位不能认真履行职责，对施工安全的监管不力。

六、采取措施

1. 济南铁路局徐连电气化改造工程建设指挥部要立即组织

各施工、监理单位开展大检查、大反思活动，一方面认真查找在安全管理中存在的思想认识问题，强化安全教育，提高思想认识，牢固树立“安全第一”思想，增强危机感、紧迫感和忧患意识，彻底转变工作作风，消除松懈麻痹思想和消极厌战情绪。另一方面进一步完善安全管理制度和管理措施。通过认真吸取教训、提高思想认识、转变工作作风、完善管理制度，使各项安全管理制度、措施真正落到实处。

2. 要求中铁建电化局集团有限公司立即停工整顿，并按照“四不放过的原则”认真组织分析，做到事故原因分析不清坚决不放过，事故责任者没有严肃处理坚决不放过，职工和相关人员未受到教育坚决不放过，没有制定和采取安全防范措施坚决不放过。

3. 开展特种设备专项检查活动，对上线车辆逐车进行检查，凡检查不符合要求，制度不完善、措施落实不到位、存在问题整改不到位的严禁上线作业。并举一反三，立即在全线开展安全大检查、大反思、大整治和安全隐患深入排查活动，对在建工程进行全面检查和排查，在管理层针对思想认识、工作作风、管理制度、安全措施等方面认真查找存在问题，在作业层针对关键环节、关键工序、关键部位认真查找违章违规作业问题。使所有参建人员都受到教育，有效地防范类似事故的再次发生。

4. 针对排查的问题，认真制定整改措施。针对干部职工思想和作风上的问题，开展大反思和安全教育活动；针对制度和措施制定上的问题，立即进行修改或补充；针对作业中的问题，立即制定和落实卡控措施，对关键作业工序实行安全作业票和记名制度，明确工作内容，落实工作责任，使责任落实到管理层的领导、部门，作业层的具体作业人员。

5. 路局徐连电气化改造工程建设指挥部要根据事故的责任认定情况并按照有关规定对相关单位和个人进行处罚。同时要求各施工、监理单位要以积极、认真的工作态度正视问题，振奋精神，并迅速的投入到下一步工作中去，全力确保行车和施工安全。

87

南昆线超范围施工一般 C 类事故

一、事故概况

2007 年 10 月 16 日，铁道部安全检查组在南昆线添乘检查时发现，中铁二十五局柳州公司在金鸡村 K804＋000 至 K806＋000 的二线施工现场，管理混乱、无人防护，施工作业危及既有线行车安全，立即责成柳州局到施工现场检查。经检查发现，中铁二十五局施工现场，没有按照施工安全管理的规定设置安全防护设施，路料乱堆乱放没有收拢堆码，对既有线行车安全构成了严重威胁。柳州铁路局安监室填发《安全监察通知书》，要求施工单位停工整顿，待复检达标后方可复工。但施工单位置若罔闻，当柳州铁路局安监室又派员对施工地段进行复查时，施工单位未按要求停工整顿，施工地段仍有三台挖掘机在作业，民工仍在进行铺设作业，高路堤施工边坡地段仍未全部设置防护警示标志，对既有线安全仍然构成严重威胁。构成铁路交通一般 C 类事故。

二、原因分析

施工单位违章施工，被责令停工整改后，未按要求整顿，仍超范围施工，令行不止，性质严重。

三、事故责任

中铁二十五局柳州公司负事故全部责任。

四、对有关人员的处理

1. 给予项目部经理、党支部书记行政记过处分。

2. 给予项目部副经理、工区长行政记大过处分。

3. 给予安全员行政记过处分，给予督导员行政警告处分。

五、事故教训

1. 施工单位安全管理松懈，安全意识淡薄。一是违反有关规定，在影响营业线行车安全的施工地段未设置安全防护设施，路料乱堆乱放，没有收拢堆码，对营业线行车安全构成严重威胁。

2. 施工单位没有按照《安全监察通知书》的要求对存在问题认真进行整顿，在未经安监部门、设备管理单位、建设单位进行复检合格及通知复工的情况下，擅自开工作业。

六、采取措施

1. 有关单位立即组织学习、贯彻落实铁道部《铁路营业线施工及安全管理办法》(铁办〔2007〕186 号)，对施工安全隐患进行彻底排查，及时发现问题和隐患，采取有效防范措施，确保施工安全。

2. 设备管理单位加强对施工安全的监督检查，发现安全隐患要责令施工单位立即纠正，危及行车安全时要责令其停止施工。

3. 建设、监理、安监部门加大对施工单位违章蛮干的查处力度，强化安全隐患整改的追踪落实，督促施工单位抓好整治，做到有令则行，有禁则止。

88

青藏线 T28 次旅客列车碰撞钢轨一般 C 类事故

一、事故概况

2007 年 11 月 1 日 10 时 24 分，DF_{4D}3096 号机车牵引 T28 次旅客列车运行至兰青线乐都至高庙间 K105＋280 处与运行方向右侧一根侵入限界的钢轨发生刮碰，将 DF_{4D}3096 号机车排障器撞坏。10 时 30 分开车，区间停车 6 分。构成铁路交通一般 C 类事故。

二、原因分析

中铁一局兰青二线铺架项目部在兰青线乐都—高庙间 K105＋280 处与既有线并行的新线路基进行人工铺轨准备工作时，由于摆放在该处的两根P60/25 m钢轨影响施工便道车辆通行，在使用铲车对钢轨进行移位的过程中，造成钢轨侵入既有线限界，与运行中的列车发生刮碰。

三、事故责任

施工单位中铁一局兰青二线铺架项目部负事故主要责任；监理单位北京铁城监理公司负事故重要责任。

四、事故教训

1. 施工负责人违章指挥，作业人员盲目蛮干。中铁一局兰青二线铺架项目部在兰青线K105＋280处进行与既有线并行路基人工铺轨准备工作中，施工负责人违章指挥，在使用铲车清理压在便道上的钢轨时，方法不当，盲目蛮干，作业中造成钢轨侵入既有线限界，与运行至该地点的T28次旅客列车发生刮碰。

2. 施工安全措施不落实，施工防护制度形同虚设。现场施工防护人员有章不循，没有认真履行好安全职责，施工防护严重失职失责。在整个施工过程中，因现场防护员与驻站联络员没有按照有关规定，严格执行3～5分通话制度，在联络中断的情况下，没有按规定立即停止作业，造成不能预先掌握列车运行状况，在列车接近时不能及时采取停工避让措施，最终导致事故的发生。

3. 建设工程监理履行职责不到位。北京铁城监理公司兰青二线监理站日常疏于对施工单位的监督管理，对施工单位安全管理现状、作业内容、作业过程中的关键环节掌握不清，对施工方案审查不严，且施工时监理工程师没有到场监控。

4. 设备管理单位监管不力。设备管理单位西宁工务段在设备日常的巡视检查中，明知该段有施工，没有向该施工点派遣安全监督人，由于监管职责不到位，错过了防止事故发生的时机。

五、采取措施

1. 举一反三，提高认识。公司将此次事故发生的原因、教训通报公司管内各运营和施工参建单位。各施工、监理、监管、建设管理等单位要认真吸取事故教训，加大对施工现场监督检查的力度，发现问题决不手软，同时加大处罚力度，严格落实责任追究制，确保既有线施工安全。

2. 利用一个月的时间，在公司管内开展一次施工安全大检查活动，重点对既有线和邻近既有线工程施工情况，从安全管理、设备管理、人员培训、作业控制、安全措施落实等方面进行检查，坚决堵住施工过程中安全管理存在的漏洞，提高安全管理水平，确保既有线安全。

3. 建立完善的施工监督管理和现场作业控制制度。主管业务部门和安监室要对管内所有的施工做到全面掌控，安监室合理调整、安排人员，加强对重点作业项目的全过程监督，通过流动检查、重点检查达到全线盯防的目的。

4. 严格执行部颁《铁路营业线施工及安全管理办法》(铁办〔2007〕186 号)和《青藏铁路公司营业线施工及安全管理办法实施细则》的规定，坚决从制度上卡控住安全关键环节。

5. 严格施工管理卡控制度。凡在既有线或影响既有线的施工，在距既有线 20 m 以内地段、路堑上使用施工机械和通行车辆时，必须在铁路限界外设置防护刺丝网，机械施工必须实行“一机一人”监护制度，防止施工机械、路料、车辆侵入限界。列车通过时，施工机械必须停止一切作业。施工时，必须设置车站联络员和施工现场防护员，并严格执行 3～5 分通话制度，一旦联系中断，必须停止一切作业。施工单位应在施工开始 72 小时前通知设备管理单位到场监督，防护人员、车站联络员及设备管理单位监督人员、工程监理人员不到位，严禁施工。

6. 加强施工作业的安全检查。公司主管业务部门和安监室，要加大施工安全的检查力度，特别是对影响既有线的施工，要严格作业计划、作业内容、作业范围、放行列车条件把关、作业防护等工作的检查监督，发现问题后要及时督促整改，并严格进行责任追究。

7. 严格落实各项施工安全措施。各项施工必须指派专业能力和责任心强、施工组织经验丰富的人员担任施工负责人，必须保证足够的人力，作业人员必须经过施工安全培训。严禁无计划、超范围、简化作业程序和违章施工。

89

京沪线 57151 次路用列车冒进进站信号机一般 C 类事故

一、事故概况

2007 年 12 月 7 日 3 时 40 分，57151 次路用列车（中铁二十四局江苏工程公司机车 QG16－5 型；编组 4 辆，载重 120 t，换长 4.4）运行至上海局京沪线永宁镇—高里间卸料作业时，冒进高里站进站信号机。构成铁路交通一般 C 类事故。

二、原因分析

中铁二十四局江苏工程公司所属 QG16－5 型轨道车在京沪线施工时，司机严重违章作业，一是运行途中只打开列车无线调度通信设备，监控装置和机车信号均未开机，安全装置在列车运行中不起控制和记录作用；二是未认真核对施工调度命令，对永宁镇—高里站间 B 线及高里站 5 道性质不清，盲目认为高里站 5 道仍为 B 线，未按调度命令在区间停车、作业后返回永宁镇站的要求执行；三是高里站 XB 进站信号显示红灯，也未按信号显示要求采取停车措施，冒进关闭的进站信号机，直接造成该起事故的发生。

三、事故责任

中铁二十四局江苏工程公司负事故全部责任。

四、事故教训

中铁二十四局江苏工程公司应认真分析事故原因，举一反三，深刻吸取教训，要立即采取措施，强化现场安全关键作业控制，防止类似事故的再次发生，同时，要按照规定对事故责任者进行严肃处理。合宁公司要加强对施工单位的日常监管和检查，对该起事故发生的情况、原因、教训进行通报，指导事故责任单位进行事故分析和问题整改。

五、采取措施

1. 中铁二十四局合宁Ⅲ标项目部（二十四局江苏工程公司）要对该起事故进一步深入分析，举一反三，从管理和作业层面查找存在的问题和安全隐患，吸取事故教训，制定有针对性的整改措施，落实责任并确保整改措施落实到位。

2. 合宁公司要加强对施工单位的日常监管和检查，对该起事故发生的情况、原因、教训进行通报，指导事故责任单位的分析和整改。

3. 事故责任单位对造成该起事故的责任人按企业事故责任追究和考核办法给予相应的处理。

90

广深Ⅲ线 87721 次货物列车碰撞捣固机一般 C 类事故

一、事故概况

2007 年 12 月 8 日 23 时 57 分，广州机务段 $DF_4$3565 号机车牵引 87721 次货物列车（编组 58 辆，总重 1 306 t，换长 70.0）以 61 km/h 的速度运行至广深线土塘—樟木头间Ⅲ线，司机发现前方约 60 m 处线路左侧枕木头上有一个黑色物体（小型手提捣固机）侵限，立即采取紧急制动停车，由于距离太近，机车碰撞侵入限界物体后，机后第 3 位车越过被撞异物停在 K99＋358 处。司机将情况报告车站值班员，并检查机车无破损和试风正常后于 0 时 14 分开车。构成铁路交通一般 C 类事故。

二、原因分析

2007 年 12 月 8 日晚，中铁十三局广深Ⅳ线 ZH-6 标项目部计划封锁土塘—樟木头区间Ⅲ、Ⅳ线 K95＋250～K100＋980，分别在 K100＋950、K100＋600、K100＋000、K99＋000、K98＋500、K98＋000 等六个作业点，进行抽换电容枕施工，计划封锁时间 12 月 9 日 0 时 00 分～3 时 30 时，实际封锁时间为 0 时 19 分～3 时 05 分(调度命令号 016601)。由于中铁十三局 ZH-6 标项目部在封锁点外，违章利用列车间隔时间上道作业，导致摆放在广深线土塘—樟木头间Ⅲ线 K99＋100 处左侧枕木头的小型手提捣固机侵入限界，造成 87721 次货物列车停车不及撞上，是造成此次事故的主要原因。

三、事故责任

中铁十三局 ZH-6 标项目部负事故全部责任。

四、采取措施

1. 中铁十三局 ZH-6 标项目部要对事故进行认真分析，立即将事故传达到每一名干部职工，认清“12.8”事故发生的原因及应吸取的教训，认真进行一次安全警示教育，切实抓好施工安全管理及施工现场安全作业控制，防止类似事故再次发生。

2. 加强干部作风整顿，加强干部对施工现场安全盯控，强化作业人员安全意识，从严执行作业标准，同时，以“12.8”事故为典型案例，深入剖析干部作风、施工安全管理和作业标准存在的突出问题，切实解决安全关键性、倾向性问题。

3. 严格按照施工计划进行作业，坚决杜绝营业线施工利用列车间隔时间上道作业盲目赶工，杜绝超计划、超范围施工，加强民工队伍管理和安全、业务教育，加大考核力度，不称职及违反安全施工管理措施的坚决清退，确保施工安全。

91

京广线断轨影响列车通过一般C类事故

一、事故概况

2007年12月29日2时33分，广铁(集团)公司京广线小水铺—公平墟间下行K1834+270处右股钢轨厂焊接头因存在杂质及受低温拉应力作用一次性裂断，拉开轨缝18 mm，影响18331号信号机红灯及N557次旅客列车区间停车。由于衡阳工务段李家村工区检查线路里程不当，未及时发现断轨，3时10分就盲目在车站运统46上登记“工务设备正常”，N557次区间3时12分开，3时27分被电务检查人员发现断轨，工务采取钻孔上夹板及加保护器临时加固后4时28分限速15 km/h过车，影响3时29分被叫停在区间的N589次至4时33分开。对断轨处前后100 m线路扣件进行紧固后限速45 km/h，至5时09分恢复正常速度过车，影响N557次等旅客列车22列。构成铁路交通一般C类事故。

二、原因分析

1. 职工素质不高，集中表现在安全意识和业务素质上。衡阳工务段小水铺线路车间李家村工区班长安全意识不牢、结合部业务不熟，对发生红光带的轨道区间范围概念模糊不清，在检查过程中没有从K1 833+100信号机显示红灯顺着里程增加方向检查(断轨地点在K 1833+100信号机南端)，而是检查K1 833+100信号机北端N557次列车停留的线路，并未检查完故障区段，就盲目报告“工务设备正常”，造成未及时发现断轨就臆测放行列车，是造成此次事故的主要原因。

2. 断轨处断口全新痕，位于厂焊接头处，属一次性折断，轨底夹渣，属探伤盲区。该段无缝线路于2001年11月上道，曲线半径1 000 m，缓和曲线长110 m，锁定轨温32℃，P_{60}攀钢2000年出厂，断缝位于京广下行线 K1 834＋270 曲线上股。2007 年 11 月 23 日大型探伤车和 12 月 5 日探伤及 12 月 11 日探伤加强检查该钢轨未发现异常。经检查，该处厂焊接头拉开断面轨底有渣质，位于曲线上股，侧磨 8 mm，因锁定轨温 32 ℃，当时轨温 2 ℃，昼夜温差大，导致无缝线路受低温拉应力作用造成一次性折断，是造成此次事故的直接原因。

3. 衡阳工务段小水铺线路车间李家村工区未严格执行值班留守制度，12 月 28 日工长因家中有事离开工区，工区仅留一名班长值班，未按衡阳工务段有关规定留足留守人员，造成发生故障后检查、处理人手不够。衡阳工务段小水铺线路车间现场控制不到位，小水铺线路车间未经常抽查各工区的值班留守情况，对管内工区留守人员不足的问题未做到心中有数，给安全生产留下了极大的隐患。

三、事故责任

衡阳工务段负事故主要责任。

四、对有关人员的处理

1. 给予衡阳工务段小水铺车间李家村工区班长行政记过处分。

2. 给予衡阳工务段小水铺车间主任、指导员行政记过处分。

五、采取措施

1. 立即将事故记名传达到全体干部职工，认真吸取事故教训，进一步加强干部职工的安全意识教育，加强值班制度的落实，提高非正常情况下应急处置能力，增强安全紧迫感，加强业务技能培训，防止类似事故再次发生。

2. 进一步落实防寒过冬工作措施，备齐备用轨料和断轨保护器。尤其是最近昼夜温差较大，需加强行车设备检查力度，加强探伤管理工作，特别是加强对焊缝接头的重点检查，发现伤损设备，及时更换下道，确保线路畅通。

3. 加强线路养护，做好无缝线路的“四紧”工作，整治翻浆冒泥、错牙、暗坑吊板、大轨缝等接头病害，全面提高设备质量，确保运输秩序畅通。

92

鹰厦线轨道车枕木坠落一般C类事故

一、事故概况

2008年1月9日19时35分，南平工务段武夷山综合维修车间邵武轨道车081608号/081609号，两机四拖运行至鹰厦线埔上站时，装运的枕木坠落砸坏信号设备。造成上行S_{II}道信号无法开放，影响K68次在埔上站停车16分。构成铁路交通一般C类事故。

二、原因分析

1. 货物装载不良。轨道车在装载货物时即严重违章。第1位平车装有两层钢轨，由于班长违章指挥，在钢轨上又装载大量岔枕。装载加固未按要求数量设置插杆（4 m多长的岔枕只设两根），由于轨道车运行的起伏和曲线的弯曲作用，受装载的木枕和钢轨产生磨擦影响，至使插杆滑出插座掉落，在侧线进站的摇摆下，造成了岔枕的坠落，砸坏Ⅱ道的信号设备。

2. 装载加固不牢固。《轨道车管理规则》第44条第三款规定：“装载钢轨、枕木等货物，必须按规定捆绑牢固。”4 m多长的岔枕，又是堆放在两层钢轨上，出车前后未做任何的捆绑，只简单安装了两根插杆。由于车辆运行过程中的起伏及通过曲线的离心力作用，装载的岔枕和钢轨产生错动，岔枕摩擦插杆，导致插杆滑出插槽掉落。由于无插杆的阻挡，造成车辆运行途中岔枕坠落。当车辆侧向进埔上车站时，岔枕坠落在埔上站北头2道出发信号机设备上。

三、事故责任

南平工务段负事故全部责任。

四、采取措施

1. 将事故教训及时传达到每名职工，特别是轨道车运输工区的职工。举一反三，吸取教训，要求结合自身写出书面认识，以此提高安全生产工作的重要性认识，杜绝类似问题的发生。

2. 加强安全规章制度和操作规定的学习，对轨道车运输工区进行一次安全规章制度和作业标准化内容的学习和考试。对不合格的实施待岗处理。

3. 建立健全规章制度的检查、贯彻落实监督工作。通过添乘、监听、查岗等方式加大轨道车司机出乘标准化作业的查处力度。加强轨道车检查添乘和施工把关。

4. 加强作业标准化的检查和考核力度，从严管理要求、从重处罚违章。确保作业安全的日常监督和行车、人身安全。

5. 落实责任制。加强定期保养修理，确保设备状态良好。对发生违章操作、设备隐患、故障处理不及时等均进行问责分析和考核。

6. 结合当前轨道车年检工作的开展，加强安全隐患排查检查工作，开展为期一周的轨道车安全专项检查，突出抓好轨道车装卸轨料作业中的装载加固和劳动人身安全工作，确保轨道车年检工作的顺利完成。

93

京广线线路隆起一般C类事故

一、事故概况

2008年2月14日15时28分，26102次货物列车在北京局京广线K397处通过时发现线路晃车，司机迅速向沙河市站报告，车站当即通知相关单位进行检查。15 时 40 分左右，经工务检查确认京广线上行 K397＋080 处约 13 m 范围内线路隆起 60 mm，立即封闭上行线路并通知车站，沙河市站立即扣停了 K680 次旅客列车。经整修于 16 时 33 分限速开通线路，17 时 05 分恢复正常行车。共影响旅客列车 3 列。中断京广线上行行车 41 分；16 时 33 分至 17 时 05 分，京广线上行限速运行，共影响京广线上行正常行车 32 分。构成铁路交通一般 C 类事故。

二、原因分析

经调查确认，京广线 K397＋122.6 处进行立交桥施工，施工单位为中铁六局石家庄铁建公司。2 月 14 日 13 时 30 分左右，施工单位擅自进行框构顶进前基础压浆加固施工，因违反操作规程和技术要求，超量超压注浆，导致京广线上行线路隆起。

三、事故责任

中铁六局集团石家庄铁路建设有限公司负事故主要责任，承担事故全部损失。追究施工监理单位河北华铁工程建设监理有限责任公司同等主要责任。追究施工配合单位邯郸工务段同等主要责任。

四、事故处理

1. 中铁六局石家庄铁路建设公司该项目部进行停工整顿，吸取事故教训，深刻反思管理上存在的深层次问题，制定有力的整改措施，不断强化安全基础，确保施工作业安全。

2. 邯郸工务段段长、党委书记负有领导责任，写出深刻检查报局。主管副段长在此次事故中负有直接领导责任，给予行政记过处分。

3. 河北华铁监理公司经理负有领导责任，写出深刻检查。

4. 邯郸工务段、河北华铁监理公司按照人事任免权限对相关责任者做出处理。

五、采取措施

中铁六局石家庄铁路建设公司该项目部进行停工整顿，吸取事故教训，深刻反思管理上存在的深层次问题，制定有力的整改措施，不断强化安全基础，确保施工作业安全。同时，强化以下安全措施：

1. 必须加强施工发包管理。对发包的工程要严格管理，细致掌握，全面监控，坚决杜绝以包代管的现象。要认真审查施工方的资质和施工人员的素质，确保符合有关要求。施工单位必须与有关设备单位签订施工安全协议和配合监护协议，必须按照协议要求，在规定的时间、地点范围内进行施工作业。施工主体单位和分包单位都要对施工人员进行铁路施工安全教育，增强安全意识，确保施工安全。

2. 必须加强施工监理。要进一步提高运营线监理的安全责任意识，严格执行基本建设程序、监理规范和相关规章制度；要严格审核审查施工单位各种报验资料，根据工程特点，配足配强监理人员，制定科学的监理规划和细则；要努力提高监理人员技术业务水平，对关键环节、重点部位要进行旁站监理，确保工程质量和运输安全。

3. 必须加强施工现场监护。从这起事故可以看出，既有线施工特别是没有计划的施工，设备单位思想麻痹，放松警惕，预想不细，预案不全，疏于监控；对可能在施工时间、地点范围之外进行的作业，没有制定有效的防范措施。因此，必须加强施工现场监护和重点卡控，对关键设备、关键处所要制定重点卡控措施，加强盯控；对施工过程要全方位、全过程不间断监护；对因特殊情况短时停止的施工，要加强施工地点的巡视检查，及时发现和制止危及设备安全的施工问题，确保设备安全。

4. 必须增强依法护路的意识。铁路各单位要进一步加强对《中华人民共和国铁路法》、《铁路运输安全保护条例》等法律法规的学习，特别是各级安全管理部门要熟悉有关法律条款，增强依法护路的能力;要充分利用各种形式,对施工单位特别是路外施工单位加强宣传教育,切实增强依法施工、规范施工的安全意识;要进一步加大执法检查的力度,对违法行为依法严惩,通过法律的强制力切实保护铁路运输安全的长治久安。

5. 必须加强职工安全教育。要认真吸取事故教训,举一反三,全员开展安全教育,进一步增强既有线施工安全意识,牢固树立提速繁忙干线无小事的思想;要严格落实各项安全措施,认真执行各项规章制度,坚决防止违章蛮干、违法蛮干的问题。

94

大秦线重载列车脱轨一般C类事故

一、事故概况

2008年2月18日1时29分,湖东机务段HXD_2 59、HXD_2 61号牵引T871036次单元万吨列车,行至大秦线大同南—湖东二场间重一线K20+380处,二位重联机车HXD_2 61号B节前台车脱轨,3时15分起复。构成铁路交通一般C类事故。

二、原因分析

现场勘察脱轨地段线路系中铁六局建设并负责维修、1月20日开通使用的运营时间不长的线路,存在多处几何尺寸超过线路临时补修标准的问题;太原局对开通前线路设备的检查验收工作不细,组织不力,把关不严,对开通后的线路设备接管不到位,责任不清;铁道科学研究院和大同机车工厂正在进行机车拆解及动力学试验,目前还不能排除机车导致脱轨的因素。

三、事故责任

太原铁路局建设处负事故主要责任,太原铁路局工务部门负事故重要责任。

四、采取措施

1. 加强线路设备整修。路局建设处、工务处、大秦扩能改造指挥部和各工务段要组织力量，对新建或改建线路进行全面细致的整修，消除线路病害处所，使其尽快达到标准，确保万吨重载列车的行车安全。

2. 做好工程验交工作。建设处对目前还没有履行验交程序的施工完成项目立即组织清查，马上着手安排进行验收交接，防止发生类似问题。具体措施：一是清理整顿各指挥部的安全质量管理机构和人员。二是清理整顿施工单位的各项安全质量管理措施。三是清理整顿施工单位的安全质量检查和防护人员配置。四是清理整顿监理单位的人员及监理职责落实。

3. 加强专业管理，严格过程控制。由建设处牵头成立"整章肃纪、规范管理"专业检查整顿小组，立即赶赴现场，对在建的各项工程施工安全管理进行检查、指导和督促整改。一是立即开展对营业线施工工点的现场逐一检查，围绕安全质量，从制度保证、施工方案、审批程序、现场控制、施工措施、开通条件进行逐项检查。经检查合格，并由检查组签字确认后才能开工建设。二是针对各参建单位的整改内容逐项检查，并提出评定意见，对整顿不力的单位下发整改通知书，责成责任单位限期整改。三是严肃查处施工、监理等管理人员不到位的现象，对照施工、监理单位的投标承诺，逐一核查。四是严控工程质量。指挥部、施工、监理单位、设备管理单位各环节要严格落实质量保证体系，形成闭环。尤其要突出抓好涉及营业线行车安全的施工项目，以确保营业线运输安全。

4. 加强 HXD_2 型机车运用调研。从即日起，湖东电力机务段对现有 HXD_2 型重联机车拆开，以单机方式投入运用。机务段要加强对 HXD_2 型机车运用中存在的问题进行分析、收集和整理，及时反馈上级部门和厂家，予以解决。

5. 进一步深查问题，高标严责，确保万吨列车通道安全。路局施工管理、设备管理单位和部门要针对事故调查中发现的问题，眼睛向内，举一反三，认真查找安全管理、技术管理和设备养护维修方面存在的问题，全面落实规章要求，切实加强专业管理。特别是对大秦线的设备养护维修要高标准、严要求，确保万吨重载列车的绝对安全。

6. 继续做好事故原因分析工作。机务处牵头，安监室参加，认真落实铁道部副总工程师的要求，对事故原因进行进一步的深入分析，积极配合铁道科学研究院和大同机车工厂进行机车拆解及动力学试验，全面分析事故发生的机理和原因，切实消除事故隐患。

95

京沪线 56051 次轨道车组火灾一般 C 类事故

一、事故概况

2008 年 3 月 7 日 2 时 28 分，中铁电化局集团公司第一工程有限公司施工轨道车组担当 56051 次列车，运行至京沪线北京—柳村间时，前端牵引轨道车（车号 410－0133 号）发动机冒烟起火，采取紧急停车措施，列车停于京沪下行线 K10＋100 处。3 时 10 分地方消防队三部消防车赶到现场将火扑灭，3 时 20 分列车继续运行。轨道车大破 1 辆；影响旅客列车 5 列；中断京沪下行正线行车 52 分。构成铁路交通一般 C 类事故。

二、原因分析

该起火灾的起火点在发动机缸体与高压油泵、喷油器之间，火灾原因系轨道车发动机高压油管破裂或螺丝松动燃油泄漏雾状喷出遇发动机缸体高温或排气管高温发生燃烧所致。

三、事故责任

中铁电化局集团公司第一工程有限公司负事故全部责任，并承担全部损失。

四、采取措施

1. 中铁电化局集团公司第一工程有限公司要认真接受此次

事故教训，并举一反三查找轨道车质量和管理上存在的问题，切实采取措施，强化轨道车上线安全的卡控。

2. 北京局管内有关单位也要认真吸取此次事故教训，对配属的自轮运转设备进行逐台检查，特别对油路、电路严格检查，对跑、冒、滴、漏、松、虚、短、破问题立即消除，禁止自轮运转设备“带病上线运行”。

96

青藏线 30001 次货物列车碰撞障碍物一般 C 类事故

一、事故概况

2008 年 3 月 21 日 1 时 45 分，西宁机务段 NJ_2 0046、0020、0077 号机车牵引 30001 次货物列车运行至青藏线乌玛塘至当雄站间 K1 769＋500 处，因与放置在钢轨上的公里标、桥梁标、扣件、螺栓等障碍物相撞停车。3 时 42 分限速 45 km/h 开车，区间停车 1 小时 57 分。构成铁路交通一般 C 类事故。

二、原因分析

经公安部门现场勘察，证明此事故为有预谋的人为破坏。

三、事故责任

列格尔木工务段非责任事故。

四、采取措施

1. 西宁机务段要加强对机车乘务员的安全防范工作的学习和传达；机车乘务员在运行途中加强瞭望，密切监视列车运行情况，遇不明情况立即停车，并及时向列车调度员汇报。

2. 工务部门要加强对线路设备的巡视检查制度，对巡视检查出来缺少的零部件要及时补齐并做好记录及时上报。

3. 各单位要严格执行信息上报制度，保证信息畅通。

4. 各级添乘人员在添乘工作中发现危及和影响行车安全等

情况要采取果断措施及时通知相关部门迅速处理解决。

5. 格拉段各单位值守的工作人员要对站区的所有行车设备进行认真检查和巡视，发现问题及时处理。

6. 公安部门加强治安综合治理，认真巡查铁路沿线治安。

97

兰青线85401次货物列车碰撞山体落石一般C类事故

一、事故概况

2008年4月1日2时36分，兰西机务段$DF_4$9005号机车牵引85401次货物列车运行至兰青线莲花台站至老鸦城站间K86+708处，机车排障器右侧与山体落石刮碰停车。2时50分开车，区间停车14分。构成铁路交通一般C类事故。

二、原因分析

近期，老鸦峡气温较高，山顶积雪融化后雪水融入岩体缝隙。3月31日天气降温降雪，晚上峡内气温骤降，造成岩体缝隙内的积水结冰膨胀，导致落石与基岩分离。

三、事故责任

列西宁工务段非责任事故。

四、采取措施

1.在现有看山房看山工巡视K85+000～K86+550的基础上，西头巡视延长至K86+730。同时，在K85+000～K86+730临时搭建帐篷2顶，增设2个看守点，配备人员24小时巡守与监控。

2.组织开展专项检查整治活动，对检查出的山体（危、活、孤石）危险地段重点进行刷山处理，对发现的孤、活石采取及时清理或就地捆扎、锚杆固定、空化网敷设等防护措施，消灭不安全因素。

3.工务部门加强对铁路两侧山体巡查力度，巡查人员对巡守地段认真巡查，并做好记录，发现异常及时上报并采取措施。

98

黔桂线 51088 次单机脱轨一般 C 类事故

一、事故概况

2008 年 4 月 14 日 5 时 01 分，由柳州机务段担当的 51088 次单机（本务机车 DF_{7D}0030、重联补机 DF_{7D}0130）从加必屯开往六甲，5 时 10 分运行至 K182＋575 处时，司机突然听到机车走行部有异音，立即使用非常制动停车，在 K182＋380 处停下，重联机车前台车 3 个轮对脱线于运行方向的右侧，本务机车与重联机车分离，两车相距约 50 m，轮对与钢轨的最大间距 300 mm，脱轨点距离 K182＋23 处铁轨端 4.8 m。损伤钢筋混凝土轨枕 357 根（其中失效 108 根），损坏钢轨 P_{50}/25 m 2 根。补机 DF_{7D}0130 的垂直油压减振器、撒砂管及制动软管等部件不同程度的损坏。中断行车 1 小时 50 分。构成铁路交通一般 C 类事故。

二、原因分析

1. 钢轨折断是造成事故的直接原因。柳州工务段对线路保养不到位，线路极不平顺，断轨处所存在着严重的空吊板，大大增加了列车对该处钢轨的冲击力，加上钢轨使用年限长，最终导致钢轨疲劳性突发折断。

2. 六甲工区工长、加必屯工区工长安全责任意识谈薄，对危及行车安全的信息极不重视，金城江工务车间干部指导不力、监管不到位，是造成事故的主要原因。

三、事故责任

柳州工务段负事故全部责任。

四、对有关人员的处理

1. 分别给予柳州工务段段长、段党委书记行政警告处分。给予主管安全副段长行政记过处分。

2. 给予工务处副处长兼总工程师行政警告处分。

3. 同意柳州工务段对其他事故责任人的处理意见：

①对负主要责任的六甲工区工长，给予行政记过处分，扣款900元处理，待岗3个月，并免去工长职务。

②对负同等主要责任的加必屯工区工长，给予行政记过处分，扣款900元处理，待岗3个月，并免去工长职务。

③对当日值班负直接管理责任的车间副主任，给予行政警告处分，并扣款400元处理。

④对负有管理责任的金城江车间主任、党支部书记分别给予行政警告处分，各扣款200元处理。

⑤经济处罚：相关人员均予扣款。

4. 同意柳州车务段对有关责任人的处理意见：对加必屯车站值班员给予行政警告处分，经济扣款500元；扣发加必屯站站长和所在区段党总支书记当月安全考核奖；扣发包保区段段领导和加必屯站包保干部当月包保奖，同时对加必屯站站长、安全科长、职教科长全段通报批评。

五、采取措施

1. 柳州工务段要结合路局开展的百日劳动纪律大整顿活动，抓好职工的安全意识教育，牢固树立“安全第一”的思想。克服麻痹思想，充分认识假检查、假整修、假消号、假汇报行为的严重性和导致的严重后果，教育职工认识到“违章就是犯罪，违章就是杀人，违章就是自杀”。

2. 铁路局运输及相关业务处室要制定完善危及行车安全信息应急处理办法（程序），即制定非正常情况下列车安全运行办法并下发文件或电报，对诸如严重晃车、轨检车四级扣分及轨监装置严重报警处所、危石、溶洞、坍塌、异响等信息，要先发令封锁线路，有关单位要明确检查范围、检查人员并按规定检查，确认线路达到放行列车条件并按“非正常情况下列车安全运行办法”办理相关手续后方可开通线路放行列车，切实加强安全信息结合部的管理和考核。

3. 加强线路的养护维修，特别是对线路病害的集中整治工作。坚持“高一格、严一扣”的标准，加快“挖(翻浆)、补(道砟)、换(伤损轨)、捣(大机捣固)”进度。路局运输处、调度所要想方设法给好点给足点，工务段要做好劳动力的调配。要充分利用大机维修作业施工天窗，安排更换伤损轨及线路病害的综合整治工作，尽快提升线路质量。具体措施为：一是补砟，工务处迅速调集15个老K车用于金麻段补砟，保证大机抬道至少达到30 mm，加强金麻段线路弹性。二是清挖翻浆，柳州工务段要继续加大全面清挖翻浆力度和进度，必须在大机维修前将翻浆清挖完毕。三是立即安排大机维修，从4月20日起调大机用2个月时间完成一遍对黔桂线的大机维修作业，消灭线路几何尺寸超限处所，使线路设备质量提高升一个新的水平。

4. 认真汲取事故教训，举一反三，要针对管内伤损轨多的实际，从严落实《防止断轨措施》，切实加强管理、检查和监控工作，及时更换伤损钢轨。具体措施为：

(1)调拨8.6 km 60 kg/m再用轨到焦柳线，用于处理彭莫山隧道换轨及处理焦柳线轻伤有发展伤轨，5月底前必须完成；调拨10 km 50 kg/m再用轨用于更换黔桂线金麻段轻伤有发展伤轨，6月底前完成。

(2)加强钢轨探伤工作，一要加密探伤，对黔桂线金麻段钢轨全年的手推探伤检查必须达到至少15遍，对重点地段达到24遍，同时大型钢轨探伤车对金麻段检查由全年的3遍增加到4遍。二要“高一格、严一扣”提高判伤标准，对黔桂线金麻段钢轨的判伤标准和伤轨处理时间也要在部定标准的前提下“高一格、严一扣”制定出伤损判定的内控标准，新生轻伤有发展钢轨必须在3个工作日内处理完毕；三要加强培训，提高探伤工技术业务水平，要根据钢轨伤损的特点进行攻关，注意收集现场发现的伤损钢轨制作标本，分析伤轨的仪器出波情况和出波规律，制作钢轨实物对比试块，探索不同钢轨状态下特别是磨耗轨、波浪轨、低塌轨等伤损的检查规律，提高探伤人员的判伤水平。

5.切实转变干部作风。广大干部职工要以“安全为已任，以安全为命令，以安全为行动”，把干部思想转变到“安全第一”上来，让干部作风服务于现场、服务于安全、服务于运输大局。要加大干部检查监督的力度，明确各级干部对突发性设备病害和线路动态检查病害的处理要求，要沉到生产第一线，对安全生产问题进行跟踪处理，一抓到底。坚决克服“浮、夸、虚、假、懒、散”现象。要加大对干部写实的考核力度，做到责任到位、检查到位、监督到位、考核到位。

6. 认真落实安全规章制度，遏止违章违纪行为。要结合“两纪”整顿、百日大会战活动，针对目前工务系统安全管理上存在的“严不起来、落不下去”、“有令不行，有禁不止”的顽症，以及职工惯性“两违”现象，为扭转安全生产的被动局面，对下述行为必须进行“两纪”整顿，实行首问负责制，加大“两违”的处罚力度：对获悉影响或危及行车安全信息（如列车司机报晃车、降雨量达到封锁警戒值、断轨、红光带、路基下沉、路基坍塌、危石下山等）后不及时汇报，对不按规定到现场检查、分析、整修，不追踪落实或谎报检查整修数据造成设备失修的；不确认线路放行条件盲目开通线路放行列车的；管内发生自然灾害、行车设备、施工作业和治安案件等造成中断行车，有关人员及各级领导受令或闻讯后未及时赶到现场或到达现场不作为的。要坚决杜绝在安全生产工作中存在的“四假”（即假检查、假整修、假消号、假汇报）严重失职行为。

7. 要加强干部职工的安全意识教育，进一步强化干部职工非正常行车情况下“宁肯错拦，不可错放”的安全意识，在情况不明和未得到相关设备管理单位书面签认的情况下坚决不能放行列车；

接到危情信息报告时，按照信息传递流程，要不折不扣的将信息传递给相关单位及相关人员，切实做好联防互控、上下卡控；坚决杜绝“事不关己，责不在我”的本位主义思想，做到有章必循、有令必行、有禁必止。

99

兰新线 57004 次列车防尘罩脱落一般 C 类事故

一、事故概况

2008 年 5 月 1 日 2 时 16 分，57004 次大机列车（限速 70 km/h）转场时，运行于乌鲁木齐局兰新线烟墩至盐泉间，机次第 9 位 D14 号捣固车车顶空调机组玻璃钢防尘罩（1 190 mm×740 mm×270 mm）因维修保养质量不良，紧固搭扣丢失，松脱失效脱落。防尘罩在 7～8 级大风的作用下，越过下行线，落于下行线 K1 258＋670 处运行方向左侧路基下。构成铁路交通一般 C 类事故。

二、原因分析

因工务机械段在 2007 年大机冬季年检检修中，未严格落实检修和验收标准；大机列车转场前设备设施检修漏项；运行途中监控不力，导致带有故障隐患的车辆在运行中发生空调机防尘罩脱落。

三、事故责任

乌鲁木齐工务机械段负事故全部责任。

四、采取措施

1. 举一反三认真吸取事故教训，结合大检查、大反思活动，切实抓好施工车辆运行安全基础工作。

2. 根据相关标准细化和落实施工车辆检修作业指导书，加强检修作业质量控制。

3. 加强大型养路机械检查保养工艺标准落实和质量控制，从源头消除施工车辆事故隐患。

100

京沪线接触网断线一般 C 类事故

一、事故概况

2008 年 5 月 4 日 17 时 35 分，柳村线路所至北京站（不含）间上行线接触网跳闸。根据工务职工反映经检查确认，柳村线路所至北京南站线路所间上行线 K12＋947 处 L18～L16 号杆间接触网断线，经抢修于 19 时 14 分恢复送电开通线路。中断京沪上行线行车 1 小时 39 分，共影响旅客列车 16 列。构成铁路交通一般 C 类事故。

二、原因分析

通号公司在未经任何部门允许的情况下，将围护挡板打开进入，擅自盲目进行信号机机柱栽设施工，由于基坑马道挖的长度不足，现场指挥不当，两侧稳定绳索控制不力，造成信号机机柱发生倾倒，倒在上行线接触网上，接触网对信号机机柱放电，放电电流将接触导线烧断，接触网定位器偏斜和吊弦折断，是造成事故的直接原因。

北京南站工程建设指挥部没有督促检查施工组织方案和安全措施的落实情况，对通号公司在封闭点外进行影响既有线运输安全的施工没有起到监控作用，是造成事故的重要原因。

北京铁建监理有限公司没有及时掌握施工进度，对影响既有线运输安全的施工监理不到位，是造成事故的次要原因。

北京工务段车间干部在线路巡视中发现通号公司在路肩上开挖基坑，没有进行认真核实，没有果断进行制止，丧失了防止事故的机会，是造成事故的另一次要原因。

三、事故责任

通号公司负事故主要责任，承担事故全部损失；北京南站工程建设指挥部负事故重要责任；北京铁建监理有限公司负事故次要责任；北京工务段负事故次要责任。

四、事故处理

1. 施工单位通号公司立即停工整顿，完善安全管理制度，严格落实铁道部《铁路营业线施工及安全管理办法》（铁办〔2007〕186 号）文件规定，制定施工组织方案和安全措施，尽快与设备管理单位签订安全协议，经检查验收合格后，方准继续进行施工。涉及既有线施工，必须按照程序申报施工计划，批准后方可按照计划组织施工。

2. 北京铁路安全监督管理办公室依照《铁路运输安全保护条例》及铁道部既有线施工安全的相关规定，依法对通号公司进行行政处罚，通号公司赔偿事故全部损失。

3. 北京南站工程建设指挥部按照管理权限对承担管理责任的人员给予严肃处理。

4. 北京铁路局对有关人员的处理：

(1)北京铁路局建设处作为建设工程管理部门，对北京南站建设施工安全管理不到位，建设处处长承担领导责任，给予行政警告处分。

(2)北京南站工程建设指挥部作为施工项目管理责任主体，对现场施工安全防护的相关措施检查督导落实不到位，造成施工现场安全管理失控，承担直接管理责任，给予北京南站工程建设指挥部指挥长行政警告处分。

五、采取措施

1. 责成施工单位通号公司立即停工整顿，完善安全管理制度，严格落实铁道部《铁路营业线施工及安全管理办法》（铁办〔2007〕186 号）文件规定，制定施工组织方案和安全措施，尽快与设备管理单位签订安全协议，经检查验收合格后，方准继续进行施工。涉及既有线施工，必须按照程序申报施工计划，批准后方可按照计划组织施工。

2. 指挥部、监理公司要认真分析事故原因和教训，举一反三，深入查找施工组织过程中存在的问题，制定和完善既有线施工安全措施，全面履行施工组织、指挥、协调的职责，全面履行工程监理职责。

3. 北京铁路局立即组织对全局各项施工进行一次全面彻底梳理，核实安全协议、施工项目、施工时间、影响范围、防护方法、监护重点等重点内容，落实项目管理、施工监理和施工监护责任，确保施工绝对安全。

4. 各设备管理单位要结合北京南站改扩建施工特点，加强施工现场的日常巡视检查力度，对危及既有线行车安全的施工作业要立即制止，及时报告有关部门，同时主动与施工单位联系，了解既有线施工计划及进度，落实施工监护配合责任。

101

京沪线 56020 次列车中车辆拉风杆脱落一般 C 类事故

一、事故概况

2008 年 5 月 10 日 7 时 58 分，56020 次货运列车（本务机 GCS-220 1444 号，上海工务机械段杭州施工队配属；牵引平板车 2 辆，补机 GQ16-5 1446 号）运行至京沪线 K1 287＋600 处常州站 106 号道岔时，因机后第一位平板车（车号：P1436）拉风杆脱落，被工务作业人员发现，经车站值班员联控呼叫后停车，并于 8 时 03 分退回常州站Ⅳ道。构成铁路交通一般 C 类事故。

二、原因分析

上海工务机械段 56020 次列车司机违反《轨道车管理规则》规定，在黄渡至常州站运行途中 5 次待避停车时，违反“停车必检”制度，未能对轨道车及平车走行、制动装置进行认真检查，未能发现故障车辆行程调整器一端螺母松动，基础制动装置水平杠杆与中拉杆脱开，活塞杆与套管脱开、下垂，制动链条断裂，拉风杆脱落的情况，是造成本起事故发生的直接原因。

三、事故责任

上海工务机械段负事故全部责任。

四、采取措施

1. 上海工务机械段要进一步加强对轨道车的安全管理，建立健全各项安全管理和定期检查制度，并加强日常检查监督，建立考核评价机制，强化轨道车安全管理工作。

2. 上海工务机械段要加强对轨道车乘务员人员安全教育和业务培训，落实"三包"工作责任制，促进轨道车日常安全管理水平的提高。

3. 上海工务机械段要举一反三，全面查找轨道车安全管理中存在的问题，采取切实可行的整改措施。特别是认真落实轨道车长途运行干部添乘检查制度，严格作业标准化的执行。同时要根据路局和本段安全事故责任追究相关规定，对事故主要责任者和有关管理者给予相应处理。

102

鹰厦线 K198 旅客列车碰撞障碍物一般 C 类事故

一、事故概况

2008 年 5 月 11 日 22 时 21 分，$SS_3$0112 号机车牵引厦门开往上海南的 K198 次旅客列车运行至 K688＋700 处时（当时列车速度 67 km/h），发现前方鹰厦线 K688＋653 处有几块防护栅栏放置在轨面上，司机立即采取紧急制动，列车制动后撞上栅栏和水泥块。于 22 时 21 分停，23 时 42 分开。构成铁路交通一般 C 类事故。

二、原因分析

属人为破坏。

三、事故责任

列厦门工务段非责任事故。

103

枣庄站 K162 次旅客列车碰撞横放钢轨一般 C 类事故

一、事故概况

2008 年 5 月 26 日 5 时 55 分，枣庄站调车长作业中发现，济南工务机械段码放在牵出线和Ⅱ股正线之间施工路料（钢枕）倒塌，有一根 5.2 m 长的钢轨横放在Ⅱ股上行线路上，立即向Ⅱ股由济南机务段 DF_{11} 0053 号机车牵引的旅客列车 K162 次（编组 19 辆，总重 1068 t，换长 45.3）显示停车信号，司机立即采取紧急停车措施，5 时 58 分，K162 次列车碰撞钢轨后走行 142 m 停车。机车受损。构成铁路交通一般 C 类事故。

二、原因分析

1. 施工路料存放地点违反规定。济南工务机械段违反《铁路工务安全规则》第 4.0.7 条“当日大维修施工作业结束后，施工单位应及时回收沿线道心、路肩和两线间的旧钢轨、轨枕、配件等路料，实现工完料净。非常备钢轨、轨枕及零散路料不得长时间在线路上存放，尤其不得在正线间或正线与到发线间存放”的规定。

2. 材料堆码不牢固，违背标准。从现场路料堆码情况看，钢轨、轨枕、石砟等混堆在一起，极不规则，违背了《铁路工程施工安全技术规程》（TB 10401.1—2003）第 6.1.2 条“轨料应按规定分类堆码牢固，不得侵入限界”的规定。

3. “卡死”制度不落实。铁办〔2007〕186 号文第 49 条规定：“施工单位对于机械和料具侵限等可能危及行车安全的问题，要制定卡死制度，坚决杜绝。”

4. 设备管理单位监督不力。兖州工务段在配合施工作业中，违反铁道部《铁路营业线施工及安全管理办法》（铁办〔2007〕186 号文件）第 42 条“设备管理单位要加强对施工安全和工程质量的监督检查，对施工单位的施工作业进行全过程监督，发现质量不合格及安全隐患要责令施工单位立即纠正，危及行车安全时有权责令其停止施工”的规定。

5. 对安全隐患问题麻木不仁，安全大反思大检查走了过场。

6. 机车乘务员未认真瞭望，臆测行车。济南机务段枣庄折返所调车机（DF_4 1901 号）司机未认真执行瞭望制度，对于路料侵限问题未及时发现，没有采取有效地措施，失去了防止事故发生的最后机会。

7. 车务部门履行协议不力。兖州车务段枣庄站未认真履行协议，对于协议中规定的“路料存放不得近于钢轨外侧 1.5 m”未进行有效的监督。

三、事故责任

济南工务机械段负事故主要责任；兖州工务段负事故重要责任。

四、采取措施

1. 采取有力措施，严密防范易发事故。施工单位对照此次事故暴露出来的问题，举一反三，吸取教训，严格执行各项安全规章制度，认真学习铁道部《铁路营业线施工及安全管理办法》（铁办〔2007〕186 号文件）和路局新颁布的《营业线施工及安全管理实施细则》（济铁总发〔2008〕116 号），精心研究制定防止营业线施工作业危及行车和人身安全的卡死制度，并作为参加施工监管人员的检查重点。

2. 严格路料管理，严格施工承发包队伍管理。施工单位要严格落实《铁路工务安全规则》关于路料管理规定，坚决做到工完料净，对一时难以清理的路料，要堆码整齐牢固，杜绝在正线和到发线间堆放，并派人 24 小时看守。要加强承发包队伍的资质审查，严格签订施工安全协议，并按要求加强承发包队伍管理。

3. 强化设备管理单位施工安全管理责任。设备管理单位要加强对施工安全和工程质量的监督检查，对施工单位的施工作业进行全过程监控，发现质量不合格及安全隐患问题要责令施工单位立即纠正。因监督不力发生事故，同时追究设备管理单位的责任。

4. 切实解决一把手抓施工安全的问题。要采取有效措施解决站段主要领导落实安全责任制的问题。要在施工安全上切实做到“三亲自”，即：亲自确立本单位施工安全的管理思路；亲自主持制定本单位施工安全关键控制措施，并认真抓好落实；亲自主持本单位的安委会例会，分析解决影响施工安全的关键问题。

5. 全面规范施工管理的每一个环节。路局有关部门、施工安全监察大队特别是施工现场指挥部，要严格落实营业线施工管理办法，严把施工方案审查、施工计划审批、施工协调、施工准备、施工登记和调度命令下达、施工过程监控、施工销记开通、施工总结、施工过渡期设备监控九个关键环节，从源头消除施工安全隐患，确保营业线施工安全。各级监控人员要牢固树立大安全意识，切实负起责任，重点加强结合部管理，实施施工全过程监控，确保施工安全。

6. 继续深入开展安全大反思大检查活动。“5.26”一般C类铁路交通事故，发生在全局深刻接受“4.28”特别重大事故教训、认真开展安全大反思大检查的关键时刻，在全局造成了十分恶劣的影响，充分暴露了部分单位大反思大检查活动流于形式，透视出当前相当一部分干部职工安全第一的思想依旧不牢。因此，必须采取非常措施，进一步深化安全大反思大检查活动，坚决遏制这种事故频发、险情不断的被动局面，坚决消灭在安全思想、安全管理、现场作业、设备质量上的各类问题，坚决打好安全生产翻身仗。

104

焦柳线 57001 次路用列车脱轨一般 C 类事故

一、事故概况

2008 年 6 月 1 日 19 时 14 分，57001 次路用列车由焦柳线通道站开车，计划 19 时 14 分～20 时 40 分在通道—地阳坪间

K1 353＋890～K1 353＋920 处，由怀化工务段卸片石 2 辆用于路基防洪预抢工程。由于受场地限制机后第 2 位 C_{70H}1503510 号车一次无法卸完，20 时 30 分在列车向前移动准备再卸时，因怀化工务段违反《铁路工务安全规则》的有关规定，在动车前未关闭车门和组织清道，导致车上未卸完片石掉落数块，其中一块 405 mm×300 mm×280 mm 左右大小的片石掉落在该车 2 位台车 3 位侧架底部，造成 C_{70H}1503510 号车 3、4 位轮脱轨，列车停在 K1 353＋949 处。货车小破 1 辆。至 22 时 00 分起复，22 时 25 分开通区间，中断正线行车 1 小时 45 分。构成铁路交通一般 C 类事故。

二、原因分析

1. 卸料负责人安全意识淡薄，严重违反《铁路工务安全规则》和《行规》的有关规定，动车前未关好车门，未认真检查卸料情况及清道，未确认路料堆放牢固，造成列车移动过程中车上片石滚落侵限，是造成此次事故的直接原因。

2. 卸料组织不合理。区间卸片石车 2 辆，只有一名路工负责，未做到每辆车指定一名路工当组长，负责督促检查本车的工具、照明、卸料、清道、开关车门及余料清理等工作，严重违反《铁路工务安全规则》和《行规》的有关规定，是造成此次事故的重要原因。

三、事故责任

怀化工务段负事故全部责任。

四、采取措施

1. 怀化工务段要按照“四不放过”要求，对事故进行扩大分析，通报至所有干部职工，认真吸取事故教训，并给予事故责任人及有关人员严肃处理。

2. 加强施工安全管理，特别是夜间施工安全管理，凡夜间施工必须有领导或业务干部到场监控。夜间施工及卸料必须备足照明设备，照明条件不能满足作业要求时，不得施工或卸料。

3. 严格执行卸料后动车前关闭车门制度，多辆车同时卸车时，必须分别指派各车的专职负责人，并配足卸车人员，严禁边走边卸。卸料负责人在卸车前必须选择好卸料场地，充分考虑路料堆码要求，防止路料侵限。

105

鹰厦线40032次货物列车碰撞坍体一般C类事故

一、事故概况

2008年6月14日1时30分，40032次货物列车（编组24辆，总重1092t，换长33.6）运行在鹰厦线，角美—龙海间K651＋800～K651＋820处因水害影响坍方，坍体掩盖线路约5m长，40032次列车机车刮上坍体无损，列车被迫区间停车。2时40分工务现场勘察后，提出列车以5km/h速度通过坍方点，列车2时59分到达龙海站。构成铁路交通一般C类事故。

二、原因分析

主要原因为强降雨造成土体吸水饱和，洪水浸泡冲刷路基，造成路基溜坍。

三、事故责任

列厦门工务段非责任事故。

四、采取措施

1. 落实铁路局长6月9日关于防洪工作的指示。要求高质量做好抗洪预抢工作、高质量落实好汛期安全行车措施、高质量做好抢险准备工作，转变观念，重在预防、重在抗洪，防洪工作要从被动防向主动抗洪转变。大家必须清醒地认识到防洪期间防止列车事故至关重要，但是正线水害耽误列车2小时以上一样列事故，一样要追究责任。

2. 加强防洪检查。工务系统下一步要重点检查汛期重点地段、巡（看）守点、抢险工机具和劳力储备、守机联控执行情况、巡道和冒雨巡查、领导包保等情况。重点对新线、路基拨接点，桥涵过渡段，岩溶高发区未整治地段，上跨建筑隐患地段，“三防”工程及水害复旧地段，滑坡、泥石流、危岩落石、危树、铁路沿线病险塘坝、水库电站及路内外施工或开发建设影响铁路防洪安全处所进行监控，对受水流冲刷的桥梁护锥及路基，水系改变的情况等进行检查。检查时千万不要被汛危点误导，每年汛危点都不汛危，不要只检查汛危点而忽视了全面检查。防洪检查必须上到山顶下到河岸。雨前、雨中、雨后的三检制，必须落实逐级负责制、专业负责制、岗位负责制，实行记名检查。雨后的线路设备排查非常重要，各段主要领导必须亲自抓。

3. 落实各项防洪制度措施，做好灾害性天气的预防预警。要全力做好不良天气情况下行车组织工作。严格执行领导包保和防洪值班、留宿、查岗查哨制；严格雨量观测、雨情、气象、洪灾信息通报制；严格执行降雨量警戒制度规定的冒雨检查、添乘制度。

4. 上报信息必须及时准确。各单位防洪办，要制定严密的灾情上报流程，发生灾情后，各单位防洪办要及时、准确掌握灾害情况，科学、合理地制定抢险方案，并及时上报相关信息，以便路局决策。

5. 全面提高防洪应急处置能力。各站段要再一次组织相关人员学习防洪有关制度、措施、细则，强化防洪应急演练和培训，提高各岗位人员的综合应急能力。①能根据不同的设备、地形地貌掌握防洪检查的项目、内容，能及时发现存在的隐患；②能掌握非正常行车的防护、处置办法；③掌握巡查区段的列车运行情况，掌握相关车站、调度所调度台、段调度的电话号码；④能准确、及时地反映水害现场的真实情况；⑤能科学、合理地制定抢险方案。

106

京九线10257次货物列车运行中碰撞路料一般C类事故

一、事故概况

2008年7月14日，聊城工务段郓城线路车间在济南局京九线梁山站下行站编 6 号道岔点外违章整理道床作业，7 时 58 分驻站联络员通知现场防护员下行开来的 10257 次列车接近梁山站，现场防护员由于当时精力不集中，间断瞭望，8 时 04 分列车在越过作业地点时将散落在钢轨上的石砟压崩砸在路肩上躲避列车的一位民工头部(该民工头部左前额，造成皮外伤)并在作业地点后 300 m 处停车。列车 8 时 13 分开，停车时间为 9 分。构成铁路交通一般 C 类事故。

二、原因分析

1. 梁山工区现场防护员没能认真履行防护员职责，玩忽职守，接到驻站防护员的通知后，间断瞭望，没能通知作业人员及时下道避车，严重违反了《铁路工务安全规则》第 2.2.15 条规定，是造成这次事故的直接原因。

2. 梁山工区驻站防护员没有按规定在运统 46《行车设备检查登记簿》内登记，在车站未给点情况下，盲目同意现场作业。并于 7 时 58 分通知完现场防护后，在没有确认现场人员下道避车的情况下中断与现场联系，违反了《铁路工务安全规则》第 2.2.15 条规定。同时明知进行点外作业项目作业，也没按规定在车站进行登记，严重违反了济铁总发〔2008〕116 号文件第 80 条规定，是造成这次事故的主要原因。

3. 作业负责人进行点外作业，没对在车站登记情况进行检查、核实，盲目带领人员上道作业，同时对作业现场措施不力、管理混乱。没有履行好岗位职责是造成这次事故的重要原因。

4. 梁山工区工长安全意识不强，违章指挥，对分配的工作，没有认真开展安全预想，班组管理存在漏洞，是造成这次事故的根源。

5. 郓城车间安全措施不落实，有章不循、有禁不止，施工管理混乱，岗位职责不落实，安全管理上存在漏洞，也是造成这次事故的原因之一。

三、事故责任

聊城工务段负事故全部责任，中断安全成绩。

四、采取措施

1. 路局于 9 月 12 日召开了全局扩大分析会，常务副局长、安全局长在会议上对该起事故进行了扩大分析，提出了要求。决定在全局内开展天窗点外作业安全专项整治活动，严格按照铁道部、路局营业线施工及安全管理办法规范各项施工作业，确保营业线施工安全。

2. 加强安全宣传教育，强化“安全责任重于泰山”的意识。要进一步提高对运输安全工作极端重要性的认识，树立安全工作如临深渊、如履薄冰、如坐针毡的强烈责任感，营造痛定思痛保安全的浓厚氛围。

3. 加强教育培训，提高自我保护意识。要加强对进入铁路营业线施工单位作业人员的安全教育，经教育培训考试合格后，方可上岗作业，进入作业现场前施工负责人要根据工作实际有针对性地开展作业前的安全预想，提高作业人员自我保护意识。

4. 切实加强施工安全管理。要严格执行《铁路营业线施工及安全管理办法》和《铁路工务安全规则》等规章制度，加强施工组织，令行禁止，对违章作业及安全隐患问题，要立即进行整改，严格考核。对严重违章及不服从指挥者要按规定予以严肃处理。

5. 严格落实安全防护制度。要严格执行部局有关安全防护的制度，按照规定设置防护人员，防护员要认真履行职责，集中精力，站在便于瞭望的地点认真防护，及时联系和掌握列车运行情况，及时通知作业人员下道避车，严禁做与防护无关的其他任何事情。车站值班员要加强对施工联络人员的管理，认真做好施工登销记，加强与施工联络人员的联防联控，确保作业人员安全。

6. 加强安全监督检查。要提高安全监督检查实效，及时发现问题、解决问题。充分利用法律手段，加大对安全生产违法违规行为的查处。对检查中发现的重大问题，责令立即整改，并按规定及时上报，对问题严重、屡查屡犯，甚至发生事故的，要按照“四不放过”的原则严肃处理。

107

胶济线接触网倒杆一般 C 类事故

一、事故概况

2008 年 7 月 18 日 10 时 10 分，2031 次旅客列车行驶至胶济线潍坊—潍坊西 174 便线下行线 K163＋750 处，发现下行接触网 015 号支柱向线路中心侧倾斜，10 时 30 分调度发布 5958 号命令封锁潍坊—潍坊西下行线，设备管理、施工单位进行抢修，12 时 00 分调度发布 5963 号命令该区间上下行接触网停电，经对接触网设备抢修恢复，15 时 34 分该区间接触网送电，15 时 37 分潍坊—潍坊西下行线区间开通。构成铁路交通一般 C 类事故。

二、原因分析

1. 中铁十二局电化公司胶济项目部违反施工图标准，没有执行设计中“施工作业工程中，严禁接触网设备零件承受荷载超过相对应的允许值。”有关要求，于 7 月 14 日～15 日预架设的下行货线接触网由 015 号支柱处硬锚下锚，形成 015 号支柱双下锚，使 015 号支柱承受补偿张力过大；且未及时提出临时工程项目变更为正式工程项目的变更设计，未采取相应减轻张力和强化加固支柱措施，导致支柱超荷载断杆，是造成事故的主要原因。

2. 中铁咨询济南铁路顺达工程建设监理有限责任公司胶济客运专线工程监理站现场监理严重失职，对该段接触网施工没有进行监理，监理缺位，监理作用未发挥。是造成事故的重要原因。

3. 客专建设指挥部施工管理失控，对临时工程项目和正式工程项目的变更管理不严，对施工单位违标施工没有采取有效措施；对监理单位的监理范围不明确和现场监理严重失职未采取有效措施。是造成事故的次要原因。

4. 设备管理单位监督不力。济南供电段、济南维管段在配合施工作业中，违反铁道部《铁路营业线施工及安全管理办法》(铁办〔2007〕186 号文件)第 42 条“设备管理单位要加强对施工安全和工程质量的监督检查，对施工单位的施工作业进行全过程监督，发现质量不合格及安全隐患要责令施工单位立即纠正，危机行车安全时有权责令其停止施工”的规定，监督不力。是造成事故的另一次要原因。

三、事故责任

中铁十二局电化公司负事故主要责任，并承担事故损失 50%；中铁咨询济南铁路顺达工程建设监理有限责任公司负事故重要责任，并承担事故损失 30%；胶济客专公司负事故次要责任，济南供电段、济南维管段负事故同等次要责任(三单位承担事故损失费的 20%)。

四、采取措施

1. 立即对胶济沿线施工处所开展专项检查工作，对所有拨接口接触网预放线双下锚情况立即采取措施进行减轻张力和补强加固，防止类似事故重复发生。

2. 利用 18 日夜间维修天窗时间将事故处所的接触网支柱进行正式恢复，确保接触网运行和行车安全。

3. 施工单位要严格按照批复的施工方案和施工图纸进行施工，要高度重视施工方案中施工安全重点的卡控，认真查看施工现场和开展施工安全预想，充分考虑现场存在的不确定问题，加强关键工序的控制。

4. 进一步强化施工安全管理，建设指挥部要加强临时(过渡)施工项目管理，严格变更程序。监理单位要加强现场施工监理，特别要加强营业线施工安全监理，对有可能影响行车安全的施工关键要加强安全管理和监理。

5. 强化设备管理单位施工安全管理责任。设备管理单位要加强对施工安全和工程质量的监督检查，对施工单位的施工作业进行全过程监控，发现质量不合格及安全隐患问题要责令施工单位立即纠正。

108

襄渝线接触网倒杆一般 C 类事故

一、事故概况

2008 年 7 月 20 日，中铁二十一局襄渝铁路二线工程指挥部租赁的卡特－320B 型挖掘机在前往翁家河左线大桥桥下工地途中，16 时 53 分经过天府北—磨心坡区间 K776＋430 处时，因违反《铁路运输安全保护条例》第 23 条，侵入铁路限界，撞断该处接触网 9 号支柱，造成北碚—天府北区间接触网停电。经中铁二局电务公司抢修，于 18 时 29 分临时处理完毕，北碚—天府北区间接触网送电成功，各次列车在断杆处机车降弓通过，中断铁路行车 1 小时 36 分。经重庆供电段 7 月 21 日 1 时 13 分请点抢修，于 7 月 21 日 3 时 23 分复旧，影响铁路正常行车 10 小时 30 分。造成铁路交通一般 C 类事故。

二、原因分析

1. 中铁二十一局襄渝二线工程指挥部领导安全意识不强，没有认真执行成都铁路局制定的既有线施工“八不准”制度。在临时安排挖掘机从襄渝二线路基上通行时，没有按大型机械通行要求安排、布置安全工作，安全注意事项，是此次事故的重要原因之一。

2. 施工现场负责人安全第一、预防为主的意识淡薄，在挖掘机司机动车前没有进行铁路安全知识教育，交待安全注意事项，没有派出规定人数的防护人员，只派出 1 人且素质不高，也是此次事故的重要原因之一。

3. 防护人员责任心不强，安全技术素质低，没有起到防护人员的作用，纯粹只是起了一个带路人的作用，尚且远离防护位置，超前挖掘机 20 m；对挖掘机司机擅自在既有线并行地段清障作业时没有及时制止，是造成本次事故的直接原因。

4. 挖掘机司机在此次事故发生过程中，没有经过铁路安全规章制度、安全知识培训并考试合格，没有资格在铁路既有线安全防护区内作业。在路过 K776＋430 处(该处路基面宽度不影响挖掘机通过)时没有挖掘机作业专业指挥人员地面指挥的情况下，独自一人作业，撞断接触网 9 号支柱，是这次事故的主要原因。

三、事故责任

中铁二十一局襄渝二线工程指挥部负事故全部责任。

四、采取措施

1. 由中铁二十一局按相关的规章制度和安全责任制进行考核处理。

2. 要求中铁二十一局襄渝二线工程指挥部按照“四不放过”原则，组织指挥部所有现场管理人员及施工队负责人，深入分析此次事故的深层次原因，重点是认识思想上的原因，从源头抓起，从根本上整改。严格检查整改效果，坚决杜绝营业线施工过程中安全管理方面存在的漏洞。重点从人员培训、安全措施落实情况、现场作业控制等三个方面深入进行剖析，针对查出的问题，制定切实可行的措施，逐条落实整改。具体做法为：

(1)将辖区内施工车辆需通过的、靠近既有线的接触网电杆采用明显的安全防护警示标志。

(2)将所有靠近施工区位置的既有设备安设警示标志。

(3)用警戒线将既有线和施工区域隔离。

(4)将成型的路基封闭，防止车辆随意进入施工现场。

(5)进入施工现场的车辆采用单车单放专人防护。

(6)所有进入既有线施工场地的机械必须对作业人员进行既有线安全规章制度、安全知识培训并考试，合格后方可上岗。

(7)所有既有线施工必须提前 3 天通知监理及相关设备管理单位进行配合施工。

109

青藏线 T165 次旅客列车碰撞落石一般 C 类事故

一、事故概况

2008 年 7 月 30 日 1 时 06 分，西宁机务段 DF_{4D}3293、3221 号机车牵引 T165 次旅客列车运行至青藏线洛北—察汗诺站间 K345＋260 处与线路左侧山体落入道心的一直径约 30 cm 的石头相撞后，列车停于 K345＋545 处。本务机车 DF_{4D} 3293 号小排障器撞坏。列车 1 时 49 分开车，区间停车 43 分。构成铁路交通一般 C 类事故。

二、原因分析

青藏线 K345＋260 地段左侧山体的浆砌护坡于 1993 年施工完成，1993 年至今从未发生过塌方和落石现象。今年 7 月份由于该地段连续降雨，且降雨量达到近年来最大值，山体为节理发育不良的假整合风化体。特别是 7 月 30 日夜间降中到大雨，造成风化岩体受水冲刷，形成土石剥离，破碎岩石发生变化，导致石块松动，自然落石。

三、事故责任

列西宁工务段非责任事故。

四、采取措施

1. 工务部门加强线路设备的巡查，严格执行“雨前、雨中、雨后”的巡查制度，对重点防洪地段安排专人巡查，对危险地段实行 24 小时的监控严防死守，发现险情采取果断措施，严格执行“先防护、后处理”的原则，确保行车安全。

2. 工务部门安排计划，将关角、察汗诺区段防洪重点地段加装防护网进行补强，确保汛期的防洪安全。

3. 对检查出的山体（危、活、孤石）危险地段重点进行刷山处理，对发现的孤、活石采用清理就地捆扎、锚杆固定、空化网敷设等防护措施，消灭不安全因素。

110

青藏线 T165 次旅客列车碰撞施工汽车一般 C 类事故

一、事故概况

2008 年 8 月 15 日 2 时 13 分，西宁机务段 DF_{4D}3222、3230 机车牵引 T165 次旅客列车（编组 16 辆，总重 991 t，换长 38.4）运行至青藏线尕巴—乌兰间 K383＋800 处，与一辆侵入限界的汽车尾部相撞，机车右侧排障器轻微损伤。经处理后 T165 次旅客列车限速 5 km/h 通过该处，3 时 06 分开车，区间停车 53 分。构成铁路交通一般 C 类事故。

二、原因分析

1. 中铁十一局三公司项目部在西格增建二线施工中，租赁的一辆装满道砟的奥龙牌自卸卡车在倒车时，卸车指挥人业务素质低，在指挥汽车倒车时，未考虑照明不好和路基松软的因素，安全意识不强，在临近既有线卸砟，没有确定卸砟车辆调头的安全距离，倒车时滑下建设线，造成汽车尾部侵入既有线限界，与运行至该处的 T165 次旅客列车相撞。

2. 中铁十一局现场防护人员携带备品不全，发现卸砟汽车侵限后，应急防护措施不到位，未及时与车站联系立即采取安全防护和拦停列车措施。

3. 中铁十一局三公司项目部违反有关规定，未在 72 小时前向设备管理单位提出施工计划、施工地点及影响范围，于当日18时临时决定进行施工作业，擅自施工。施工现场仅设两名防护人员和卸车指挥人员，无施工负责人，两端站也未设防护人员。

4. 西格二线指挥部对该公司提报的月度施工计划中，仅有施工项目无施工具体时间，对施工计划审批把关不严。

5. 西格二线指挥部疏于施工安全管理和日常检查，对关键时间、关键地点施工现场检查力度不够。

三、事故责任

中铁十一局三公司项目部负事故全部责任；青藏铁路公司西格二线指挥部负事故同等责任。

四、采取措施

1. 8月15日已下发《施工停工通知书》暂时停止青藏线K383＋650～K384＋150处的施工，中铁十一局三公司项目部组织一次大规模既有线安全检查，排查安全隐患。

2. 8月18日青藏铁路公司由安监室、工务部、建管部组成检查组进驻西格二线指挥部及各施工单位对现有的施工管理制度、安全管理进行全面检查。

3. 严格执行铁道部铁办〔2007〕186号《铁路营业线施工及安全管理办法》和公司青藏铁运〔2007〕390号《青藏铁路公司营业线施工及安全管理办法实施细则》，加强对施工天窗的安全管理。

4. 西格二线指挥部应进一步强化对管辖各施工单位的安全员和防护员现场安全防护的培训和教育。

5. 西格二线指挥部立即制定出施工整顿方案和计划，在施工单位开展施工安全大整顿。

6. 根据施工进度情况，设备管理单位及时配齐安全监督人员，进一步加强现场的施工安全监督。

111

九江大桥 41252 次货物列车碰撞路料一般 C 类事故

一、事故概况

2008 年 9 月 2 日 13 时 12 分，向塘机务段 $DF_4$3321 号机车牵引 41252 次货物列车（编组 27 辆，总重 619 t，换长 29.8）由九江西站二场 6 道始发，13 时 31 分运行至九江站停车 29 分，14 时 00 分开出，15 时 36 分通过香隅站，15 时 49 分列车通过建新站时，外勤值班员向司机呼叫机后 22 位车辆有故障，15 时 53 分列车拦停在建新至东至区间 K140＋074 处。司机检查发现机后 22 位 G 6280812三位（前台车）制动梁支柱单边折断（新痕），经司机用铁丝捆绑处理后，列车于 17 时 10 分开出，17 时 44 到达东至站 3 道。构成铁路交通一般 C 类事故。

二、原因分析

1. 桥梁护轨拆除摆放道心没有严格执行规章。九江桥工段将桥上直护轨倒放在道心，没有进行捆扎固定。违反了《铁路工务安全规则》第 2.6.7 条“钢轨组放在道心里，两端用卡子卡在轨枕上或穿入木枕钉固，如钢轨组较长，中间适当穿入木枕钉固”的规定以及九江桥工段制定的《大机养施工组织设计》中“在大机前一天，拆除有砟桥护轮轨，摆放在道心并捆绑牢固”的规定，是导致事故发生的原因之一。

2. 桥梁护轨摆放在道心前没有将轨枕面上的异物清除。护轨拆除地段道心内的轨枕面上随处可见散乱扣件和石砟，列车运行过程中轮轨之间产生震动，尤其在桥面的两墩台之间，轨面的不平顺、车轮的擦伤不圆顺、T 形梁体在列车运行过程中挠度微小变化相互作用产生的抖动，对于摆放的护轨没有捆扎固定，相互作用下也会产生抖动，造成轨枕与摆放的护轨间产生空隙，散乱在道心轨枕面的石砟和扣件在同一作用下抖动滑移至倒放的护轨与轨枕间，这些石砟、扣件滑落进去就成了摆放的护轨支点，致使护轨端部抬起撞击到运行中的车辆交叉杆，是导致事故的直接原因。

三、事故责任

九江桥工段负事故全部责任。

四、对有关人员的处理

1.给予九江桥工段段长行政警告处分。

2.给予九江桥工段党委书记行政警告处分。

3.给予九江桥工段分管线路的副段长行政记过处分。

4.给予路局工务处处长通报批评。

5.对九江桥工段其他相关责任人员的处理，由九江桥工段提出处理决定报铁路局。

五、采取措施

1. 强化安全责任意识，努力提升各级干部的执行力和履职能力。有关安全生产措施，各级领导干部、业务部门负责人必须亲自研究，亲自部署，带头落实。要扑下身子，深入一线，实施过程管理，做到全面监管监控。

2. 强化施工组织管理。坚决落实源头控制措施，加强施工组织设计的编制、交底、实施等各个环节的技术把关工作。各项施工必须严格按照已审定的施工组织设计作业流程、程序、标准、组织、安全措施、施工防护、应急抢修等规定执行。

3. 强化关键作业控制。针对本次事故教训，采取双向控制措施。一是设备管理单位必须将摆放在道心的护轨按照《铁路工务安全规则》要求进行加固，并作为线路开通恢复行车的必备条件。二是施工单位在大机作业前必须对道心护轨摆放、加固情况进行确认，凡发现未按规定摆放、加固的一律禁止作业。

4. 强化施工过程控制。路局安全监察部门和专业管理部门，以及站段各职能部门的专业技术人员，应将施工过程控制纳入施工安全管理重点监督范围，对施工组织设计、施工安全协议、调度命令、防护设施、防护作业标准、施工质量、路料清理、放行列车条件应逐项对规检查，及时消除施工过程中的各类安全隐患，确保施工安全。

112

铜九线 57056 次列车刮碰道砟一般 C 类事故

一、事故概况

2008 年 9 月 3 日 13 时 51 分，向塘机务段 DF_{4B}1667 号机车牵引 57056 次路用列车（编组 2 辆，总重 105 t，换长 4.4）运行至铜九线刘家湾—湖口站间 K233＋370 处时，由于机车排障器排障板刮到道砟，列车于 13 时 52 分停于 K232＋805 处，机车前进方向左侧排障器排障板变形。停车后，经机班与添乘人员处理，于 15 时 28 分恢复行车，列车在区间停车 1 小时 36 分。构成铁路交通一般 C 类事故。

二、原因分析

9 月 3 日 7 时 10 分～9 时 40 分，铜九线湖口站至刘家湾站Ⅰ道 K233＋500～K237＋000 大机综合维修封锁施工，路用列车同时进入封锁区间卸砟，由于卸砟人员操作不当，个别处所卸下的道砟堆高侵限，又未安排人员清道，导致列车刮上道砟。

三、事故责任

九江桥工段负事故全部责任。

四、对有关人员的处理

1. 给予九江桥工段段长行政警告处分。

2. 给予九江桥工段党委书记行政警告处分。

3. 给予九江桥工段分管线路的副段长行政记过处分。

4. 给予路局工务处处长通报批评。

5. 对九江桥工段其他相关责任人员的处理，由九江桥工段提出处理决定报铁路局。

五、采取措施

1. 在思想上牢固树立“安全第一”的思想，各项施工必须严格按照已审定的施工组织设计作业流程、程序、标准、组织、安全措施等规定执行。

2. 卸下的道砟要及时清理，不得侵限。

3. 继续深入开展施工安全专项整治，严格施工作业标准。深刻吸取"9.1"事故教训，组织专业管理干部深入现场重点整治施工作业的严重违章行为，加强施工作业标准的检查和考核，规范施工安全管理。

113

京广线 39937 次货物列车装载的石砟泄漏一般 C 类事故

一、事故概况

2008 年 9 月 6 日，长葛站在径山采石场专用线装石砟车 40 辆，郑州桥工段径山采石场 17 点 50 分开始装车，23 时 20 分装车完毕，23 时 40 分在径山采石场挂车 41 辆（包括 1 辆宿营车）由径山开车，9 月 7 日 1 时 15 分接入长葛站内 3 道。长葛站开 39937 次货物列车（编组 41 辆，总重 3 365 t，换长 46.2）于 9 月 7 日 1 时 45 分开出，39937 次列车运行至郑州局京广线长葛—苏桥区间 K743＋900 处，机后第 2 位 K_{13K}5502435 中底门锁闭不良，装载的石砟泄漏。1 时 50 分，在 K746＋200 处泄漏的零星石砟击打上行线通过的 K186 次旅客列车，造成车窗外层玻璃破损 25 块。构成铁路交通一般 C 类事故。

二、原因分析

造成 39937 次风动卸砟列车装载石砟发生泄漏的直接原因是该车辆风动系统内剩有余风，致使双向作用风缸动作，车辆中底门锁闭不良造成石砟泄漏。

三、事故责任

风动卸砟列车的管理单位郑州桥工段负事故全部责任。

四、采取措施

1. 工务部门加强对风动卸砟车的安全管理，严格执行路局《风动卸砟车管理办法》的规定，特别是对风动卸砟车机械和空气启门装置管理提出整治方案。

2. 车辆部门严格对解除自备车的技术检查，加强结合部的沟通，积极配合风动卸砟车的专项整治。

3. 车务部门加强对专用车辆上线运行前的把关，及时发现车辆运用中出现的问题。

4. 公安部门加强治安综合治理工作，及时清理闲杂人员，防止治安问题的发生。

114

沪昆线 87825 次货物列车脱轨一般 C 类事故

一、事故概况

2008 年 9 月 17 日 15 时 45 分，贵阳机务段 SS_{3B} 5003 号机车牵引怀化—贵南区段 87825 次货物列车（编组 41 辆，总重 936 t，换长 49.4）运行至成都局沪昆下行线玉屏至羊坪站间 K1 665＋450.5 处（当时列车速度 72 km/h），机后 33 位 C_{64K} 4876700 前台车 1 位轮对发生脱轨，此时在上行线 K1 665＋900 处作业的玉屏正线工区工长发现下行线险情后，立即用对讲机呼叫司机停车，同时呼叫玉屏车站，与此同时在上行线的 10798 次货物列车司机也呼叫 87825 次停车，87825 次司机听到呼叫后，立即采取紧急措施，列车在脱轨后运行 1 520.3 m 后停于沪昆下行线 K1 666＋980 处。经使用复轨器对脱线车辆进行起复（17 时 32 分起复），17 时 41 分开通线路。中断行车 1 小时 56 分。构成铁路交通一般 C 类事故。

二、原因分析

1. 凯里工务段在大机作业前对线路调查不充分，未发现该段线路道床道砟不充足，未采取提前补充道砟，仍然进行大机捣固作业，致使9月12日经大机捣固后缺砟；大机作业后，未及时安排足够的人员进行线路道床恢复工作，特别是道床肩砟不足且无堆高，道心道砟不饱满，致使线路道床横向阻力减小，在轨温升高后，钢轨应力增大，加之位于曲线地段，导致轨道方向不良。

2. 事故发生后检查脱轨点后方线路存在几何尺寸超限。该事故主要原因是由于沪昆下行线K1 665＋230～K1 665＋430线路几何尺寸存在超限，加之K1 665＋432～K1 665＋460线路方向不良，当87825次货物列车通过该段线路时，由于车轮的冲击对轨道产生震动，加之缺砟，轨温升高，致使K1 665＋432～K1 665＋460线路发生胀轨跑道，导致机后第33位车辆前端台车第一轮对脱轨。

三、事故责任

凯里工务段负事故全部责任。

四、采取措施

1. 深刻反思，吸取教训。各单位要以该事故为教训，深刻反思，举一反三，结合安全大反思、大检查活动，对安全生产、设备管理中存在的问题要全面排查并积极整改。

2. 加强线路设备养护维修。认真落实全路运输安全工作会议精神，全面强化线路设备日常检修工作，切实解决线路维修整治不到位的问题。一是要加强车间、工区对设备的检查，及时发现设备存在的问题，并采取有效的整治措施；二是要加强段职能部门的监督检查作用，对检查发现的几何尺寸超限、线路设备失效等问题，要一追到底，查清责任，并严格考核；三是要提高日常养护维修质量，加强现场作业控制，严格落实作业标准，不断提高作业质量，车间、段要加强维修和保养质量的检查验收工作，对维修质量差和保养质量不合格要严格考核；四是要提高标准，要牢固树立行车设备“零误差、零故障、零缺陷”的“三零”理念，扎实抓好行车设备日常维护，大力提高质量水平。做好对线路、道岔、桥梁、隧道等设备的检查、整修，及时消除隐患，对重点病害设备要采取有效措施，对病害的整治树立“解决问题是关键”的观念，按照治病治根的原则，认真进行分析、研究，抓住根源整治，避免重复整治。

3. 狠抓干部作风转变。工务系统要进一步强化干部安全管理责任，认真落实逐级负责制。重点解决干部作风漂浮和好人主义问题，提高干部的责任心和使命感，发扬敢抓敢管，敢于逗硬的工作作风，克服好人主义，提高干部下基层发现问题和解决问题的能力。

4. 加强专业管理和技术管理。各工务段要从专业、技术管理入手，要花大力气，下苦功夫，加强制度建设、加强精细化管理，提高质量意识，提升安全管理水平，把各项制度、措施落到实处。对基础数据的相关技术资料进行全面核对，发现问题立即纠正，切实加强技术管理，消除安全隐患。

5. 机务段要加强对机车乘务员进行安全意识的教育，广泛宣传、确保各项安全措施的落实。机车乘务员在运行中要加强瞭望，认真执行车机联控制度，发现异常情况果断采取措施。

115

皖赣线 25033 次货物列车碰撞路料一般 C 类事故

一、事故概况

2008 年 9 月 27 日 18 时 48 分，向塘机务段机车在皖赣线绩溪—景德镇间牵引 25033 次货物列车（编组 4 辆，总重 3 532 t，换长 60.2）由绩溪开出，Ⅱ室操纵，运行至浮梁站出站 K396＋460 处（2 号道岔辙叉跟端），副司机发现前方 200 m 处线路右侧轨面上有异物，随即呼叫司机停车。司机立即采取紧急制动措施停车，列车于 18 时 49 分 38 秒停于 K397＋033 处。司机下车检查，发现障碍物为一块连接夹板，经检查确认机车走行部无碍行车，并按规定汇报后，于 19 时 01 分开车，运行至景德镇站后进库。机车Ⅱ室左后侧扫石器胶管破损；浮梁车站 2 号道岔第一连杆弯曲变形，岔枕损伤 4 根。构成铁路交通一般 C 类事故。

二、原因分析

经路局安监部门确认，该起事故属人为置障案件，公安部门已立案侦查。

三、事故责任

列南昌工务段非责任事故。

四、采取措施

1. 加强铁路治安防患力度，最大限度减少铁路线路上的破坏行为。

2. 加强对铁路施工等路料的回收和日常管理工作，防止被人利用从事破坏活动。

116

兰新线 11098 次货物列车碰撞道口护桩一般 C 类事故

一、事故概况

2008 年 10 月 6 日 21 时 45 分，乌鲁木齐机务段 DF_4 3497 号机车牵引 11098 次货物列车（编组 49 辆，总重 3 954 t，换长 61.1）由军户站开出，列车运行至乌鲁木齐局兰新线军户—昌吉间 K1 928＋896 处（无人看守道口附近），撞上两根侵入限界的长约 2 m 的钢轨（道口护桩），列车于 22 时 01 分区间停车。经司机检查机车、线路正常后，于 23 时 04 分区间开车。列车在区间停车 1 小时 03 分。构成铁路交通一般 C 类事故。

二、原因分析

1. 施工单位安全意识和法制意识薄弱，现场控制不到位。中铁一局铺架项目部施工作业人员在施工作业前未通知设备管理单位奎屯工务段进行现场监控。中铁一局铺架项目部安排的施工项目负责人（技术员）3 日下午从奎屯乘车到昌吉，直到 4 日中午仍未见该工程承包人与其联系，自行搭乘出租车赶到施工工地，并于 12 时左右（施工队将道口标桩设施损坏之后）前往军户站找到奎屯工务段监护人员签订“施工配合通知单”。中铁一局铺架项目部的个体承包人在该施工项目负责人没有到达施工现场的情况下，擅自带领人员进行推便道作业，并违法拆除道口标志和护桩设施，并弃之在线路附近，导致 11098 次运行到该地段前被人为搬上线路，侵入铁路限界，被 11098 次列车碰撞，是导致此次事故的主要原因（铁路局公安局正在进一步调查中）。

2. 中铁一局乌精二线 S3 标项目部管理松弛，基础薄弱。S3 标项目部对作业队所雇用施工劳务队缺乏严格的管理和控制，对施工作业过程缺乏严格的盯控；对项目部下属作业队存在严重的“干惯了、看惯了、习惯了”的错误倾向，对重工作进度、任务的安排与完成，轻施工过程中安全关键环节的控制的做法，听之任之，缺乏有效的控制手段，负有不可推卸的管理责任。

3. 乌精二线建设指挥部对安全关键部位、关键点管理失控。一是对施工路料清理和道口管理工作既是既有线施工安全管理的重点，也是反恐维稳的重点，路局一再强调其重要性，但乌精二线指挥部认识不充分，重视不够，客观强调乌精二线施工难度大、工期紧、施工队伍素质参差不齐不易管理等因素，未能硬起手腕强化现场控制；二是建设指挥部在深化安全生产的逐级负责制、领导干部现场包保责任制上落实不到位，考核不严格。对施工现场存在的问题麻痹松懈，缺乏切实可行的防范措施和有效的管理手段，导致频繁发生施工安全问题，负有管理失控的责任。

4. 施工监控不到位。设备管理单位对设备的日常巡视存在漏洞，对施工单位的安全监控不够积极主动，未及时发现的施工单位违章施工。自10月4日～10月5日奎屯工务段呼图壁车间昌吉线路巡养工区巡道工（本职工作7个月）担当该区段（每日9时～13时）巡道作业，均未发现该处道口标志和护桩设施被损坏的情况，直到6日巡道工在巡道作业时发现该处道口标志和标桩被推倒在路基上，但仍未引起高度重视，未及时向工区及车间报告（经查自9月28日～10月7日军户巡养班组的"巡道、巡守工交接班记录本"无任何记录）。负有道口设备巡查和监管不力的责任。

三、事故责任

中铁一局乌精二线S3标指挥部负事故主要责任；奎屯工务段负事故次要责任；同时给予主要责任单位中铁一局乌精二线S3标指挥部考核施工安全违约金100 000元。

四、事故处理

1. 依据铁道部《铁路建设工程施工企业信用评价暂行办法》（铁建设〔2008〕160号）文件规定，在施工企业信用评价总分中扣除中铁一局3分。

2. 依据《乌鲁木齐铁路局安全管理责任追究办法》（乌铁人〔2008〕241号）文件等有关规定，经路局研究决定，对有关人员做出如下处理：

（1）给予乌精二线指挥部指挥长、党委书记行政警告处分。

（2）给予乌精二线指挥部主管安全、质量副指挥长、包保干部副指挥长兼总工行政记过处分。

（3）给予乌精二线指挥部施工技术副部长、安质部长、安质部监控组负责人、施工技术部包保干部各经济处罚500元。

（4）给予铁路局建设管理处处长通报批评。

3. 奎屯工务段要严格按照《乌鲁木齐铁路局安全管理责任追

究办法》(乌铁人〔2008〕241 号)文件等有关规定，对有关责任人进行处理。

五、采取措施

1. 各建设指挥部要认真对照《乌鲁木齐铁路局铁路营业线施工及安全管理实施细则》(乌铁总〔2007〕482 号)、《关于印发〈乌精二线施工管理和安全管理办法〉的通知》(乌铁办〔2008〕317 号)和《关于印发〈乌鲁木齐铁路局既有线施工安全重点环节考核办法〉的通知》(乌铁安〔2008〕334 号)等有关规定，严格落实工程建设、设计、监理、施工、设备管理等单位的责任，严把施工方案审查、施工计划审批、施工协调、施工准备、施工登记和调度命令下达、施工过程监控、施工销记开通、施工总结、施工过渡期设备监控九个关键环节，要切实把安全管理工作放在突出位置，强化关键部位、关键点的控制。要深刻吸取事故教训，充分发挥安全生产责任体系的作用，落实安全包保责任制，明确各层次管理人员的安全责任，加强对现场的控制，将安全关键部位、关键点的盯控落实到实处，确保营业线施工安全。

2. 要切实加强既有线施工安全管理。各建设指挥部要抓好六项施工安全专项整治活动，尤其要把既有线施工安全作为重中之重，认真落实路局“三个禁令”，对关键点、关键部位和关键环节要制定安全卡死措施，安排专人，逐条逐项抓好落实，要按照反复抓、抓反复的要求，严防问题反弹。

3. 加强对施工、监理单位的管理。施工单位要切实担负起安全生产的主体责任，健全安全保证体系，明确各级管理人员的安全责任，认真落实各项安全管理制度，确保安全生产万无一失。监理单位要切实履行好现场安全监督责任，强化现场各项安全卡控措施的检查落实，及时消除施工安全隐患，防患于未然。

4. 既有线施工要切实做好路材路料的清理回收，保证工完料净场地清，狠抓施工用料摆放、防止侵限和看守等工作；加强施工临时道口管理；做好平改立施工现场的安全防护，按标准要求设置安全防护网，平改立工程完成后，要及时拆除施工临时道口。

5. 切实加强施工队伍内部的维稳工作。各工程项目管理机构要看好自己的门，管好自己的人，要深入开展矛盾纠纷排查化解工作，妥善处理和化解不稳定因素。重点加强劳务人员的管理，摸清劳务人员的底数，严防危险分子蒙混进入施工队伍，严禁使用身份不明的劳务工。

6. 各工程项目管理机构及施工、监理单位必须要严格执行干部值班制度，值班领导必须果断处理突发事件，及时解决现场的各类问题，做好信息的沟通管理工作。

7. 各设备管理单位要对沿线路料进行全面检查和清理，区间不得放置零散轨料，无缝线路地段不得放置短轨；单根抽换的钢轨、轨枕一周内必须收回，更换下道的夹板、扣件、防爬器、轨距杆等必须及时回收，不能及时收回的路料要派人看守；除长钢轨外，复线段两线间、站内正线与正线、站内正线与到发线间不得摆放钢轨、轨枕等路料（包括临时用料）或机械。

8. 各有关单位对邻近既有线的新线施工要纳入既有线施工安全管理范围，加强监督检查和重点盯控。设备管理单位要认真落实施工安全监督员和巡守人员职责，加强日常巡视和对施工安全和工程质量的监督检查，落实既有线设备监管监护的责任。

9. 各地区安监室要加大对施工安全、调度命令、施工路料、施工机械管理的监督检查力度，及时发现问题，堵塞漏洞，杜绝类似事故的发生。

117

京包线 42021 次超限列车铺轨机齿轮变速箱脱落一般 C 类事故

一、事故概况

2008 年 10 月 10 日 17 时 24 分，北京铁路局丰台机务段

8K 54 号机车牵引 42021 次超限货物列车（编组 40 辆，总重 2019 t，换长 51.8）由京包线聚乐堡站通过，17 时 50 分司机向周士庄站汇报："因铺轨机齿轮变速箱脱落，随车押运人员使用本车自动制动阀停车，列车于 17 时 32 分停于 K348＋156 处。"17 时 53 分聚乐堡站组织工务、电务、供电、公安进行检查处理，20 时 10 分处理完毕。42021 次列车于 20 时 20 分区间开车（限速 15 km/h 运行），21 时 25 分周士庄站 1 道停车。构成铁路交通一般 C 类事故。

二、原因分析

由于机后 37 位中铁十五局集团第六工程有限公司铺架一分公司 DPK32 铺轨机 2 号车运行方向第一轴齿轮变速箱悬挂装置插销（横向）未装开口销，插销螺母在列车运行中松动脱落丢失，插销（螺栓）窜出，虽然使用了 13 mm 钢丝绳对齿轮变速箱捆绑防护，但由于钢丝绳只使用一个卡子紧固，并且紧固不牢，插销（螺栓）丢失后，钢丝绳未起到安全防护作用，从卡子处抽脱，将钢丝绳磨断，导致齿轮箱一端脱落。

三、事故责任

中铁十五局负事故主要责任；南车集团襄樊机车有限公司负同等责任；北京铁路局丰台车辆段负事故次要责任。

四、事故处理

事故各责任单位要进一步分析事故原因及自身存在问题，并制定整改措施，并对有关人员按规定进行处理。

118

东莱线 83876 次货物列车碰撞侵限钢轨一般 C 类事故

一、事故概况

2008 年 10 月 14 日，莱芜东站 16 道开 83876 次货物列车，10

时 05 分运行至东莱线 K51＋023 处，司机突然发现线路旁吊车吊装的钢轨侵限，采取紧急制动，运行至莱芜东站 51 号～43 号道岔间（东莱线K50＋994 处），与吊车吊运的侵限钢轨碰撞后，列车停于K50＋988 处。造成机车运行方向左侧前部呈 20 cm×10 cm 三角口子。构成铁路交通一般 C 类事故。

二、原因分析

1. 现场失控，作业混乱。施工单位济铁天龙工程公司对施工现场管理混乱，没有人员进行现场盯控，租用济南鲁江实业有限公司的大型汽车吊，在无吊装施工计划、没有办理登记要点手续的情况下，违反济铁总发〔2008〕116 号和济铁安电〔2008〕223 号电报第 2、3、5 条之规定吊运钢轨，是造成该事故的直接原因。

2. 责任不落实，管理不到位。济铁天龙工程公司没有履行施工责任主体单位责任，施工组织不得力，管理不到位，没有针对此项可能危及到行车安全的施工作业开展预想，制定防范措施，是造成该事故的重要原因。

3. 设备管理单位济南工务段没有牢固树立业主意识，安全预想、现场监控不到位，特别是对大型机械设备施工没有执行设好安全防护、实行一人一机进行看守的规定，未能有效履行施工现场的监控职责。

4. 施工监理单位济铁监理公司现场监理不到位，对违反规定无计划施工的行为没有及时发现和制止，未能有效履行施工现场的监理职责。

三、事故责任

济铁天龙工程公司负事故主要责任；济南工务段负事故同等主要责任；济铁监理公司负事故次要责任。

四、采取措施

1. 对该项工程立即停工进行全面整顿，认真排查施工安全隐患，制定防范措施，全部整改到位。

2. 充分认识施工安全管理重要性和严峻形势，进一步增强责任感和紧迫感。认真反思存在的施工组织不到位、措施制度不落实的问题，剖析深层次原因，切实汲取教训，举一反三，从管理上查找漏洞，从落实上找差距。必须严格执行各项制度规定，确保万无一失。

3. 加大营业线施工安全监控检查力度，开展营业线施工安全专项检查。规范协议安全签订，强化监控分工组织，细化措施内容，做到一事一案，全过程、全时段落实各项防控措施。加强干部施工监控责任，每天要对施工现场进行一次全面检查。严格落实路局 116 号文件规定，对可能影响安全的一切行为要预想到位，发生问题应采取果断措施。

4. 设备管理单位要切实增强业主意识、问题意识，完善施工监控措施，明确监控责任，做好监控记录，对利用天窗点外、列车间隔时间的作业，必须监控到岗到位，检查核实到位，确保安全的关键控制。

5. 各系统各单位要举一反三，吸取教训，进一步完善施工安全管理有关规定，把住门、管好事、看好家，加强对施工安全关键的监督检查，杜绝各类违法施工，确保施工安全。

119

沪昆线接触网断线一般 C 类事故

一、事故概况

2008 年 10 月 19 日 9 时 06 分，沪昆线曲靖变电所 241、251 馈线跳闸，曲靖—马龙区间上下行接触网停电，9 时 11 分曲靖—马龙区间上行线恢复供电，10 时 18 分供电抢修人员乘汽车到达事故现场。经检查确认，曲靖—马龙区间 K2 494＋300 处上行线 450 号～452 号杆、下行线 451 号～453 号杆间接触网承力索断线。10 列旅客列车、13 列货物列车晚点，两列旅客列车停运。接触网承力索烧断两根，接触线烧损两处，钢轨重伤 1 处。经抢修于

11 时 50 分恢复供电开通区间。中断上下行线路行车 2 小时 44 分。构成铁路交通一般 C 类事故。

二、原因分析

中铁十三局第五工程有限公司在无施工计划的情况下，擅自在跨越铁路上方的架梁机龙骨上作业，在焊接过程中，电焊机电缆短路，熔断钢丝绳（直径 10 mm），熔断的钢丝绳掉在下方接触网上引起接地短路。

三、事故责任

中铁十三局第五工程有限公司负事故主要责任，承担事故经济损失的 60%。追究昆明铁路局昆明供电段设备监管不力的主要责任。

四、采取措施

1. 中铁十三局第五工程有限公司项目部立即停工整顿，针对施工安全隐患及问题，制定具体整改计划，限期整改，经昆明铁路局总工室进行安全整改情况检查合格后，方准继续施工。

2. 昆明铁路局总工室组织中铁十三局第五工程有限公司所有施工管理及作业人员，对部、局营业线施工安全管理规定、《铁路运输安全保护条例》、《施工安全协议》等进行专项培训。

3. 施工配合单位昆明铁路局昆明供电段、曲靖车务段、曲靖工务段要认真对中铁十三局第五工程有限公司的施工现场进行安全监控，对违法违规的作业必须立即制止，确保行车安全。

120

京广线 D132 次列车碰撞养路工具一般 C 类事故

一、事故概况

2008 年 10 月 29 日 21 时 29 分，D132 次动车组列车（CRH_5 38 号、36 号，郑州车辆段；编组 16 辆，总重 1020 t，换长 38.5）运行

至京广线新乐站 4 号道岔（京广线上行 K227＋950）时，撞上养路工具后停车。经随车机械师检查后于 22 时 00 分开车。影响本列及动车组 1 列。构成铁路交通一般 C 类事故。

二、原因分析

石家庄工务段新乐工区没有进行施工登记，没有设置驻站员，违章利用速度 160 km/h 及其以上的动车组与前一趟列车之间的间隔时间进行更换辙叉施工前的准备工作，动车组接近前，仓促下道将工具遗留在轨道上，是造成事故的直接原因。

三、事故责任

石家庄工务段负事故全部责任。

四、采取措施

1. 石家庄工务段要对事故原因、责任和教训做进一步分析，按照“四不放过”的原则，依据规定对相关责任者给予严肃处理，认真落实施工管理各项安全措施，在确保行车绝对安全的前提下，高质量地完成四大干线设备整治工作。

2. 立即将事故原因、教训情况通报全局，要求全局各单位认真吸取事故教训，强化安全管理，消除安全隐患，迅速扭转安全被动局面。

3. 路局业务处及站段要落实管理职责，加强施工管理和盯控，加强对站段施工安全管理的检查指导，路局有关业务处室和铁路办事处安监室要进行重点盯控，并利用多种形式检查站段盯控干部到岗到位情况，及时发现和纠正施工管理中存在的问题。

4. 全局上下进一步强化动车组无小事的理念，全面落实速度 160 km/h及其以上区段安全措施，确保列车运行和人身绝对安全。

121

鹰厦线违章作业一般 C 类事故

一、事故概况

2008 年 10 月 31 日，南平工务段邵武线路车间机工队 15 人，在鹰厦线 K195＋000～K198＋000 处违章在施工天窗点外使用机动螺栓扳手进行拆除轨底水平胶垫作业。构成铁路交通一般 C 类事故。

二、原因分析

1. 对违章作业的危害性认知不到位，作业中存在多项违章行为。违章之一：天窗点外使用机动螺栓扳手进行作业。违章之二：违反机具摆放规定，将机动螺栓扳手摆放在道床边坡上避车。违章之三：未按规定拧紧扣件放行列车。

2. 安全检查把关不到位。管理人员安全监督检查分工不合理，将检查监督的重点放在大机作业质量上，忽视了对施工前准备工作（即拆除水平胶垫）的安全检查监督，致使机工队在拆除水平胶垫作业中的违章行为不能及时发现和制止。

3. 安全预想不到位。机工队在安排工作时也未按规定开展安全预想，查机工队 10 月 27～31 日的点名分工日计划，连续 5 天均无安全预想和安全要求的内容。

4. 对《铁路交通事故调查处理规则》宣讲和组织学习不够，现场职工在理解上出现偏差。

三、事故责任

南平工务段负事故全部责任。

四、采取措施

1. 加大对《铁路交通事故调查处理规则》培训和教育，增强职工的法规意识。南平工务段应再次组织对《铁路交通事故调查处理规则》的专题培训和教育，要组织段机关、车间、班组开展三级教育活动，对《铁路交通事故调查处理规则》进行逐条逐项的学习，正确领会理解《铁路交通事故调查处理规则》的条文，全面提升各级管理人员和职工贯彻《铁路交通事故调查处理规则》的责任感和紧迫感，增强全体干部职工对《铁路交通事故调查处理规则》的执行力。

2. 精心组织，合理安排。工务段、车间要根据大机维修施工的进度，详细调查现场的工作量，合理安排时间、劳力、机具，确保施工在执行规章的前提下有序推进。

3. 加大检查力度、严格考核标准。要进一步强化营业线施工安全管理，严格天窗点内作业项目的卡控。要明确工务段指派的施工把关人员、车间管理人员施工现场检查监督的内容、项目和时间，建立连带考核责任制，做到各个环节，均有人检查和监督。坚决杜绝以任何形式的天窗点内作业 项目安排在点外进行的现象发生。确保施工前准备工作不过头，施工后开通线路达到放行列车条件。

4. 努力转变干部作风，加强安全责任制的检查考核。各级管理干部要提高认识，增强安全责任意识和使命感，努力提升执行力和履职能力。要坚持关口前移，抓小防大，抓关键，关键突出。同时，要加强安全责任制的检查考核，确保各级干部安全责任落实到位。

122

沪昆线 K79 次旅客列车碰撞施工机具一般 C 类事故

一、事故概况

2008 年 11 月 14 日，昆明工务机械段按照 1480222 号施工计划在昆明局沪昆线 2387 线路所—龙津沟站区间 K2 387＋300～K2 387＋690 地段进行无缝线路铺设施工准备工作，劳务工在带班人员未到施工现场的情况下，擅自从看守人员处领取 NJB-600-1/A 型轨枕螺栓电动扳手 1 台，上道推往作业地点过程中，在 K2 387＋480 处撤离限界不足，被 K79 次旅客列车以 91 km/h 的速度与其碰撞。造成机车右侧脚镫、前端第一轮砂管、轮缘喷油器等部件严重变形。列车 4 时 50 分停，5 时 25 分开，区间停车 35 分。构成铁路交通一般 C 类事故。

二、原因分析

1. 现场施工管理失控，劳务工违章上道。昆明工务机械段劳务工在带班人员未到达施工现场的情况下，擅自将轨枕螺栓电动扳手抬上线路，在推往作业地点 K2 387+690 的过程中，在列车接近前，未及时将轨枕螺栓电动扳手撤离限界外，在 K2 387+480 处与 K79 次机车排障器发生相撞。现场施工料具管理制度形同虚设，随意发放施工机具。施工现场负责机具管理人员，在未得到带班人员的同意，未确认带班人员到达现场，将轨枕螺栓电动扳手发放给提前到达现场的劳务工，致使轨枕螺栓电动扳手在无职工防护和监管的情况下，上道推行。是造成事故的主要原因。

2. 设备管理单位曲靖工务段存在施工监管职责不明确、不到位。一是没有按规定对施工安全进行全过程监控，配合人员按计划晚 13 分到达现场；二是在日常配合中，只注重作业质量的检查，轻行车和作业安全卡控的监管。是造成事故的重要原因。

三、事故责任

昆明工务机械段负事故主要责任；追究曲靖工务段事故同等责任。

四、采取措施

1. 路局将本次事故在全局范围内通报，要求各单位、部门以本次事故为教训，立即开展为期 45 天施工安全专项整顿，由工务处牵头，完善施工现场组织管理制度。由工务处、施工办、安监室成立指导小组，对昆明工务机械段进行重点整顿和指导。各业务处要对施工配合、监管、把关做出具体要求。

2. 昆明工务机械段迅速要开展施工安全专项整治，重点对施工防护、施工过程控制、施工机具的管理进行全面的检查，对检查发现的问题，制定强有力的整改措施，切实整改；将此次事故在工务系统范围内进行通报，举一反三，吸取事故教训，查找本单位在施工管理中存在的不足，加强对施工安全的管理、卡控，防止类似事故的再次发生。

3. 加强对小型养路机械的用、管、修工作。对现行相关管理制度进行全面清理，对不切合实际、现场执行有困难的进行修订，明确管理职责和使用规定，规范现场施工机具的领用、保管、保养制度，并严格执行，真正做到养路机械专管专用。

4. 路局施工管理办公室、工务处加强对重点施工的检查、指导，对行车安全影响较大的施工点派人到施工现场进行安全把关，指导施工单位做好施工安全工作，为施工现场协调、解决施工中遇到的问题和困难，为施工的顺利进行提供技术指导和业务指导。

5. 昆明工务机械段要认真查找车间、班组的管理中存在的问题，段相关科室要对车间、班组管理情况进行调查分析，找出存在的问题，制定措施，认真整改，切实提高车间、班组的施工现场管理和组织能力，为安全施工奠定坚实基础。

6. 昆明工务机械段要结合施工条件复杂，施工人员生活、生产环境艰苦，思想波动大的实际情况，有针对性地开展职工思想教育工作，提高职工责任心和敬业精神，引导职工正确对待安全与效益的关系，牢固树立"安全第一"的思想，同时要想方设法为一线职工解决生产、生活中遇到的困难，解决职工的后顾之忧，使职工能全身心地投入到生产活动中，为单位的安全生产做出自己的贡献。

123

京沪线 56051 次轨道车输入传动轴脱落一般 C 类事故

一、事故概况

2008 年 11 月 16 日 17 时 12 分，济南南站开 56051 次，经过济南南站道岔后，060810 号轨道车押运人员听到车下有异响，并感觉到车体有震动，随即向车间副主任汇报，车间副主任立即安排司机减速观察，减速后押运人员汇报震动减小，由于后续有旅客列车，56051 次又提速运行，震动立刻加大，后震动又突然减小，车间副主任没有请求在前方站停车检查。党家庄站 17 时 20 分通过，炒米店站 17 时 27 分通过，17 时 37 分到达张夏站待避列车。司乘人员下车检查发现机后第三位轨道车(编号:060810)第三轴的输入传动轴脱落。构成铁路交通一般C类事故。

二、原因分析

1. 螺栓松动导致传动轴脱落是造成这起事故的直接原因。经测量060810号轨道车损坏的法兰盘螺孔直径,分别为(12.20/12.30)、(12.40/12.24)、(12.40/12.30)、(12.60/12.20)、(12.90/12.00)、(13.50/12.40)、(12.50/11.78)、(12.38/12.20),标准孔径为12 mm,从以上数据来看,现有法兰盘螺孔均有不同程度的扩大或椭圆现象;从K497+800和在060810轨道车车架上找到的两个螺拴来看,一个扭曲变形后被剪断,另一个直接被剪断,说明螺拴已经松动;通过对轨道车传动系统原理和不同工况进行分析,结合拆解换向箱未见异常,综合认定为法兰盘紧固螺栓松动后,逐个脱落或被剪断,导致传动轴脱落。

2. 出乘前司乘人员未按规定检查是造成事故的主要原因。

3. 日常管理不到位,是造成事故的根本原因。

4. 发生故障处理不当,是造成事故的另一原因。

三、事故责任

济南工务机械段负事故全部责任。

四、采取措施

1. 立即对管内自轮运转设备进行检查。严格执行路局3081号调度命令,对自轮运转设备逐台进行检查,特别是对走行、制动、传动系统的每一个部件逐个检查,认真落实检查签认制度,确保设备技术状态良好,严禁带病上线运行。

2. 加强对自轮运转设备运行的管理。司机要认真做好出车前的各项检查,特别要检查传动轴、走行、制动系统、车辆连挂等情况是否正常,并做好试风、试闸。运行中要观察仪表,掌握车辆运行状态,监听有无异响。加强对轨道车驾驶员的管理,严格持证上岗制度,落实运监器转储分析制度,做好运监器数据转储、分析和信息反馈及日常考核工作,正确使用三项设备,认真执行车机联控。要严格执行《轨道车管理规则》第 14 条“使用轨道车时，做到定人、定车，出乘时，司机和副司机必须到齐，共同乘务”的规定，机组人员不足，不具备行车条件时，坚决不能上线运行和作业。确保行车安全。

3. 严格落实日常检修保养制度，确保车辆状态完好。加强自轮运转设备的检修保养，特别是影响行车的关键部位，要定人、定责，并认真填写自轮运转设备检修保养记录，落实保养签字制度，保养人员应对保养的设备承担责任，加大对设备保养的检查力度，发现保养责任落实不到位的，予以严肃处理。

4. 强化非正常情况的应急处理。针对可能出现的各种情况和不同车型、不同线路条件，进一步细化应急处理预案，特别是针对长途运行的特点，制定出有针对性的应急预案，并组织进行演练。对运行中发生的紧急情况，要按规定果断采取措施，不可冒险行车。

5. 强化纪律，杜绝职工“三违”。认真执行请、销假制度，请假必须由符合规定的人员批准，并办理请假手续，严禁私自调班、替班。加大职工“三违”的查处力度，坚决遏制违反两纪、违反作业标准等严重违章现象。发生各类“三违”行为，一律按规定从严处理，决不姑息迁就。

6. 严肃事故报告制度，发生各类事故及事故因素，必须在第一时间报告，以便快速反应，进行应急处理。

124

磁东线 52021 次单机刮碰枕木一般 C 类事故

一、事故概况

2008 年 11 月 17 日 21 时 23 分，济南机务段 DF_4 5241 号、DF_4 5309 号双机联挂的 52021 次单机通过磁东线宫里—谷里间 K45＋987 人行过道时（木枕铺面，宽度 1.2 m，两侧各设置 3 对限制桩，各种标志齐全有效)，刮碰下行左侧两根翘起的铺面枕木，造成机车排障器故障。于21时23分停车，经车站和工务人员处理后，于21时59分开，停车36分。构成铁路交通一般C类事故。

二、原因分析

1. 人行过道设备质量不良，铺面下线路木枕和铺面枕木底部存在腐朽，铺面与底部枕木的连接道钉持钉力差，造成铺面枕木翘起超限，被机车刮碰，是事故发生的直接原因。

2. 设备检查、整修不到位，工区的日常设备检查和巡道工的检查不到位，只注重了道口、人行过道表面状态的检查，没有对铺面下线路木枕情况进行定期翻修，是造成事故的主要原因。

三、事故责任

济南工务段负事故全部责任。

四、采取措施

1. 立即组织对管内所有道口(含人行过道、平过道)进行一次全面的检查和整修达标。对翻修时间较长的道口(含人行过道、平过道)，特别是木枕地段，要拆开铺面进行检查，道口铺面平整稳固，两轨间铺面与轨顶持平，钢轨外侧护木要低于轨顶5 mm，不得有轮缘踏面轧痕，铺面及两端5 m范围内无翻浆，标志齐全埋设、位置准确有效。对不良处所及时安排整修，确保冬季道口安全。

2. 加强道口、人行过道、平过道的日常检查，及时发现并处理各种设备病害和隐患。巡道工、工区、车间检查设备时，要对道口、人行过道、平过道状态、标志、标桩等进行认真检查，发现问题，及时安排整修。

3. 强化各级管理人员的管理责任，严格落实路局道口管理办法，切实履行职责，及时发现影响行车安全的各类问题，消除安全隐患。

4. 鉴于磁东线人员配备少的现状，结合工务系统正在进行的劳动组织改革，优化检查和修养力量，在隔日巡查的基础上，加密动态添乘或定期添乘轨道车检查，及时发现和掌握设备病害，及时安排整修，确保设备设施的行车安全。

125

徐州站接触网塌网一般C类事故

一、事故概况

2008年11月19日21时13分，合肥中铁钢构有限公司吊机在徐州站4站台进行雨棚钢梁吊装过程中，汽车吊吊臂旋转不当钩住站内7道接触网承力索，短路后造成7道承力索熔断塌网，接触网停电。构成铁路交通一般C类事故。

二、原因分析

合肥中铁钢构有限公司徐州站改造工程项目经理部施工人员在既未经现场分管副经理同意，又未通知现场防护人员的情况下，擅自安排未经正式培训、不具备上岗资格的汽车吊司机，在没有防护人员在场防护的情况下进行作业，在回转过程中吊臂顶端的小吊钩碰到7道接触网承力索，短路后造成7道承力索熔断塌网，接触网停电，是造成本起事故发生的直接原因。

徐连线电气化改造工程建设指挥部、徐州站在施工过程中，未能严格履行监管职责，日常安全监督检查不力，未能有效遏制施工单位的违章违纪行为，为事故的发生埋下严重隐患。

三、事故责任

合肥中铁钢构有限公司负全部责任；追究徐连线电气化改造工程建设指挥部、徐州站重要责任。

四、采取措施

1. 合肥中铁钢构有限公司要深刻汲取事故教训，举一反三地深入查找，迅速整改安全管理上存在的问题。要结合事故教训，开展一次安全生产的再教育、再培训活动。切实将安全第一的思想通过施工方案、安全措施、落实到施工过程的每一人员、每个作业环节中去。

2. 合肥中铁钢构有限公司要立即停工整顿，针对事故的教训，立即组织干部、职工开展一次“查制度、查设备、查隐患、查素质”的自查整改活动，针对存在的问题，制定整改措施，落实整改责任，限定整改期限，抓好整改落实。

3. 合肥中铁钢构有限公司要切实加大对现场施工安全的检查、管理力度，发现问题，要本着“四不放过”的原则，及时分析处理。

4. 合肥中铁钢构有限公司要严格执行《上海铁路局营业线施工安全管理实施细则》的有关规定，严格施工人员的教育、培训、考核，严格施工管理，严格现场安全控制，严格执行“一机一人”的安全防护制度，严防类似事故的再次发生。

5. 徐连电化指挥部、徐州站客运设施改造工程监理站、上海维管段徐州分段、徐州供电段、徐州站等施工监管和相关单位，要严格履行监管职责，进一步加大对施工现场的检查、监管力度，发现问题，及时督促施工单位整改处理，消除安全隐患，确保施工安全。

126

滨洲线 C39002 次列车机车刮碰砟石一般 C 类事故

一、事故概况

2008 年 11 月 20 日 11 时 03 分，齐齐哈尔机务段 $DF_8$72 号机车牵引 C39002 次货物列车（编组 56 辆，总重 4 771 t，换长 80.1）运行至滨洲上行线 K478＋450 时，司机发现运行方向左侧道床上有堆积砟石，采取紧急制动措施，列车停于 K478＋80 处，砟石刮碰机车。11 时 11 分开车，区间停车 8 分。构成铁路交通一般 C

类事故。

二、原因分析

中铁建电气化局滨洲项目部，擅自在巴林—喇嘛山间上行线K478＋450处，进行抽换电容枕施工作业，由于清除碎石堆积过高，从而造成刮碰机车事故。

三、事故责任

中铁建电气化局集团有限公司负事故全部责任。

四、采取措施

1. 加强施工安全管理，制定详细的施工安全组织措施，并严格按措施落实。

2. 强化施工组织，特别是对施工外委人员工作的管理和监管，保证按照作业程序施工作业。

3. 加强作业防护和施工联系，确保信息畅通，尤其是列车运行情况的掌握要准确无误，确保列车运行安全。

127

襄渝线接触网断线一般C类事故

一、事故概况

2008年11月28日4时04分，襄渝线蒲家—石柱槽间K562＋250～K562＋270彭家岩隧道衬砌脱落，砸断接触网棒式绝缘子4个，接触网导线和承力索被脱落衬砌砸损，造成接触网跳闸。70006次列车停于蒲家下行无岔区段K562＋913处。经抢修处理于8时35分设备恢复正常使用，8时58分区间开通。影响行车4小时55分。构成铁路交通一般C类事故。

二、原因分析

1. 襄渝既有线彭家岩隧道与Ⅱ线新彭家岩隧道南口相邻两边墙的距离仅为9.95 m，中铁十一局于2006年7月27日至2007

年 9 月 10 日进行Ⅱ线新彭家岩隧道掘进施工爆破过程中，使隧道衬砌出现裂纹，是事故因素之一。

2. 在"5. 12"汶川大地震后，加剧了隧道病害的发展。蒲家线桥工区发现彭家岩隧道衬砌裂纹发展，分别于 2008 年 8 月 5 日、8 月 17 日、9 月 11 日三次上报车间，并于 11 月 7 日提出派人看守的建议；宣汉桥路车间在汶川大地震后分别三次报告工务段，并进行了勾缝处理，制作了裂纹观测标。虽然进行了日常一般性检查，但该工区对隧道日常巡检不到位，没有针对隧道衬砌裂纹加剧的现状采取有效的防范措施，以致隐患不断发展，并最终导致砌裂脱落。

3. 安康工务段接到车间报告后，对车间、班组无力解决的重大设备隐患重视不够，没有采取果断措施解决隧道砌裂问题，是导致事故发生的主要原因。

三、事故责任

安康工务段负事故主要责任；中铁十一局负事故次要责任。

128

胶济线错误向停电区段的接触网供电一般 C 类事故

一、事故概况

2008 年 12 月 21 日 10 时 37 分，因章丘—济南东区间章丘分区所处的下行分相中性区 103 号支柱的 51 号隔离开关处于合位（正常应为断开位置），使该处分相中性区带电，造成济南东—章丘站客运车场（含）—周村东间下行线供电臂跳闸，10 时 45 分恢复。影响 D603 次在章丘站客运车场—周村东间下行线 K334＋690 处 10 时 44 分停，10 时 48 分开车。构成铁路交通一般 C 类事故。

二、原因分析

检查发现章丘—济南东区间章丘分区所处的下行分相中性区103号支柱的51号隔离开关处于合位(正常应为断开位置),使该处分相中性区带电。当电力机车通过分相时,将郭店牵引变电所的章丘客下行供电臂与王村牵引变电所的章丘客下行供电臂发生相间短路,引起王村变电所章丘客下行跳闸。

三、事故责任

中铁电化局二公司负事故主要责任;中铁建电化局负事故同等主要责任;追究济南维管段同等主要责任;追究济南供电段同等责任。

四、采取措施

1. 加强安全宣传教育,强化"安全责任重于泰山"的意识。要进一步提高对运输安全工作重要性的认识,树立安全工作如临深渊、如履薄冰、如坐针毡的强烈责任感,营造痛定思痛保安全的浓厚氛围。

2. 建设部门和施工单位要加强施工安全管理,特别要加强胶济客专开通后未完施工的安全管理,确保施工安全和设备运行安全。

3. 设备管理站段加强对新施工设备的管理,牢固树立业主意识,增强安全责任感,对新施工设备管理落实到人,切实做到提前介入,确保设备运行状态良好。

4. 加强牵引供电设备管理工作,对胶济客运专线全线的牵引供电设备进行全面平推排查,对存在的问题采取有效措施进行克服处理,严格检修工艺和标准,消除设备隐患,提高设备质量。

5. 加强牵引供电监管力度,督促维管部门加强恶劣天气情况下对设备的巡视,确保各开关位置正常,及时发现设备运行中的不良状态。

129

胶济客运专线 T25 次旅客列车碰撞车梯底座一般 C 类事故

一、事故概况

2008 年 12 月 21 日 3 时 37 分，济南机务段 DF_{11}0168 号机车牵引 T25 次旅客列车，运行至胶济客运专线下行线济南东至章丘间，发现前方 160 m 左右线路上有一个车梯底座和 4 名施工人员，司机立即使用非常制动，列车运行约 500 m 撞上车梯底座，于 3 点 48 分停于 K382＋389 处停车。司机立即下车检查机车，发现车梯底座卡在机车小排障器内，汇报济南东站请求救援，救援完毕后 T25 次 4 时 36 分开车。构成铁路交通一般 C 类事故。

二、原因分析

1. 中铁建联合体第三项目部（中铁十局集团公司电务工程有限公司电气化项目部）在无批准施工计划，没有登记要点，没有调度命令，没有通知相关单位配合，没有设置驻站联络和现场防护的情况下，项目负责人违章指挥，作业人员非法施工，违章使用车梯底座上道倒运材料作业，是造成本次事故的直接原因。

2. 胶济客专建设指挥部对胶济客货分线遗留工程整改严重失管失察，对部、局安全评估问题跟踪整改不到位，对施工单位管理和施工监管不力，是造成本次事故的重要原因。

3. 济南铁路公安处对线路巡护保安人员素质培训不到位，保安人员没有向值班公安汇报，擅自打开栅栏门放入非法施工人员，致使非法施工人员上道不能得到有效制止，是造成本次事故的原因之一。

三、事故责任

中铁十局集团公司电务工程有限公司负主要责任；胶济客运

专线建设指挥部负同等主要责任；追究济南铁路公安处重要责任。

四、采取措施

1. 加强教育，增强安全意识。深刻吸取本次事故教训，要进一步提高对运输安全工作重要性的认识，特别是客专线旅客列车的绝对安全，举一反三，树立安全工作如临深渊、如履薄冰、如坐针毡的强烈责任感，营造痛定思痛保安全的浓厚氛围。

2. 进一步加强胶济客运专线开通运营后的安全管理工作，尽快处理安全隐患，严格落实《铁路营业线施工安全管理办法》（铁办〔2008〕190 号）及《营业线施工安全管理实施细则》（济铁总发〔2008〕226 号）文件规定，严格营业线施工安全管理，确保胶济客运专线安全运营。

3. 尽快健全完善栅栏管理制度，进一步明确责任主管部门，加强对巡护人员的上岗培训，严格对保安和巡护人员的管理，防止类似问题的再次发生。

4. 抓住重点，强化现场监控。加快客专开通遗留问题的整改力度，确保安全隐患消除。扎实开展预想分析活动，事先识别出作业过程的安全质量隐患及安全卡控重点，落实有针对性的防范措施；对施工中的重点工序和关键部位，派专人进行盯控、监护，严防死守，防患于未然。

5. 强化培训，提高员工素质。针对接触网施工作业条件复杂的特点，有针对性的抓好对从业人员的安全生产、施工工艺和作业纪律方面的培训教育工作，重点是组织学习部、局营业线施工安全管理有关文件，提高其业务操作水平、事故防范能力和施工责任意识，督促养成按章作业的良好习惯，从源头上消除和控制人的不规范行为。

第五部分 电务部门

130

京广线 B11501 次货物列车脱轨一般 A 类事故

一、事故概况

2008 年 6 月 17 日 20 时 16 分，丰台机务段 SS_4 370 号机车牵引 B11501 次货运列车运行至郑州局京广线忠义站 3 道停车时，进路上的 13 号道岔（K628＋939）中途转换，造成 SS_4 370 号机车 B 端及机后 1、2、3、4 位车辆脱轨。经救援，于 22 时 55 分开通京广下行线，中断正线行车 2 小时 39 分。构成铁路交通一般 A 类事故。

二、原因分析

新乡信号车间主任在 5 月 10 日的继电器插接工作中，插入方法不当，造成忠义站信号机械室内 3 排 1 架 5 组合（TS1 组合架）13 号道岔心轨 JDF-X 组合中 1DQJ 继电器插座板 3、13 隔离窗破损掉块，致使 3、13 接点簧片接触造成混线，导致联锁失效。忠义信号工区值班员进行道岔试验时精力不集中，在单操 11 号道岔时误动了 13 号道岔，造成 13 号道岔中途转换，致使 B11501 次在通过 13 号道岔时进四股脱轨。

三、事故责任

郑州电务段负事故全部责任。

四、事故教训

1. 施工质量不高，给事故埋下严重隐患。郑州电务段在 5 月 10 日的施工准备中，预想不充分，对可能发生问题的关键环节缺乏对应检查检测；在明知继电器插入困难的情况下强行插入，造成继电器插座底板隔离窗破损，给事故埋下了严重的安全隐患。

2. 违反电务基本安全制度，现场作业问题突出。电务配合人员在道岔扳动试验过程中，严重违反电务“三不动”中关于“正在使用中的设备不动”的规定，在下行列车已经进站的情况下，进行11号道岔扳动试验过程中，误动了13号道岔按钮，导致了事故的发生。

3. 安全意识不强，隐患分析处理不到位。施工完毕后，微机监测出现多次报警信息，从工区、车间到电务段都没有进行认真仔细地分析处理，错过了防止事故的时机。

4. 干部作风不实，责任落实不到位。郑州电务段的安全技术组织措施不可谓不细，要求也十分明确；但包保干部到位却没有尽职，责任不明，重点不清，没有卡住电务联锁关系“百分之百正确”这条生命线，干部包保工作走了形式、走了过场。

5. 应急救援预案不细，现场设备情况不熟，导致救援工作不力。郑州局救援预案中对电化区段分相绝缘位置没有明确标注。当班列车调度员因对亢村至忠义间下行线牵引供电设备分相绝缘位置不清楚，盲目指挥就近的电力机车进入区间进行救援，当司机发现分相绝缘位置距列车尾部仅有100 m左右距离时，因担心停入无电区，要求指派内燃机车救援。列车调度员二次指派内燃机车开行58105次，于22时25分才到达救援地点，延误了救援时间。

6. 安全大反思、大检查活动开展不深入，还存在死角。这起事故发生在全路认真吸取“4.28”事故教训、深入开展安全大反思大检查活动期间，教训深刻。事故虽然发生在个别职工身上，但根子却在管理上。在安全管理理念上，部分干部职工“安全第一”的思想发生了位移，口头上重视，行动上不能体现；作风不实、不细、不深入，看不到实情、摸不到底细、抓不到关键，安全管理薄弱、安全责任制虚位和现场作业失控的现象仍比较突出，安全大反思、大检查活动还存在死角。

五、采取措施

1. 铁路局要针对“6.17”事故暴露出来的问题，召开专题安全生产委员会会议，认真分析原因，吸取教训，深入查找营业线施工中安全措施落实不到位、联锁试验把关不严、干部包保责任不到位等深层次问题，制订切实可行的措施，防止类似事故发生。

2. 继续深化安全大反思大检查活动，针对这起事故暴露出来的施工质量不高、联锁试验不彻底、安全信息分析不及时和基本制度不落实的问题，举一反三，深入查找。对检查发现的问题，实行责任到人，限期整改，追踪复查，逐一销号。

3. 按照铁道部、铁路局营业线施工及安全管理办法的要求，在全局范围内开展一次施工安全管理的对规对标检查，针对“V”形天窗作业中存在的施工机具、人员侵限，电务联锁试验误动、车务误排进路等问题，明确“V”形天窗作业中，特别是邻线办理接发列车作业时，施工单位和行车组织单位的安全措施和要求。

4. 责令电务系统完善微机监测功能，将 SJ 封连报警信息纳入微机监测项目。完善微机监测信息三级报警信息管理，落实分析制度，及早发现电务设备运行中存在的问题。

5. 开展电务联锁关系试验专项检查。针对“6.7”事故暴露出来的联锁关系失效问题，电务系统要利用天窗点，对各站的信号联锁关系逐项试验，特别是今年进行过施工改造的车站，要指派专业技术干部把关，所有联锁试验项目要严格执行“信号维规”标准，按照规定项目、规定内容，一项不漏的试验，并认真做好记录，确保电务联锁关系100%正确。

131

萧萧联络线两列车进入同一闭塞分区一般 C 类事故

一、事故概况

2008 年 2 月 21 日 17 时 54 分，萧萧联络线萧山与萧山西间 0038 闭塞分区轨道电路（萧山站上行二离去）发生故障。杭州电务段萧山信号工区电务人员在故障处理过程中，违章蛮干，造成区间通过信号机升级显示，致使 N448 次、K76 次旅客列车进入同一闭塞分区。构成铁路交通一般 C 类事故。

二、原因分析

杭州电务段萧山信号工区电务人员在机械室查找判断故障时，在未登记联系的情况下，短接由邻站送给的 0038AG 站联条件(0038AGJ 第一组、XGJ 第一组和第二组接点)，造成 0038 闭塞分区在 N448 次列车占用的情况下红光带消失，0038 信号机由红灯升级为绿黄灯，萧山站上行Ⅱ道出站信号由黄灯升级为绿灯；19 时 02 分，K76 次凭绿灯出站；19 时 04 分，K76 次凭 0038 号通过信号机显示的绿黄灯，进入被 N448 次列车占用的 0038 闭塞分区。

三、事故责任

杭州电务段负事故全部责任。

四、事故教训

1. 违章蛮干。杭州电务段萧山信号工区电务人员在故障处理过程中，盲目短接信号接点，改变了联锁条件，造成 0038 闭塞分区在 N448 次列车占用的情况下，红光带消失。严重违反《铁路信号维护规则》中“严禁采用封连线或其他手段封连信号设备电气接点；严禁甩开联锁条件，借用电源动作设备或借用其他条件改变联锁关系”的规定，造成萧山站上行Ⅱ道出站信号和 0038 通过信号显示升级。

2. 有章不循。17 点 54 分，萧山信号工区值班人员接到萧山站通知设备故障后，一直到 19 时 25 分才在运统 46 内登记：“停用萧山西至萧山间基本闭塞。”严重违反《铁路信号维护规则》第 99 条“未联系登记好不动、对设备性能状况不清楚不动、正在使用中的设备不动”；第 100 条“信号设备发生故障时，应首先在《行车设备检查登记簿》内登记停用设备，经车站值班员签认后，方可进行处理”等有关规章制度。

3. 安全控制失控。相关技术人员在接到故障信息后，对现场实际情况了解不彻底，没有根据现场实际对现场处理人员进行有效的技术指导，失去了安全互控、他控时机，在安全管理上存在严重疏漏。当信号工长赶到现场后，仍未引起重视，依然没有按规定登记停用，暴露了杭州电务段现场管理人员对行车设备安全重要性认识不到位，安全意识淡薄。

4. 应急预案不完善、不执行。杭州电务段的应急办法中虽然对各级出动时机、应急备品、车辆及图纸管理有了明确规定，但对应急抢修程序及抢修过程中各级管理部门如何发挥安全监控方面缺少有效规定。杭州电务段萧山信号工区值班人员在故障发生40分后，才向工区工长汇报，工区工长18时55分赶到现场后，才向段调度报告，延误了处理时机。

5. 安全与效益的关系没有摆正。杭州电务段没有对关键场所、关键岗位、关键作业认真研究，制定切实有效的管理制度和卡控手段，进行正确的教育和引导职工树立安全高于一切的理念。目前该段的考核制度客观上，易造成现场故障处理人员为了缩短故障延时、减少考核而不择手段冒险违章处理行车设备故障。

五、采取措施

1. 举一反三，深刻吸取教训。杭州电务段要进一步进行认真分析，深刻反思，从思想根源、责任心、工作作风、实事求是、尽职尽责等方面查找安全管理和日常作业上问题，有针对性地制订防范措施。

2. 强化法制观念，严格对规对标。杭州电务段以此件事故为契机，强化干部职工“违章就是违法，违章就是犯罪，违章就是杀人”的法制观念。强化职工自觉遵章守纪、严格执标意识，培养职工良好的作业习惯，坚决遏制违章违纪行为发生。

3. 强化设备故障应急处理和安全信息的管理。杭州电务段要进一步细化应急处理程序，提高应急处理能力并严格执行安全信息的管理制度。

4. 加强专业管理。专业处室要进一步强化专业管理，加强业务指导，指导站段制定切实可行的卡控措施，把“三不动、三不离”、故障处理“七严禁”等电务基本安全生产制度落在实处。

132

西康线1486次旅客列车碰撞钻孔机一般C类事故

一、事故概况

2008年5月21日11时56分，1486次旅客列车运行到西康线小河镇至青铜关间，安康电务段在区间K181＋500前后设置线路所信号施工，在K181＋570上行右侧钢轨上进行钻孔作业，小河镇站室内信号防护员离开行车室干其他工作，当1486次11时52分通过小河镇站时，没有向区间现场进行防护联系，致使列车运行到K181＋570前方出乾湾隧道后，N2G-32型内燃钻孔机在上行右侧钢轨处无法及时下道，被1486次列车机车碰撞。钻孔机报废。构成铁路交通一般C类事故。

二、原因分析

小河镇站室内信号防护员没有认真履行安全防护责任，导致室外作业人员未及时下道，钢轨打眼未及时拆除，被列车碰撞。

三、事故责任

安康电务段负事故全部责任。

四、采取措施

1. 安康电务段要组织认真分析，高度重视施工作业安全，制定切实可行的安全措施，确保施工作业绝对安全。

2. 结合开展安全“大反思、大检查”活动，深刻吸取事故教训，举一反三，查摆管理漏洞，加强职工的安全责任意识教育，强化安全管理。

3. 电务段要安排专业干部在现场进行全程盯控，消灭一切安全隐患。

4. 对事故相关责任人要严肃处理。

133

京广线信号机升级显示一般C类事故

一、事故概况

2008年10月21日23时02分，57204次运行至北京局京广上行线磁县站第三接近时，由于轨道电路分路不良，在57204次占用的情况下，该区段红光带消失，通过信号机升级显示。构成铁路交通一般C类事故。

二、原因分析

成段更换钢轨后，由于钢轨生锈，新更换钢轨区段轨道电路分路不良是造成4638号通过信号机升级显示的直接原因。

三、事故责任

石家庄电务段负事故主要责任；邯郸车务段负事故次要责任。

四、采取措施

1. 铁路局于10月23日召开安全紧急电视电话会议，对事故原因、责任和教训进行了深刻剖析，对有关责任人进行了严肃处理，并对全局举一反三，吸取事故教训，全面强化安全管理工作提出了具体要求。

2. 为确保换轨施工安全，路局发布155号调度命令，指令施工单位和各配合单位安排一名段级领导到现场盯控，指令铁路办事处安监室派员到场督察，要求电务部门严格轨道电路电特性测试和等级，严格落实非正常情况下的行车组织，关系站密切监视列车运行情况。路局安监室对干部到岗和职责落实情况进行抽查。

3. 组织相关部门研究制定了八条针对成段更换钢轨分路不良情况下的卡控措施，依据规章管理的规定进行论证和审批，批准下发后正式实施。

134

沪昆线超范围施工一般 C 类事故

一、事故概况

2008 年 11 月 9 日 12 时 24 分，怀化电务段在广铁(集团)公司沪昆线溆浦站进行提速道岔大修施工准备工作中，室内作业人员违章盲目乱干，没有严格执行技术安全措施，违反电务“三不动”基本安全制度，超范围施工，提前将预铺道岔转换条件电源接入并与使用中的 2/4 号道岔控制电路连通。在 11 时 28 分到达溆浦站 4 道的 74071 次货物列车出发信号已开放的情况下，使用道岔导通试验仪，对 4 号预铺道岔进行操纵试验，造成 4 道出发信号机关闭，延误列车至 12 时 35 分开。构成铁路交通一般 C 类事故。

二、原因分析

怀化电务段施工作业人员有章不循、盲目乱干，超范围施工，严重违反电务“三不动”基本安全制度，提前将预铺道岔转换条件电源接入并与使用中的 2/4 号道岔控制电路连通，在 4 道 74071 次货物列车出发信号已开放的情况下，使用道岔导通试验仪，对 4 号预铺道岔进行操纵试验，造成 4 道出发信号机关闭，是造成此次事故的主要原因。

三、事故责任

怀化电务段负事故全部责任。

四、采取措施

1. 怀化电务段要按照“四不放过”的要求，对事故进行扩大分析，将事故通报至全段每一名干部职工，并给予事故责任人及有关人员严肃处理，深刻吸取事故教训，举一反三，认真查找安全隐患，坚决遏制天窗点外从事天窗点内作业项目和违章盲干的现象，防止类似事故再次发生。

2. 切实加强施工现场安全卡控，强化干部现场盯控责任，严格执行《铁路营业线施工及安全管理实施细则》的有关规定，强化施工组织方案的审核把关，细化施工安全措施、技术保障措施，坚决杜绝施工超前准备、超范围施工现象，把好列车放行条件关，确保施工作业安全。

3. 严格执行事故报告制度，加强对《铁路交通事故调查处理规则》的学习掌握，对构成事故（或严重安全问题）的信息，必须及时按规定程序上报，对隐瞒事故责任人员从严追究责任，彻底杜绝隐瞒事故行为。

第六部分　厂务部门

135

大秦线阳原站 55001 次试验列车脱轨较大事故

一、事故概况

2008 年 3 月 21 日，湖东电力机务段 HXD_2 0059 号、HXD_2 0061 号机车牵引 55001 次试验列车 10 时 22 分阳原站通过，10 时 24 分运行至阳原站内 K88＋181 处，速度 89 km/h 时减压试验 200 kPa，10 时 25 分速度 79 km/h 时列车起非常停于 K89＋261 处，经检查发现中部从控机车运行方向后节车脱轨，从控机车机后 1～40 位车辆脱轨，41～47 位车辆颠覆，48～49 位车辆脱轨，机后 18 位与机后 19 位分离 23.8 m。损坏重车线钢轨 647 m、二型混凝土枕 1 280 根、二型混凝土桥枕 101 根，损坏扣件 5 524 套、桥上护轨 53.2 m、护轨扣件 404 套；车辆报废 7 辆，中破 42 辆。共计损失费用 640.4 万元。构成铁路交通较大事故。

二、原因分析

由于 HXD_2 型机车在大秦线采用 1＋1＋可控列尾牵引 2 万 t 重载组合列车运行模式下，按照试验安排运行至大秦重车线 K87＋600 处进行常用全制动停车试验时，从控 HXD_2 0061 号机车 A、B 节连接处作用运行方向第 5、6 轴在脱轨点处产生大的横向力（从控机车乘务员也反映在该处有剧烈冲动），导致轮对脱轨，脱轨后造成钢轨侧翻，造成机车第 3、4、7、8 轴及机后 1～49 位车辆脱轨。

三、事故责任

法国阿尔斯通公司负事故主要责任。

四、采取措施

加强同厂家联系，做好机车整备，确保上线机车质量良好。

136

大秦重车线 77117 次 2 万 t 组合列车脱轨较大事故

一、事故概况

2008 年 4 月 16 日，湖东电力机务段主控机车 $SS_4$0994 号、中部从控机车 $SS_4$7192＋6120 号、尾部从控机车 $SS_4$6149 号采用“1＋2＋1”方式牵引 77117 次 2 万 t 组合列车，6 时 45 分大秦线湖东二场开车，8 时 46 分化稍营站通过，8 时 56 分司机使用常用制动减压 50 kPa，列车由 69 km/h 降至 48 km/h 时缓解，在缓解过程中由于 LOCOTROL 系统模块间通讯丢失引起非常制动，9 时 00 分列车停于大秦线化稍营—涿鹿间重车线 K143＋577 处，经检查发现中部从控两台机车及机后 1～5 位车辆脱轨。造成机车小破 2 台，车辆中破 5 辆。脱轨机车车辆于 21 时 20 分全部起复，中断大秦重车线行车 12 小时 07 分。构成铁路交通较大事故。

二、原因分析

77117 次列车运行至大秦线化稍营—涿鹿间重车线和尚坪隧道内，列车处于长大下坡道，主控机车 $SS_4$0994 号工况电阻制动，在空气制动调速缓解过程中，主控机车 $SS_4$0994 号 LOCOTROL 系统 CIOM 模块经历了一次“看门狗”定时器重起，导致 A 端 XIPM、B 端 BIPM、B 端 EAB 及 B 端 LCDM 之间的通讯丢失，G 网与 800MHz 电台不能自动切换，主控机车发生紧急制动，且不能及时向从控机车发出同步进行紧急制动的电信号指令，形成单编 2 万吨列车、靠列车主管压力变化传递紧急制动信息，造成全列车制动不同步，列车严重前阻后拥，产生巨大纵向力和横向力，致使列车中部从控二位 $SS_4$6120 号机车 4 个台车左右扭曲，造成钢轨轨距扩大，挤翻钢轨导致中部从控一位 $SS_4$7192 机车第 8 轴、从控二位 $SS_4$6120 号机车 1 到 8 轴及机后 1～5 位车辆脱轨。

三、事故责任

美国 GE 公司负事故主要责任。

四、事故教训

此次事故的直接原因虽然是因 LOCOTROL 系统 CIOM 与 X-IPM 通讯丢失所致，但从中也反映出铁路局面对大秦线年运量 3.5 亿 t 运输任务，不同程度地存在着重运输任务、轻安全的思想，安全技术管理还存在较大差距。

1. 对大秦线安全问题研究不深入，重载安全管理相对滞后。随着大秦线年运量的逐年增加，新技术、新设备投入使用和新的运用方式，都给大秦线运输安全带来严峻考验。大秦线 2008 年将达到 3.5 亿 t 的运量，年初突运电煤以来日完成 100 万 t 运量，运输效率和安全的矛盾日益突出。通过事故调查，反映出路局各部门没有统筹兼顾、均衡考虑运输效率和运输安全的关系，对重载出现的新情况、新问题研究不深入，措施不具体，重载安全管理相对滞后。

2. 专业技术管理不到位。LOCOTROL 系统自 2006 年 1 月投入运用以来故障频发，太原局也采取科技攻关等措施，做了大量工作，取得了一定成效，但在问题未得到彻底解决的情况下，研究分析不细，盯控力度不够，未能进一步针对性采取有效防范措施。大秦重车线为万 t 和 2 万 t 重载运输线路，但目前没有明确的重载轨道结构技术标准和养护维修标准，太原局没有超前预想，针对性加强对大秦线“速、密、重”状态下的轨道结构变化规律的调研，及时补强养护维修办法。

3. 线路日常维修及保养与重载列车的要求存在差距。通过对脱轨现场前后线路进行检查，虽然扣件扣压力符合《铁路线路修理规则》的要求，但也存在个别扣件扣压力不足；对钢轨扣件维修质量的检查验收过于粗放，甚至有些工区无扭力扳手等检查工具；K142＋012 处轨距最小－6mm，超过了《铁路线路修理规则》规定的线路轨道静态几何尺寸临时补修容许偏差管理值。暴露出路局工务部门没有针对大秦线开行重载列车的实际，加大对线路日常维修保养力度，对线路上存在的超限处所，没有得到及时整治。

4. 规章制度管理存在漏洞。《关于"公布大秦线 2 万吨重载组合列车行车组织办法（试行）"的通知》（太铁师函〔2006〕174 号）文件中规定："列车在区间遇列车管风压突然降零，由主控机车司机组织各从控机车乘务员共同确认。"在第一次列车紧急制动后，主控机车司机没有组织从控机车乘务员进行确认。湖东机务段湖安业通〔2007〕14 号文件规定："列车管被迫降零后，不具备缓解条件时，原因不明不得盲目开车，必须进行全列车检查，良好后方可开车。"该文件中对不具备缓解条件没有做出明确和具体的规定，使乘务员在作业中缺乏可操纵性。湖东机务段为了减少对大秦线运输的影响，在该文件中还规定："两万吨列车：缓解列车，确认中部、尾部从控机车投入正常，主控机车流量下降正常，不进行全列车检查开车，核对尾部风压正常后开车。"该规定与太铁师函〔2006〕174 号有关规定不符。

五、采取措施

1. 太原局有关部门要尽快与铁道部有关部门联系，与 GE 公司共同研究，消除 LOCOTROL 系统故障，从源头上提高该设备安全运行可靠性。

2. 由总工室负责向铁道部提出请求，对各种机型牵引万吨或 2 万吨列车在不同条件下采取紧急制动时的横向力、钢轨抗倾覆能力进行测试，针对性制定措施。

3. 由总工室负责，组织对有关重载方面的规章进行全面清理。制订万吨和 2 万 t 列车发生紧急制动后的信息通报制度和设备检查办法。

4. 工务部门要加大对重载轨道结构技术标准、养护维修标准及养护模式的研究，会同部有关部门，尽快研究制定“重载铁路技术、维修标准”。针对大秦、侯月的重载运输，对现行有关重载列车制度、措施、办法进行修、建、补、废。

5. 工务部门会同科研部门对小半径曲线、长大下坡道、桥梁、隧道轨枕板等特殊地段，建立科学长期的观测点，积累数据，摸索经验，采取应对措施。

6. 牢固树立“零误差、零缺陷”的精检细修维修理念，对线路上存在的超限处所和零配件不达标等病害要及时整治。对重载线路在现行规章标准的基础上，要高一级，严一格。工务处要立即组织对管内轨枕板线路扣件全面进行复紧。

7. 机务部门要进一步优化操作办法，加强万 t、2 万 t 列车机车乘务员培训教育，提高落实标准化作业水平，加强 LOCOTROL 系统故障的统计分析。

137

大秦重车线 77101 次 2 万 t 组合列车脱轨较大事故

一、事故概况

2008 年 7 月 2 日，湖东电力机务段主控机车 $SS_4$6151 号、中部从控机车 $SS_4$1029＋7124 号、尾部从控机车 $SS_4$0741 号机车采用“1＋2＋1”方式牵引 77101 次 2 万 t 组合列车，7 月 1 日 19 时 20 分湖东二场开车，2 日 14 时 21 分运行至大秦重车线后营—秦皇岛北间约 K630＋050 处时，中部从控二位机车及机后 1～18 位车辆脱轨、19～36 位车辆颠覆、37～39 位车辆脱轨。7 月 3 日 18 时 40 分全部起复完毕，7 月 4 日 9 时 30 分开通线路，中断大秦重车线 43 小时 09 分。合计损失费用 1 220.542 5 万元。构成铁路交通较大事故。

二、原因分析

造成事故的原因是 77101 次列车 8 时 46 分运行至大秦重车线玉田北—遵化北间 K467＋114 处时，主控机车 LOCOTROL 系统 BIPM、EAB 通信超时，发生紧急制动，且未向从控机车发出同步进行紧急制动的电信号指令，仅靠列车主管压力变化传递紧急制动信息，造成全列车制动不同步，列车严重前阻后涌，在中部从控机车处产生巨大纵向力和横向力，造成中部从控二位 SS_4 7124 号机车 A、B 节连接车钩钩尾框变形裂损，车钩摆角加大，超过规定限度；通过大秦重车线后营—秦皇岛北站间 K628＋875 分相时，主控、中部从控机车电阻制动工况，三台机车电制力达到 396 kN；后半部列车处于 11‰～7‰长大下坡道，尾部从控机车正处于自动过分相、电制未投入、惰力运行，后半部列车产生约 900 kN 的下滑力，且处于两个曲线半径为 R800 的“S”形弯道，前部列车向后的电制力、曲线阻力与后部列车向前的下滑力全部作用在中部从控机车，使中部从控机车承受大的纵向力。由于中部从控二位 SS_4 7124 号机车 A、B 节连接车钩钩尾框变形裂损，车钩摆角加大，将纵向力分解为横向力，产生的横向力又大于钢轨抗横阻力，造成钢轨侧翻，导致中部机车及机后部分车辆脱轨。中部从控二位 SS_4 7124 号机车脱轨后，A、B 节车钩钩差增大，车钩脱开列车分离、停车。

事故的直接原因是 LOCOTROL 系统故障，导致 77101 次列车运行至大秦重车线玉田北—遵化北间发生不同步紧急制动，中部从控二位机车 A、B 节连接车钩钩尾框因撞击变形裂损，最终导致运行至大秦重车线后营至秦皇岛北区间脱轨。

三、事故责任

美国 GE 公司负事故全部责任。

四、事故教训

1. 对大秦线安全研究不深入，与重载安全管理不相适应。大秦线 2008 年将达到 3.5 亿 t 的运量，年初突运电煤以来日完成

100 万 t 运量，运输效率和安全的矛盾日益突出，给大秦线重载运输安全带来严峻考验。今年以来，大秦线连续发生 5 起行车事故，通过事故调查，反映出路局有关部门没有均衡考虑运输效率和运输安全的关系，机车最长运行 1 560 km 才入段整备，正常修程不能满足，机车质量得不到保证。同时认为大秦线试验项目较多，问题发生又难以解决，主观努力滞后，依赖思想严重，对重载出现的新情况、新问题主动研究不足，措施乏力。

2. 专业技术管理不到位。LOCOTROL 系统自 2006 年 1 月投入运用至今，发生惩罚制动及紧急制动问题较多。尽管路局各相关部门做了大量工作，取得了一定成效，但盯控不够，问题仍然没有得到及时有效解决。今年 4 月 16 日～7 月 2 日共发生此类问题 117 件，其中 SS_4 型 42 件（紧急 37 件，惩罚 4 件，其他 1 件），HXD_1 型 75 件（紧急 58 件，惩罚 14 件，其他 4 件）。机务部门对 HXD_1、HXD_2、SS_4 型机车 LOCOTORL 控制系统软件改造情况掌握不及时，改造前后发生的故障没有深入进行对比分析；对发生紧急或惩罚制动后的机车车钩及缓冲器相关数据测量后分析不详细，没有找出规律；对 2 万 t 机车乘务员的操纵及中部机车长期受力比较大的问题，在操纵办法和运用方式上没有采取有效的调整使用办法。

3. 线路零配件的日常维修养护重视不够。“4.16”事故中暴露出线路弹条扣件扣压力不足和离缝的问题，在此次事故中再次显现。通过事故现场勘察，发现线路仍存在 16％和 23％的扣件下颚离缝大于 1 mm 的问题，虽然扣件扣压力符合《铁路线路修理规则》的规定，但也说明工务部门日常线路零配件维修、养护、检查、验收工作重视不够、标准不高、考核不严，没有针对大秦线开行重载列车的实际和“4.16”事故的教训，加大对线路扣件日常维修保养力度，问题没有及时进行整治。另外对综合施工“天窗”的综合利用方面也存在差距，重视大中修施工计划的汇总和下达，忽视综合利用施工“天窗”进行维修作业的组织，导致工区维修作业时未在车站进行登记。

4. 执行规章制度存在差距。77101 次列车运行至玉田北—遵化北间 K467+114 处由于主控机车出现 BIPM、EAB 通信超时，引起紧急制动停车后，在不具备重新建立 DP 的条件下，机车乘务员重效率、轻安全，为尽快开通区间，没有及时请求救援或分部运行，而是采用人工组合操纵、最高运行时速 27 km/h、维持运行 9 km 进入遵化北站，违反了《大秦线两万 t 列车行车事故应急救援预案》（太安监〔2006〕197 号）中“在坡道区段运行，一旦发生 LOCOTROL 系统故障或信号丢失时，请求救援，分部运行”的规定。

5. 行车指挥存在不足。7 月 2 日 9 时 00 分 77101 次司机向遵化北汇报列车在区间非常停车后，遵化北站值班员和 205 号列车调度员只是简单询问了机车、车辆是否有问题，能否继续运行，没有按要求询问是否需要救援或分部运行，未详细掌握 77101 次列车机车同步操纵系统故障运行的情况。反映出车站值班员和列车调度员对大秦线重载列车的特殊行车办法掌握不够、互控措施落实不好。7 月 4 日事故抢修完毕，8 时 45 分工务最后登记开通线路，但是调度员 9 时 30 分才发布 1512 号调度命令开通区间，延时 45 分，暴露出事故抢修开通意识不强。

五、采取措施

1. 努力控制紧急、惩罚制动。按照部有关要求，立即采取措施减少机车各类保护引起的紧急和惩罚制动。一是积极做好紧急、惩罚制动模式修改工作。铁路局成立专门机构，抽调专业人员，先期培训，一旦修改方案确定，将全力以赴配合设备厂家（外方）做好模式修改工作，最大程度地缩短改造时间。二是针对模式修改取消许多机车自我保护的功能、改由乘务员人工控制的情况，加紧安排乘务员专项培训。三是大力减少故障。对今年以来 210 件紧急、惩罚制动设备故障诱因进行汇总分析，7 月 10 日前将结果报部运输局装备部，针对 DP 通讯故障或中断、CCBⅡ制动机故障及 HXD 型机车软件、插件、保护等三大原因开展立项攻关。

2. 加快车钩改造进度。借鉴 C_{80}、C_{70} 型车辆 17 号车钩在大秦线运用中能够较好地控制横向力的特点，积极配合有关工厂和铁科院，制定 HXD_1、SS_4 型机车 13 号车钩装置改为 17 号车钩及在机车 A、B 节间安装牵引杆的具体改造方案。方案确定后，立即组织实施。配合铁道部科技司、运输局装备部对已经进行车钩改造的 HXD 型机车，组织做好由 HXD_2 型机车担当的 2 万 t 列车的牵引试验。

3. 优化 2 万 t 列车操纵办法。研究制订大秦线 2 万 t 列车操纵优化办法草案，制订了坡道、过分相、工况转换及 DP 信号中断等情况下的具体操纵办法，进一步明确报告程序、检查内容及运行要求，从 7 月 13 日起进行试运行磨合并继续进行优化，7 月 26 日起进行验证，8 月 1 日起正式执行。同时做好日常操作数据的积累和总结，不断优化操作方案。

4. 细化安排机车运用方案。针对 2 万 t 列车中部两台 SS_4 机车，遇紧急制动纵向力引发横向力较大的问题，组织调整机型，最大限度地加大 HXD_1 型、HXD_2 型（1～29 号）机车担当 2 万 t 列车牵引任务的比例，SS_4 型机车担当万 t 列车的牵引任务，7 月 10 日前完成调整工作。施工结束后，大秦线图定 2 万 t 列车 36 对，其中由 HXD_1 型机车 2＋1 模式担当，按现有机车计算可以担当 18 对，使用 HXD_2 型机车（拉法车钩）共 27 台，可以担当 6 对 2 万 t 机车，剩余 12 对机车由 SS_4 型机车担当，随着 HXD_1 型或 HXD_2 型机车到段，逐步替代 SS_4 型机车。

由于 1＋2＋1 牵引方式中部重联机车承受的纵向力最大，建议 SS_4 型机车担当的 2 万 t 机车改为 2＋1＋1 模式。

5. 加强通信保障。一是加快组织实施大秦线 GSM-R 网络扩容补强技术改造，并建议将大秦线 GSM-R 网基站增设为双套，提高 GSM-R 网安全可靠性。二是每季度在大秦线运用电务试验车对 GSM-R 网络场强、服务质量（Q_oS）进行检测，优化网络性能。

三是建立健全机务、电务接合部管理制度，加强对 LOCOTROL 系统故障和 GSM-R 网络通信中断故障分析，制定措施，提高通信系统运用质量。四是针对信号突变等信号故障可能引起列车紧急制动的问题，立即进行信号故障专项整治，加强日常监控，最大程度地减少由此引发的列车紧急制动。

6. 补强线路基础设施。建议对大秦线现有弹条Ⅰ型调高扣件及弹条Ⅱ型扣件的抗横向力进行测试研究，看是否满足 2 万 t 列车运行安全条件。

7. 明确列车紧急制动后的安全处置办法。制订《关于大秦线等重载列车运行线路重载列车发生紧急制动后检查处理办法的通知》(太铁师电〔2008〕230 号)，明确了报告程序、检查内容及运行要求，确保大秦线重载运输安全。

138

京通线 C10059 次货物列车脱轨一般 A 类事故

一、事故概况

2008 年 5 月 28 日丰台西站编组 C10059 次货物列车(编组 50 辆，总重 3 874 t，换长 69.9)于 22 时 09 分由丰台西三场始发，5 月 29 日零时 18 分到达京通线怀柔北站，更换怀柔北机务段 DF_{8B} 5235 号机车，列车于 1 时 17 分开车，1 时 52 分运行至石塘路站 K79+763 处，机后第 47～50 位货车脱轨。造成车辆中破 4 辆；线路损失 60 kg AT 道岔 2 组、岔枕 2 组、60 kg 钢轨 350 m、43 kg 钢轨 150 m、Ⅲ型混凝土枕 455 根及各种扣件等；电务设备损失 ZD6 电动转辙机 2 台及有关道岔安装装置、12 芯电缆 600 m；供电设备损失低压电力线路 70 mm^2、钢芯铝角线 200 m 等。中断行车 2 小时 38 分。构成铁路交通一般 A 类事故。

二、原因分析

造成 C10059 次货物列车脱轨的直接原因是机后 47 位

C_{64K}4927180车辆运行方向左4(1位)轴冷切轴所致。

1. 67 352号车轴产生冷切的原因是，由于断裂车轴卸荷槽结构特点的存在，使得外界强腐蚀物质(盐类)进入到卸荷槽部位后在此形成富集，导致卸荷槽部位受到严重腐蚀并形成多源环状腐蚀坑，在外界交变应力作用下，卸荷槽部位的结构应力集中与腐蚀坑的底部应力集中共同作用导致裂纹萌生并引发车轴早期失效断裂。

2. 67352号车轴轴身部位2个式样试验检测屈服强度分别为340 MPa和335 MPa，未达到铁标合格标准(大于等于345 MPa)要求。轴颈部位屈服强度偏于铁标合格标准的下限值。

综上所述，造成该起冷切轴事故的原因是67352号车轴材质的力学性能未达到铁标合格标准。

三、事故责任

太原重工股份有限公司负事故全部责任。

四、采取措施

1. 强化车辆配件源头质量控制。严格落实购入配件的抽验规定要求，杜绝不良配件装车使用。

2. 加强轮轴检修的探伤检查。严格执行《铁路货车轮轴组装检修及管理规则》(铁运〔2007〕98号)及有关探伤规定，落实小角度纵波探头对轮座镶入部外侧进行复探的措施，确保轮座镶入部、轴颈根部或卸荷槽部位的缺陷不漏探。

3. 加强探伤设备的性能校验工作。严格按照探伤工艺要求进行日常性能校验和季度性能检查，坚持主管领导和技术专职定期进行抽查并记录，确保探伤设备性能状态良好。

4. 严格落实对新制、检修车轴组装前全数施行全轴超声波穿透探伤检查要求，确保车轴透声性能良好；轮对组装后，必须严格对轮座镶入部施行超声波探伤检查。

5. 加强探伤材料的管理。未经路局探伤材料检测中心检测合格的探伤材料不得投入使用。

139

兰新线 80325 次货物列车机车火灾一般 B 类事故

一、事故概况

2007 年 9 月 23 日 3 时 15 分，乌鲁木齐机务段 DF_{8B}5157 号机车牵引 80325 次货物列车（嘉峪关机务段担当乘务；编组 32 辆，总重 2 615 t，换长 45.9）运行至兰州局兰新线安北—石板墩间 K998+745 处，因机车机械间着火停车。6 时 43 分区间开通，中断兰新线下行正线行车 3 小时 28 分。构成铁路交通一般 B 类事故。

二、原因分析

1. 由于发生事故的 DF_{8B}5157 号机车柴油机第三喷油泵泵体在铸造生产过程中，存在严重穿透性铸造砂眼缺陷，致使列车运行中砂眼贯通喷油泵漏油喷油，油雾喷溅到高温状态的柴油机排气总（支）管上导致火灾，是造成此次事故的主要原因。

2. 嘉峪关机务段机车乘务员在疏勒河站交接过程中，已发现柴油机第三喷油泵渗油，在没有进行处置的情况下，使机车带病上线运行，在运行中柴油机第三喷油泵渗油严重，机车乘务员处置措施不当多次锤击砂眼，致使砂眼扩大；尤其是机车乘务员 3 时 12 分发现火情后，没有及时采取停机措施，失去了初期灭火的最佳时机。3 时 15 分停车后，隐瞒机车已经着火事故真相，仅向安北站值班员报告机车喷油泵漏油停车，误导调度员制定错误救援方案，又一次失去了初期火灾及时扑救的时机，也是造成此次事故的主要原因之一。

3. 机车检修、检查不到位。分析该机车柴油机喷油泵泵体铸造砂眼从存在再到渗漏最后到喷溅漏油的演变过程，乌鲁木齐机务段哈密检修车间曾经做过中修、小修，又经过哈密、柳园、嘉峪关入库整备检查作业，未能发现该喷油泵存在的铸造缺陷和渗漏的问题，在机车检修、出入库整备中存在不认真、不到位问题，也是造成此次事故的主要原因之一。

三、事故责任

浙江安托油泵油嘴有限公司负事故主要责任；嘉峪关机务段、乌鲁木齐机务段负事故同等责任。

四、事故处理

根据事故认定书，追究乌鲁木齐铁路局机务管理的同等主要责任，按乌铁人〔2007〕5 号文件六项 2 条规定，取消机务处正副职两个月月度劳动竞赛考评资格，处内其他人员比照办理；取消乌鲁木齐机务段领导班子成员 3 个月月度劳动竞赛考评资格，由乌鲁木齐机务段按照段安全管理责任制追究哈密生产片区哈密检修车间、柳园车间管理责任。

五、事故教训

此次事故虽是柴油机第三喷油泵产品质量缺陷，造成列车运行中，喷油泵漏油喷油，油雾渐到高温状态的柴油机排气总(支)管上导致火灾，但通过对事故的调查，也暴露出存在的问题，机车乘务员在疏勒河站交接过程中，嘉峪关机车乘务员已发现柴油机第三喷油泵渗油，在没有进行处置的情况下，盲目带病上线运行；在运行过程中柴油机第三喷油泵渗油严重，机车乘务员盲目多次锤击砂眼，致使砂眼扩大，由于采取的一系列处置措施不当，造成机车起火；更为严重的是机车乘务员 3 时 12 分发现火情后，没有及时采取停机、断电和断油措施，也没有及时停车，失去了初期灭火的最佳时机。

六、采取措施

1. 进一步加强各级干部职工消防安全责任意识教育，严格落实机车防火措施，各机务段在十月底前组织对机车乘务员进行一次全员“三懂三会”和机车防火安全专业知识培训考试，考试不合格严禁上岗。

2. 切实提高机车乘务员非正常情况下应急处理能力。完善应急预案，尤其是要制定各种情况下的应急处置方案，要加强机车乘务人员专业培训，掌握机车燃油、机油系统的工作原理，使其熟练掌握本岗位设备性能、安全处置措施和消防安全基本知识。

3. 严格喷油泵检修质量的控制，加强泵体内部检查，对外部疑似裂纹、砂眼等缺陷逐台认真判别，保证上车的配件质量良好。

4. 以燃油、机油系统为重点，加大力度对机车"小而广"故障的进行整治，确保机车运用状态良好。

5. 严格执行整备作业范围和标准，动态检查作业中要重点突出对燃油、机油系统泄漏和电气线路的整治，杜绝机车带病出段。

6. 运行中，机车乘务员要严格按《机车操作规程》规定对机械间进行巡视检查，及时发现并消除漏泄处所；燃、机油系统漏泄无法消除且有可能引发火灾时，要立即停止柴油机工作，严禁维持运行；发现机车出现火情时，要立即停止柴油机工作，断开 XDC 闸刀，立即停车采取扑救措施，并及时向两端车站和列车调度员报告。

7. 对运行中机车发生的"跑、冒、滴、漏"故障及处理情况，认真填记"机车运行日志"。在车站继乘或机车入段后机车乘务员要和有关人员认真进行交接。

140

陇海线 41038 次货物列车机车火灾一般 B 类事故

一、事故概况

2008 年 6 月 30 日，徐州机务段 DF_{4B}1852 号机车牵引 41038 次货物列车（编组 47 辆，总重 3 713 t，换长 60.9）运行至上海局陇海线新沂西—瓦窑间时，因机车着火，列车运行监控记录装置自停放风，柴油机停机，停于 K123＋400 处。经救援，7 时 48 分开通区间，中断陇海上行线徐连段行车 2 小时 42 分。构成铁路交通一般 B 类事故。

二、原因分析

经查，DF_{4B}1852 号机车第 3 电机 42 号大线与第 1 电机 22 号大线在电器柜下部并排安装，接触部位绝缘碳化现象严重，42 号线与 22 号线绝缘老化，绝缘电阻下降，由于 42 号大线为高电位，22 号大线为低电位，电流经主整流柜正端 12 号大线—3C 接触器-13FL—42 号大线与 22 号大线接触部位—21 号大线—回到整流柜负端，引起 13FL 及与之相关的导线强热、起火。

该机车于 2004 年 3 月 9 日在南车洛阳机车有限公司第 2 次大修，修后走行 640 048 km。南车洛阳机车有限公司在该机车大修过程中，对机车主回路大线状态检查不到位，对大线更换标准掌握不严，未能及时消除机车主回路大线存在的隐患，是造成本起事故发生的直接原因。徐州机务段机车三项设备安装存在设计隐患，司机应急处置不当，也是造成本起事故发生的原因之一。

三、事故责任

南车洛阳机车有限公司负事故主要责任；徐州机务段负事故重要责任。

四、采取措施

南车洛阳机车有限公司应进一步分析事故原因，深入查找机车大修过程中存在的安全问题和隐患，立即采取控制措施，杜绝类似事故的再次发生。

徐州机务段要举一反三，深刻吸取事故教训，眼睛向内查找自身不足，强化应急处置能力培训，同时，按照规定对事故责任者进行严肃处理。

141

鄂州站 57306 次货物列车二场 5 道脱轨一般 B 类事故

一、事故概况

2008 年 8 月 17 日 7 时 48 分，武南机务段 DF_8 0012 号机车牵引 57306 次货物列车（编组 32 辆，总重 2 356 t，换长 38.9）从铁山

站6道开出，7时55分，鄂州车站开放二场5道信号机。8时40分，鄂州车站值班员接到57306次司机报告，57306次进二场5道时，在228号道岔岔区辙叉护轮轨处，机后第17位车辆（车号：C_{70} 1579697，重71 t，品名：铁精矿）一位转向架第1、3位轮、第18位车辆（车号：C4899145，重65 t；品名：铁精矿）二位转向架第7位轮脱轨，影响武九下行正线及鄂州二场3、5道。经救援，10时10分，将57306次尾部14辆车转至鄂州一场7道；10时26分，开通武九下行正线（调令63859号）；10时35分，脱轨车辆自行起复完毕。车辆小破2辆；损坏护轮轨1根、岔枕5根。构成铁路交通一般B类事故。

二、原因分析

经调查，导致列车在228号道岔脱轨的主要原因是鄂州二场5道失修，道岔设备几何尺寸超限，导致机后17位一位台车1、3位轮、18位二位台车7位轮脱轨。

三、事故责任

武汉钢铁集团矿业有限责任公司鄂州球团厂负事故全部责任。

四、事故处理

1. 武汉钢铁集团矿业有限责任公司鄂州球团厂按照《铁路交通事故调查处理规则》规定，自收到认定书7日内应严格按照国家法律、法规和本企业的相关规定，对事故责任人员进行处理。

2. 武汉铁路局有关部门和单位未能按照《武汉铁路安全监督管理办公室职责规定》（武铁安监办〔2007〕2号）规定，对地方专用铁路线路进行监督检查，对有关部门、单位应按照相关规定，追究其监督管理责任。

五、采取措施

1. 督促武汉钢铁集团矿业有限责任公司鄂州球团厂加强自维线路的日常养护维修，严格按照《铁路线路修理规则》的标准进行线路检查和整修，确保线路质量达标。

2. 加强对非路产专用线、专用铁道的安全监管。根据《铁路运输安全保护条例》以及《武汉铁路安全监督管理办公室职责规定》(武铁安监办〔2007〕2号)，按非路产专用线、专用铁道的地理位置及与国铁接轨点，由工务监管部门和单位依法行使监管责任，加强对线路设备的检查和监控，发现线路存在危及行车安全的隐患时，要立即向产权单位下达《安全隐患整改通知书》，责令限期整改。限期整改不到位的，应书面通知运输部门及安监部门，建议停止其取、送车作业。对与国铁并行地段及与国铁接轨500m范围内存在行车安全隐患的，除立即向产权单位下达《安全隐患整改通知书》外，还应立即通知相关车站，停止向专用线、专用铁道取送车及接发列车，同时抄报路局有关单位。

3. 对管内地方、合资铁路企业以及专用线、专用铁道产权单位的铁路行车设备维修和管理情况，督促武铁监管办组成部门依法加强监管，及时发现和督促整改存在的问题，确保武铁监管办管辖范围内铁路运输安全。

142

京沪线DH10135次列车机车火灾一般B类事故

一、事故概况

2008年9月3日，由济南西机务段司机值乘南京东机务段配属的HXD_3 0050号机车牵引济南西至徐州间DH10135次列车(编组62辆，总重4976t，换长82.1)于9月3日6点17分通过邹城站，6时25分邹城站车站值班员接到DH10135次列车汇报，因列车机车着火，列车运行到京沪下行线邹城—两下店间K663＋740处停车。中断了京沪下行线邹城站至两下店站间行车1小时25分。构成铁路交通一般B类事故。

二、原因分析

第三牵引电动机 W 项电缆连接插芯连接器松动，该连接插芯表面呈锯齿状，系接触电阻过大，造成拉弧、高温、打火现象，从而导致着火。

第三牵引电动机 W 相电缆连接器接触不良是导致此次事故发生的直接原因。

三、事故责任

中国北车集团大连机车车辆有限公司负事故全部责任。

143

沪昆线 57030 次路用列车脱轨一般 B 类事故

一、事故概况

2008 年 11 月 8 日，贵阳机务段 SS_{3B}0060 号机车牵引沪昆线 57030 次路用列车（编组 12 辆，总重 710 t，换长 25.7）于 11 月 9 日 4 时 01 分水花站通过后，运行至成都局沪昆线上行线 K1 749＋579 处，列车突然起非常，当时速度 71 km/h，4 时 04 分停在 K1 749＋250 处。停车后随乘司机立即向后检查，经检查发现机后 11 位捣固车 DG31 号运行方向前台车第一轮对切轴后脱线，确认列车无法继续运行，于 4 时 16 分将情况向水花站汇报，并请求救援。损坏混凝土枕 450 根、混凝土桥枕 864 根、弹条扣件 3 900 套（含扣板、弹条、螺旋道钉、平垫圈）、接头夹板 13 副、绝缘轨距拉杆 650 根；D09－32 型 DG31 号捣固车破损。直接经济损失 193.4 097 万元。中断沪昆线上行线行车 5 小时 46 分。构成铁路交通一般 B 类事故。

二、原因分析

根据铁道科学研究院金属及化学研究所对 09-32 捣固车 1 号驱动轴所作的失效分析，切轴的主要原因是该轴轴身防锈漆不适应轮对突悬结构变截面区的高应力、高应变，漆皮开裂，产生环状分布的腐蚀坑，形成裂纹源，在较大的剪应力作用下，促使驱动轴发生了早期疲劳失效断裂，从而造成轮座后肩垂直冷切断，导致事故的发生；成都工务机械段在 2008 年 1 月 27 日对该车轴进行超声波探伤工作中，未能发现该车轴漆皮开裂处产生的环状分布腐蚀坑，形成的裂纹源，是造成事故的次要原因。

三、事故责任

昆明中铁大型养路机械集团有限公司应负事故主要责任；成都工务机械段负事故次要责任。

四、事故处理

昆明中铁大型养路机械集团有限公司按照有关规定和程序，追究相关单位或相关管理人员责任，进一步完善安全措施，防范类似事故的再次发生。

五、事故教训

1. 出厂质量把关不严，未发现车轴防锈漆存在的缺陷。生产厂家车轴轴身使用的防锈漆不适应轮对突悬结构变截面区的高应力、高应变，造成漆皮开裂，产生环状分布的腐蚀坑、形成裂纹源，生产厂家对所使用的产品质量把关不严，导致该车在运行中发生冷切，直接造成事故发生，教训极为深刻。

2. 违反大机生产相关规定。昆明中铁大型养路机械集团有限公司违反《线路机械通用试验方法整机结构和运行性能试验》(TB/T 2479.1—1993)第 3.1.5 条“轮对应用探伤仪进行探伤或检查其探伤记录应符合有关技术规定”的规定，在出厂时，未对该车轴进行探伤检查。

3. 产品质量跟踪和质量检查不到位。昆明中铁大型养路机械集团有限公司产品出厂后，没有进行设备状况的调查，没有定期进行产品质量跟踪和质量检查。

4. 探伤工作不到位。成都工务机械段在 2008 年 1 月 27 日对该车轴进行超声波探伤工作中，未能发现该车轴漆皮开裂处环状分布的腐蚀坑、形成的裂纹源，为事故发生埋下隐患。

5. 制度落实不到位。一是成都工务机械段落实《大型养路机械使用管理规则》有关规定不力。《大型养路机械使用管理规则》附件 4《大型养路机械检查保养规程》第 4 条及 4.2.4 条规定“发动机每工作 1 200 小时和 2 400 小时进行一次，其他工作装置每工作 400 小时进行一次”三级保养，对“车轴进行超声波探伤检查”，但工务机械段对该规定无细化落实措施；二是《大型养路机械运转记录日常检查保养记录》记录不规范，如有运转时间不填的，有封锁时间不填的，且对工作时间记录无统计。三是查今年该捣固车工作时间为 409.1 小时，但工务机械段未安排对该捣固车进行三级保养，也未对该车轴进行探伤。

6. 专业技术管理不到位。一是 D09－32 型 DG31 号捣固车工作日志未用捣固车专用工作日志，而是用《轨道车工作日志》代替；二是未填写车号、制造厂、型号、功率、牵引能力等技术数据；三是 2008 年 3 月 7 日《大型养路机械检查鉴定表》这一年检合格证，没有业务处审核签认。

六、采取措施

1. 自轮运转设备车轴探伤应实行专业化管理。随着维修体制改革的深化，检养修分开的实施，大型养路机械等自轮运转设备越来越多，而目前大型养路机械的探伤主要由工务机械段承担，建议自轮运转设备车轴探伤应实行专业化管理，由机务或车辆进行自轮运转设备车轴探伤。

2. 线路机械通用试验方法整机结构和运行性能试验要按规定要求进行。生产厂家要认真执行铁标“线路机械通用试验方法整机结构和运行性能试验”的规定，在产品装配时，把好每一个配件的质量关，确保出厂产品的正常运行和使用，特别是对整机结构性能试验，轮对应用探伤仪进行探伤或检查其探伤记录应符合有关技术规定。产品出厂后，应定期进行产品质量跟踪和质量检测，及时消除设备安全隐患。

3. 设备管理单位要认真执行《大型养路机械使用管理规

则》规定。成都工务机械段要加强捣固车的探伤工作，要按照大型养路机械保养规程，定时对车轴进行超声波探伤检查，要提高探伤人员的业务技术水平，及时发现设备隐患，确保大机运行安全。

4. 切实加强专业技术管理。成都局专业部门要加强大型养路机械的技术管理，要按照《大型养路机械使用管理规则》、《大型养路机械轮对及轴箱装置检修规则》、《大型养路机械及轨道车车辆车轴超声波探伤工艺规程》的有关规定，建立相关规章制度，细化落实措施，并加强日常检查工作，将铁道部的有关规定落到实处。

144

沪昆线 83923 次货物列车车辆断轴一般 C 类事故

一、事故概况

2007 年 9 月 3 日 5 时 58 分，昆明机务段 SS_{3B}6121 号机车牵引 83923 次货物列车（编组 42 辆，总重 3 970 t，换长 54.4）以 53 km/h 的速度运行到昆明局沪昆线小鸡街—格以头间 K2 407＋799 处时，突然发生紧急制动停车，机车停于 K2 408＋021 处。司机查询列尾风压为 0 kPa，检查机车及后部车辆，发现第 27 位车辆 C_{70H}1501507 运行方向前端第一轮对左侧轴头切断丢失，轴承及承载鞍发红，侧架下移，车轮在钢轨上未脱轨，不能继续运行，立即向小鸡街站汇报并请求救援，并对列车采取了防溜防护措施。救援列车于 9 时 37 分到达事故现场，将事故车辆装载的煤卸下并用救援简易台车更换事故车转向架。于 10 时 13 分救援完毕，11 时 12 分开通区间。构成铁路交通一般 C 类事故。

二、原因分析

事故的直接原因是：轴承质量不良，轴承外圈滚道产生剥离后，剥离物使滚子运转受阻，破坏塑钢保持架后，使滚子呈无序滚动状态，滚子不断被磨细磨小，产生高温，在这个高温场中，内圈小挡边被无序运转的滚子轴向窜动挤压失效，使外列轴承的承载能力下降，同时产生大量的热并传导到内列轴承内圈，导致内圈膨胀松动，与轴颈产生滑动摩擦，产生聚热高温迅速磨细车轴，导致热切轴事故的发生。

三、事故责任

成都天马铁路轴承有限公司负事故全部责任。

四、采取措施

1. 成都天马铁路轴承有限公司要加强轴承产品质量源头控制，严肃工艺纪律，确保产品质量。建立严格、完备的制度管理体系，强化技术管理和专业管理，严格控制产品质量、生产过程和技术标准，确保产品质量。

2. 中国南车集团株洲车辆厂要加强新造车辆质量控制，车辆制造厂要严格执行各项规章制度，落实工艺标准，强化内部专业管理，确保新造车辆质量良好上线运行。

3. 车辆部门要认真吸取事故教训，深化列检作业标准化工作，加大到发列车检查作业的现场卡控力度，杜绝漏检漏修。

4. 进一步加强对红外线轴温探测的管理和红外线轴温探测设备的检修和日常维护，提高红外线探测设备质量，确保红外线设备技术状态良好，做到提前预防。加强从事红外线人员业务技能培训教育，提高工作责任心和业务素质，严格执行标准，坚持红外线轴温探测跟踪预报制度，认真判断分析轴温，及时预报，果断处置。加强对红外线轴温探测管理各项制度的检查监督，对发现的问题要及时整改，消除隐患。昆明局车辆部门要针对红外线轴温探测系统探测角度优秀率较低问题，组织攻关，找准原因，尽早解决。

5. 要切实加强车站值班员接发列车作业标准工作。83923次列车通过龙津沟站、小鸡街站时，折断轴头虽然位于站台反面，车站值班员难以发现热轴轴头，但也暴露出车站值班员执行接发列车作业标准存在差距，对列车运行情况的监视不够彻底，未能防止事故的发生。

145

青藏线 10979 次货物列车机车动轮辐板裂损一般 C 类事故

一、事故概况

2007 年 11 月 23 日，西宁机务段 DF_{4B}6054、DF_{4B}3363 号机车牵引 10979 次货物列车运行至青藏线洛北—察汗诺间 K349＋010 处，因本务机车 6054 号的第 5 动轮齿侧辐板沿圆周方向裂通，不能继续运行。请求救援，经救援后于 21 时 05 分开通区间。构成铁路交通一般 C 类事故。

二、原因分析

通过对故障轮对进行解体检查后，事故调查组认为造成轮心沿圆周方向裂通的主要原因是由于铸造缺陷，产生了疲劳裂损，沿圆周方向迅速发展，短时间内发生断裂。

三、事故责任

大同电力机车有限公司负事故全部责任。

四、采取措施

1. 机务部门负责制定《机车走行部质量管理检查办法》，明确界定各部门、各岗位的职责与权限。各相关车间、部门要认真执行《机车走行部质量管理检查办法》，形成长效机制，抓好落实。

2. 从源头上规范探伤管理工作。在检修车间配备探伤专职质检员，对探伤工作进行把关。自 12 月 1 日起，所有备品轮对上车前必须进行探伤，任何修程时下车轮对装车前必须探伤。通过此次事故教训，对车间的工艺和范围执行情况及检修记录开展一次全面普查，从班组、各专修工班长到质检员必须从主观和客观因素两方面，对工艺和技术条款要求在执行过程中存在的问题和漏洞进行写实；车间针对存在的问题进行全面梳理，自己能整改的限期整改，对不能整改的报上级有关部门解决。

3. 加强辅、小修轮对检查。机车辅、小修时，验收员、主管轮对技术员、专职质检员、走行组工长在每次机车辅、小修时必须重点检查轮对状态，并做好记名记录，检查后必须保证 1 万 km。由技术科负责制定检查记录本，并妥善保管。

146

沪昆线接触网断线一般 C 类事故

一、事故概况

2007 年 12 月 5 日，由杭州机务段 SS_4 1091 号机车牵引 22017 次列车运行至沪昆下行线杭州东—笕桥区间 K193＋775 处（具体接触网杆号 29 号～31 号），发生因机车车顶避雷器炸裂后对地短路产生大电流造成杭州东—笕桥区间 K193＋775 处接触线断线，机车车顶一台避雷器炸裂，工作受电弓弓面电弧烧伤 3 处。构成铁路交通一般 C 类事故。

二、原因分析

22017 次列车通过笕桥站后，由于机车车顶避雷器绝缘不良造成第一次接触网跳闸（时间为 11 时 12 分），鉴于避雷器工作特性，跳闸后接触网重合成功。在机车继续运行过程中，由于避雷器再次被击穿并形成内部永久故障，造成接触网第二次跳闸（时间为 11 时 13 分），且重合未成功。此时司机在听到异响且确认网压为零的情况下实施紧急制动，停车于事故地点，降弓后下车进行弓网外观检查，在此期间接触网强送成功（时间为 11 时 23 分），经检查弓网无异常后，根据车站通知，再次升弓，此时车顶避雷器炸裂。形成对地短路，产生大电流造成受电弓上方接触线断线（时间为 11 时 27 分）。综合上述情况判断，造成该起事故的直接原因为避雷器内部绝缘故障，在机车停车后升弓加压情况下炸裂形成对地短路，短路大电流造成导线烧断（避雷器生产厂家为西安电瓷研究所，型号 10WT-42/105，生产日期 2006 年 3 月，编号 503）。$SS_4$1091 机车（株洲电力机车有限公司生产）A 节端避雷器内部绝缘不良，在运行过程中避雷器炸裂后对地短路，是造成本起事故的直接原因。

三、事故责任

南车集团株洲电力机车厂负事故全部责任。

四、采取措施

1. 要求机车生产厂家对该批次车顶避雷器做抽样检验，检测结果上报路局主管部门，并根据检验情况确定后续整治方案。

2. 机务段在日常运用检修过程中，加强设备监控及检查。

147

沪昆线 D95 次列车刮坏行车设备一般 C 类事故

一、事故概况

2008 年 4 月 29 日 14 时 10 分左右，D95 次南昌局南昌车辆段随车机械师在巡视车厢时听到 102904、102905 车之间下部有异音，随后司机（南昌机务段）也发现 102904 车 4 轴牵引电机报警，系统自动将其切除。同时杭州工务段衢州东工区工地防护员在衢州站东端道岔区避让列车时，听到 D95 次列车有异响，立即报告车站值班员，值班员马上用无线电话通知 D95 次司机，并要求助理值班员去检查确认。列车于 14 时 19 分停靠衢州站，随车技师下车检查后发现 102904 车 4 轴牵引电机冷却风道破损，并与车轴相抗磨，经处理将破损冷却风道拆除，并告知司机切除该电机，不得恢复。D95 次于 14 时 34 分开车，超停 14 分，列车于 16 时 55

分到达南昌站，终到晚点 10 分。刮坏地面应答器 7 只，并耽误列车 14 分。构成铁路交通一般 C 类事故。

二、原因分析

D95 次 102904 车 4 轴牵引电机冷却风道破损并在运行中脱落，导致刮坏行车设备。是造成事故的直接原因。

三、事故责任

青岛四方－庞巴迪－鲍尔铁路运输设备有限公司负事故全部责任。

四、采取措施

1. 青岛四方－庞巴迪－鲍尔铁路运输设备有限公司要进一步提高产品质量，确保动车组运行安全稳定。

2. 进一步加强售后服务、质量跟踪及信息反馈制度。

148

京九线 28028 次货物列车机车火灾一般 C 类事故

一、事故概况

2008 年 6 月 8 日，向塘机务段 DF_{4C} 4319 机车在京九线赣州至向塘区段牵引 28028 次货物列车（编组 41 辆，总重 1 468 t，换长 60.1）赣州东 20 时 42 分开车。9 日 3 时 21 分，当列车运行于大洋洲至樟树东间，随乘司机在非操纵端休息，突然听到"嘭"一声响，立即开门进电气室进行检查，发现机车辅助发电机有纤维物质飞出，已燃起明火，使用灭火器已无法进行扑灭。同时操纵司机发现辅助发电机不发电，立即采取停车措施，列车在 K1 555＋525 处停车。此时机车辅助发电机扫膛，输出端油封窜出；部分电器、电气线路烧损，蓄电池及其连线烧损，主、副整流柜烧损，三项设备主机及线路烧损。由于火势较大，经确认无法继续运行，立即向调度所请求救援并要求通知 119 消防部门增援，经多方努力于 4 时 18

分将火全部扑灭。构成铁路交通一般C类事故。

二、原因分析

2008年3月24日成都厂第二次大修，修后走行18054 km。

由于机车厂修质量问题，造成辅助发电机电枢绕组匝间绝缘不良，短路后造成电机转子扫膛，辅助发电机不发电。

三、事故责任

成都机车车辆有限公司负事故全部责任。

四、采取措施

1. 机务段技术科及时将该机车故障信息反馈给成都机车车辆有限公司。

2. 对大、中修回段机车进行全面检查和验交、把关。

3. 机务段运用车间对该故障案例进行广泛宣传，运行中应密切监视各电流表，发现异常应尽量停靠车站进行检查、处理，避免影响运输秩序。

4. 组织乘务员对防火知识进行学习，掌握灭火器的正确使用方法。

149

淮南线36164次货物列车车辆加速缓解风缸脱落一般C类事故

一、事故概况

2008年6月10日0时03分，合肥机务段DF_{4B}3745号机车在淮南线牵引36164次货物列车运行至炯炀河站内Ⅱ道时，非常制动停车。经检查发现，机后第2位车辆（重车，车号：C_{64H}4204637）加速缓解风缸脱落且该车制动连接管弯曲变形、空重车自动调整支管变形；加速缓解风缸脱落时，击打其他车辆并造成机后第9位（G_{60T}6225856）主管丁字接头折断，机后第10位与第11位（G_{60K}6223779、P_{64K}3404926）软管分离；炯炀河站6号道岔尖端杆变形，10号道岔第三连接杆弯曲。构成铁路交通一般C类事故。

二、原因分析

南车长江车辆有限公司装配该车辆加速缓解风缸时，只进行了定位时的四处点焊，未按图纸及工艺要求对嵌入型风缸缸体与吊架接合部位双面满焊，是造成本起事故发生的主要原因；南京东车辆段在实施车辆段修时没有按要求对隐患部位进行施修，同样是造成本起事故发生的主要原因。

三、事故责任

南车长江车辆有限公司负事故全部责任；追究南京东车辆段事故同等责任。

四、采取措施

南车长江车辆有限公司应进一步分析事故原因，深入查找产品存在的质量问题和隐患，立即采取控制措施，杜绝类似事故的再次发生。

南京东车辆段要眼睛向内查找自身不足，强化行车设备质量保障，严格基本规章制度贯彻执行，健全完善基础管理制度，同时，按照规定对事故责任者进行严肃处理。

150

济南西机务段接触网断线一般C类事故

一、事故概况

2008年7月18日9时00分，$SS_4$0259号机车进行检修交车，3名工作人员上车，按照要求对机车进行做高压试验前的准备工作，对17日未修复的551KA整修，各项准备工作完毕，9时30分工长准备升弓试验(此时正遇雷电、大雨)，确认其他2人均在司机室后，工长升弓，网压表显示电压约26 kV，网压正常，电压稳定后闭合主断路器，约1分后接触网断线。10时59分恢复。构成铁路交通一般C类事故。

二、原因分析

综合分析认为:因高压雷电超过避雷器负载,避雷器内部氧化锌阀片在释放高压雷电时被击穿,避雷器内部空气出现电离特征,呈现高温、高压状态,空气压力急剧膨胀,将避雷器顶盖及其上部的连接线一起崩开,顶盖打坏主断路器伞裙后与车顶连接。此时,25 kV 高压电通过接触网线、机车受电弓滑板、主断路器、避雷器软接线、避雷器上盖、机车车顶、机车车体与大地导通,形成回路。接触网与受电弓滑板接触点处,瞬间通过大电流,烧断接触网线。

三、事故责任

株洲车城机车配件有限公司负事故主要责任;济西机务段负事故次要责任。

四、采取措施

1. 发生事故后调度所电调立即形成安监报 1,通知安监室;济南西机务段立即报告办事处安监室值班室,并保护事故现场。

2. 电力机车处在接触网终点标外是否能进行升弓试验,机务处、机务段要有具体的依据要求。在未有具体规定之前,禁止在此处进行升弓高压试验。

3. 机务段应尽快购置 75 kV 耐压实验台等专项测试设备,确保电力机车中修的各项高压配件能够按要求进行全面检查实验。确保上车设备各项基础参数符合规定。

4. 不良天气条件下,电力机车在库外露天作业,进行高压试验时,机务段要指定干部盯岗到位,确保安全。

151

牡丹江站 T26217 次货物列车车辆冷切轴一般 C 类事故

一、事故概况

2008 年 7 月 21 日,$DF_8$0140 号、重联机车 $DF_4$3478 号牵引

T26217次货物列车(编组32辆,总重2698 t,换长38.4)在牡丹江站二场4道待发,7时18分开车时,机后第5位车辆C_{64K}4880658(品名:铁精矿,发站:绥芬河,到站:双鸭山)发生冷切断轴。9时01分开始救援,10时40分救援完毕。构成铁路交通一般C类事故。

二、原因分析

由于车轴卸荷槽部位存在陈旧性裂纹并逐渐扩展,导致冷切轴。

三、事故责任

武汉江岸车辆厂负事故主要责任;武汉铁路局江岸车辆段负事故次要责任。

四、采取措施

1. 认真组织有关领导、技术人员、验收人员和有关工作者,认真学习新规,学懂学透与新规相补的文件电报要求,及时到现场跟踪检查落实情况,确保文件、电报全面得到落实。

2. 严格执行铁道部新下发的运装货车电2008—1544号电报各项内容,做好车轴裂纹的防范工作。

3. 强化站修轮轴管理工作,加强站修轮轴的收支管理,对卸下的轮轴和装车的轮轴严格执行铁运〔2003〕40号《关于重新公布铁路货车站修规程》和铁运〔2007〕98号《关于印发铁路货车轮轴组装检修及管理规则》的技术要求,坚决杜绝违规修轮。

152

京九线10666次货物列车机车齿轮箱脱落一般C类事故

一、事故概况

2008年7月31日,上海局阜阳机务段$ND_5$0270机车牵引阜阳北至聊城北间10666次货物列车(编组51辆,总重3 470 t,换长

69.2)23 时 40 分运行至济南局京九上行线梁山站进站信号机前，值乘司机听到走行部发出异音，立即报告梁山站，并要求站内停车检查，23 时 43 分 10666 次列车停于梁山站Ⅱ道。经现场勘察，10666 次列车机车 $ND_5$0270 号的齿轮箱脱落，该齿轮箱下体长约 1.26 m、厚度 0.18 m，高 0.42 m，重量约 85 kg。自京九线上行 K505＋164 处，因前端螺栓折断脱落，箱体前端下垂，开始刮擦枕木；运行至 K504＋370 处，整体脱落于线路中心，拖行 794m，齿轮箱下体变形（前端变形严重），轨枕有明显碰撞痕迹，因撞击造成 2 根轨枕严重破损，部分螺栓折断。造成护轮轨扣件螺栓折断 20 个，轨枕严重破损 2 根，线路扣件螺栓折断 39 个；ND_5 0270 号机车第 2 位齿轮箱下体报废。影响 10666 次 1 小时 49 分，K564 次停车 17 分。构成铁路交通一般 C 类事故。

二、原因分析

造成此次事故的直接原因是：机车齿轮箱下罩体的 3 条固定螺栓中，前部、中部螺栓先发生折断，进而引发后部固定螺栓和 4 条合口螺栓中 2 条折断、2 条脱落，导致车齿轮箱下罩体脱落。前部螺栓为浙江嵊州中仁紧固件有限公司产品，由上海阜阳机务段 7 月 25 日装车使用，经铁道科学研究院鉴定为材质不良；中部螺栓为原装进口产品，有明显旧痕。

三、事故责任

浙江省嵊州中仁紧固件有限公司事故负事故主要责任；同时追究阜阳机务段事故同等主要责任。按照有关规定对浙江省嵊州中仁紧固件有限公司依法进行处罚。

四、采取措施

1. 落实职工作业标准化作业，要加强对机车乘务员、机车检修人员、车站值班员、列车调度员等行车主要工种的业务培训，规范落实作业制度和标准，杜绝类似事故的再次发生。

2. 进一步深入开展安全大反思大检查活动，深刻汲取事故教训，首先从各级干部深挖细找，举一反三查找思想认识、安全管理、队伍素质、设备质量等方面存在的问题，制定有效措施全力进行整改。

3. 切实提高应急处置能力。各单位要高度重视机车车辆走行部的质量控制，特别是对机车走行部和悬挂部件认真进行全面检查，杜绝不良机车上线运行。在加强出入库检查、保证质量的同时，切实提高应急处置能力，凡列车运行过程中发生走行部异常情况，要采取果断停车措施，检查确认不危及行车安全后方可继续运行，杜绝冒险行车。

4. 加强机车车辆质量管理。机务、车辆部门要立即组织开展对走行部质量的安全专项检查，特别是对走行部易裂损、脱落、松动的部件进行逐台逐辆的全面检查，及时消除安全隐患。当前重点对 ND_5 型机车走行部进行全面排查，8 月底前要对机车走行部紧固件进行一次全面检查。济西机务段对 ND_5 型机车必须立即对齿轮箱固定螺栓进行一次记名式检查和力矩校验，并做好防缓标记。要对机车零、部件采购环节进行一次全面梳理，坚决杜绝资质不全、质量不过关、达不到技术要求的部件上车。

5. 加强对上车上线零部件的质量控制。从源头进行把关，非定点厂家、没有合格证、未经质量检验的零部件，一律不准上车上线。

6. 加强乘务员标准化作业。教育乘务员运行途中加强瞭望，发现危及列车安全的异常情况及时采取有效措施，严格树立“宁错停、勿盲行”的安全意识。

7. 加强行车指挥和运输组织。运输调度部门要高度重视机车走行部有异音或机车、车辆部件脱落的情况，完善行车指挥预案，采取果断措施，确保后续列车运行安全。

8. 提高对执行《事规》严肃性的认识。对各类重要安全信息要准确及时报告，调度部门认真填报安监报 1，安监值班人员及时了解掌握情况随时补报，重要信息及时向有关领导报告。

153

京沪线 D458 次列车故障导致接触网断线一般 C 类事故

一、事故概况

2008 年 8 月 15 日 19 时 47 分，京沪线 D458 次动车组列车（上海车辆段 CRH_2 2059A＋2005A）运行至硕放站时，因动车组故障导致接触网跳闸，后列车临停硕放站站内，根据调度安排再次升弓过程中因车顶高压设备绝缘不良形成对地短路，造成接触线烧断。经救援，D458 次列车于 21 时 46 分开，耽误 D458 次客运列车晚点 2 小时 12 分。构成铁路交通一般 C 类事故。

二、原因分析

经查，2059A 动车组 4、6 号车受电弓状态良好，4、6 号弓碳滑板受流处有烧痕，打开高压机器箱，VCB 检查正常，测量全列高压母线绝缘为 0.8 MΩ，断开 4、5 号车高压母线，第二单元绝缘为 1000 MΩ，第一单元仍为 0.8 MΩ。2059A 动车组 3 号车车顶 2 位端直型接头绝缘不良，在受电弓受流时导致瞬间接地，击穿直型接头及车体，产生的大电流将接触网线熔断，是造成本起事故发生的直接原因。

三、事故责任

南车四方机车车辆股份有限公司负事故全部责任。

四、采取措施

1. 要求南车四方机车车辆股份有限公司售后服务人员对上海局管内配属的 CRH_2 型动车组 25 kV 特高压回路绝缘做一次全面检测，上海局车辆部门做好相关配合工作，并将检测结果及报告留存备查。

2. 上海车辆段所属动车运用所做好动车组车顶设备日常检

查维修，确保高压设备运行正常。

3. 路局车辆处、机务处应对目前动车组应急抢修预案进行修订完善，提高故障事故情况下的应急抢修能力，缩短事故故障抢修时间。

154

京九线 28024 次货物列车脱轨一般 C 类事故

一、事故概况

2008 年 8 月 24 日 15 时 50 分左右，南昌铁路局向塘机务段 $DF_4$4323 号机车牵引从龙川北站始发的 28024 次货物列车运行至南昌局京九线上行线小江—铁石口间 K1949＋950 处，机后 50 位车辆 X_{6A}5204207（集装箱专用平车）第 4 位轮对脱轨，车辆轮对脱轨后运行经由铁石口站 2 号道岔（对向）、8 号道岔（顺向）运行至铁石口站 14 号道岔第三连杆处 K1946＋100 处，该轮对自动复轨。经工务人员检查发现线路损坏，及时向车站报告，列车调度员将 28024 次、28028 次两趟货物列车分别扣停在信丰站 2 道和 4 道停车检查。构成铁路交通一般 C 类事故。

二、原因分析

该车辆 1 位至 8 位的侧架与轴承承载鞍左右的间隙过大，列车在运行中造成车辆横向摆动大，特别前进方向的前台车的第 1 位到第 4 位的侧架与轴承承载鞍左右的间隙过大，横向摆动大，造成前进方向的后台车振动和横向摆动大，致使轮对跳动而轮缘爬上钢轨。是脱轨的主要原因。

三、事故责任

哈尔滨车辆工厂负事故全部责任。

155

兰新线 26054 次货物列车车辆部件脱落一般 C 类事故

一、事故概况

2008 年 10 月 7 日 15 点 02 分，7551 次旅客列车运行至乌鲁木齐局管内兰新下行线煤窑沟—夏普吐勒间 K1 704＋250 处，因机车刮撞侵限物停车。经查，该侵限物为 26054 次货物列车（编组 54 辆）机后 27 位车辆 G_{17}6087747 脱落的一块罐车车顶走板（运行方向右侧）。该车辆由西安轨道交通装备有限责任公司 2008 年 1 月进行厂修；兰州西车辆段武威南站修 2008 年 7 月 2 日进行辅修；10 月 3 日库车装卸检修所进行装前技术检查作业，10 月 7 日乌鲁木齐西车辆段吐鲁番列检作业场进行技术检查作业。构成铁路交通一般 C 类事故。

二、原因分析

车辆检修质量不良，车辆 G_{17}6087747 在运行过程中车顶走板与支托的六处焊接点中有两处焊点开焊为全新痕，其余四处开焊为旧痕；车顶走板支托（运行方向后端）立面在螺栓孔处折断，平面与罐体焊接部位开焊；防护栏与防护栏立柱间的紧固螺母松动滑扣导致螺母丢失，最终造成车顶走板脱落。

三、事故责任

西安轨道交通装备有限责任公司负事故主要责任；乌西车辆段、兰西车辆段负事故次要责任。

四、采取措施

1. 严格落实厂、段、辅修工艺标准的执行，提高车辆焊修质量，完善质检、验收的队伍建设和组织管理，提高质量自控、互控水平，提高铁路货车的造修源头质量。

2. 提高运用检修质量，列检技术检查作业中要完善罐车车顶走板、防护栏和敞车、棚车等车辆上部配件的外观检查，确保运用列车的安全运行。

156

京广线接触网断线一般C类事故

一、事故概况

2008年10月15日11时50分，广铁（集团）公司株洲机务段SS_{7C}137号机车司机在长葛车站5道升Ⅱ弓取流做饭，12时36分突然听到机车上部发生异常响声，立即采取降弓断电措施，检查发现该处接触网烧断。造成郑州局京广线薛店至长葛间下行供电臂接触网停电1小时09分；接触网线1650 m报废，部分吊弦、中锚辅助绳损坏。经抢修13时45分恢复供电。构成铁路交通一般C类事故。

二、原因分析

SS_{7C}137号回送机车在长葛车站事故前升起Ⅱ端弓取流过程中，机车升弓后，在总风压力的作用下，老化龟裂的切主断自动降弓装置风管漏风加剧，引起（ADD阀）自动降弓阀排风不止，造成受电弓静态接触压力降低，致使受电弓滑板与接触线接触不良，弓网间发生拉弧，造成烧断接触线。

该机车入厂大修时，机车切主断自动降弓装置风管老化情况严重，检修人员未检查发现更换。机车出厂前厂方人员没有检查两端自动降弓装置控制盒位置是否正确，造成自动降弓装置失去快速降弓保护作用。

三、事故责任

太原交通轨道装备责任有限公司负事故全部责任。

157

青藏线钢轨探伤车组冲撞土挡一般 C 类事故

一、事故概况

2008 年 11 月 11 日，青藏铁路公司工务部工务检测所 TS1502 号钢轨探伤车组(GTC-4 型 201 号，生活车＋检测车，生活车本务、检测车重联；编组 2 辆，总重 90 t，换长 3.0；车次56033 次)18 时 09 运行至饮马峡站进 1 道会 48062 次，因 TS1502 号钢轨探伤车制动系统故障，钢轨探伤车越过 1 道出站信号机，进入安全线与土挡相撞，造成钢轨探伤车组第一辆(生活车)两位台车脱轨(未侵入正线)。构成铁路交通一般 C 类事故。

二、原因分析

1. 运行中制动缸总管接头松动漏泄，导致制动缸压力不足，制动力下降，延长制动距离，是造成该起事故的主要原因。

2. 青藏铁路公司工务部检测所在探伤车大修改造交验中把关不严，在运行中采取措施不利，未起到防止事故作用。

3. 陕西西铁电子有限公司技术人员对专用综合记录装置进行维护、测试、软件升级后在运行中发生故障，失去了控制功能。也未起到防止事故作用。

三、事故责任

宝鸡新铁养路机械有限公司负事故主要责任。追究青藏铁路公司工务部事故主要责任。陕西西铁电子有限公司负事故重要责任。

四、采取措施

1. 宝鸡新铁养路机械有限公司要认真吸取此次事故教训，规范管理，认真履行双方签署的大修改造合同，提高轨道车大修、改造质量，严格执行验收程序和验收标准，按规定提供履历簿、试验证明、合格证等有关资料。

2. 青藏铁路公司要认真吸取此次事故教训，举一反三，认真查找轨道车基础管理中存在的问题，加强出厂验收、附挂回送、库内整备、日常运用等环节的管理，严格落实轨道车综合监控记录装置各项管理制度，确保综合监控记录装置作用良好。

3. 青藏铁路公司工务部要学习借鉴机务部门机车运用管理经验，补充完善轨道车管理办法，强化轨道车管理，加大轨道车安全管理的检查、监督、指导力度。

4. 青藏铁路公司轨道车立即停止上线运用，全面检查安全监控装置，组织对公司所有轨道车司机及管理人员进行规章制度、轨道车理论知识、突发情况下应急处理能力的强化培训，重新考试考核合格后方可上岗作业。

5. 陕西西铁电子有限公司要增强服务意识，加强信息沟通，保证设备质量，及时处理设备故障，保证作用良好。

158

京津城际铁路列车舱底板折断脱落一般C类事故

一、事故概况

2008年11月29日16时55分，北京南开往天津的C2061次动车组（北京车辆段 CRH_3 006号）从北京南站正点始发，17时左右运行至京津城际铁路亦庄站前后，随车保洁员在5号车厢听到车底部有较大的连续异音，立即到4号车厢向列车员汇报，列车员随即通知在4号车厢的随车机械师，机械师马上对全列进行了巡视检查，均未发现异常。17时13分左右随车机械师进入司机室向司机询问是否发现异常情况，司机答复运行中未发现异常，随即降低运行速度，并向列车调度员汇报。17时26分到达天津站，晚点1分15秒。随车机械师和司机在天津站检查发现，1号车通风机下部设备舱底板折断脱落，残留的底板只有1条螺栓与车底相连，其余3条螺栓丢失，设备舱底板残留部分被刮碰卷起。构成列车中车辆部件脱落一般C类事故。

二、原因分析

设备舱底板结构设计存在缺陷，局部强度不足发生断裂。同时，北京车辆段北京西动车所入库检查不认真，检查发现处置隐患不到位，没有及时发现设备舱底板断裂的严重隐患，也是造成事故的主要原因之一。

三、事故责任

唐山轨道客车有限责任公司负事故主要责任；同时追究北京车辆段事故同等主要责任。

四、采取措施

1. 加强动车组检修工作。车辆段在厂家的配合下，立即制定 CRH_3 型动车组轴端装置的检查范围和标准，成立由局、厂相关人员组成的五个专项检查组，逐列逐辆对 CRH_3 型动车组轴端装置状态进行开盖检查、确认，并造表登记。同时，对全局所有动车组技术状态进行一次普查，认真分析原因，制定整治措施。对入库的动车组进行全面检查，尤其是走行部和车底板，列列实行记名式专项检查，保证责任到人、件件不漏；要严格落实检修质量标准，严把质量交验关，杜绝质量不良车出库上线。

2. 加强动车组技术管理。由车辆处牵头，对北京车辆段北京西动车运用所进行一次认真细致的解剖麻雀式的分析，查找管理上存在的问题，明确各级干部和各岗位作业人员的职责，明确界定设备管理单位和生产厂家、售后服务部门的检修职责，确保安全生产职责落实到位。北京车辆段要根据技术标准，在路局车辆处的指导下，编制各岗位、各工序的作业指导书和工艺标准，并上墙明示，要建立健全工序间的相互交接、验收制度，完善自控、互控机制。北京车辆段要明确一名副段长专管动车组，车辆处动车科要尽快进入工作角色，加强对动车组的技术管理。

3. 加强职工技术培训。车辆段要把近来发生的问题作为典型教材，向职工传授业务技术知识，向职工宣讲高速铁路设备安全的极端重要性，引导干部职工吸取事故教训，增加职工主人翁的责任感，牢固树立动车组无小事的意识，发动职工自觉地发现身边的隐患。

4. 强化标准化作业。要引导职工工作精益求精、一丝不苟，检修程序一项不漏，设备故障一个也不放过。路局决定北京西动车所尽快安装视频、广播监控系统，提高标准化作业监督约束水平，完善标准化作业考核手段，提高全员标准化作业水平。

5. 加强干部巡视检查力度。机务、车辆、客运和安监系统的领导干部要深入车间，上车上线，跟班作业，调查研究，发现动车组检修和运用中的问题，按照首问负责制的原则，谁发现问题谁负责督促落实，涉及到动车组走行部、底板部件等关键部位，问题不解决绝不放过。工务、电务、供电系统的干部要加强线路巡视，教育职工发现异物和设备损坏后要立即向路局报告，路局接到报告后要组织各系统共同分析确认原因，彻底消除设备隐患。

6. 加强动车组乘务人员检查巡视。加强值乘中的巡视、监控，及时发现问题、做好记录并妥善处理。发现问题要在第一时间准确记录发生的时间和区段，为故障分析和检查提供准确依据。司机、随车机械师和列车长发现异常情况，要立即向列车调度员汇报，采取提醒后续列车主要运行或拦扣后续列车的措施。由车辆处牵头，尽快组织制定具体通报的范围和处置方案，完善动车组司机、机械师、列车长间的信息通报制度，发生问题及时沟通信息，三乘联动，妥善及时处置，防止事态扩大。

7. 提高动车组技术、检修人员工作积极性和责任感。路局和站段要从待遇上给予倾斜，提高他们的待遇，鼓励他们积极工作，提高业务素质，达到激励工作积极性的目的，逐步形成人人爱干、会干、干就干好的良好氛围，形成安全生产的良性循环。

159

符夹线 52505 次货物列车机车部件脱落一般 C 类事故

一、事故概况

2008 年 12 月 31 日 5 时 24 分，徐州机务段 DF_{4B}2397 号机车牵引 52505 次货运列车运行至符夹线萧县—丁里间 K61＋801 处一工务看守道口时，道口员反映机车下部有异音，立即通知 52505 次司机停车。检查发现机车第一闸瓦托横拉杆右端焊接处断裂，临时处置后，52505 次列车于 5 时 35 分区间开车。构成铁路交通一般 C 类事故。

二、原因分析

DF_{4B}2397 号机车第一闸瓦托横拉杆右端销座与横拉杆接合部位在厂修时焊接工艺不良，焊接端面未做坡口接合实施直接对焊，有 60％的端面存在未熔焊现象，造成焊接部位强度不够；机车运行中由于使用紧急制动时，机车闸瓦托横拉杆受力，导致焊接部位瞬间断裂，是造成本起事故发生的直接原因。

该机车于 2007 年 9 月 29 日由南车成都机车车辆有限公司大修，修后走行 135 888 km，期间徐州机务段没有对该部件进行任何相关修程，可以确定该部件是由南车成都机车车辆有限公司厂修载入运用至今。

三、事故责任

南车成都机车车辆有限公司负事故全部责任。

四、采取措施

1. 南车成都机车车辆有限公司应认真吸取事故教训，严格落实内燃机车大修规程，确保机车大修质量符合运用标准，杜绝此类事故重复发生。

2. 徐州机务段在机车段修时，应严格落实“四按三化”记名修车制度，确保机车质量符合机车运用标准。

3. 徐州机务段应加强机车的日常检查、维护、保养工作，强化机车出入库检查，确保质量良好的机车投入运用。

第七部分　其　　他

160

宝成线 109 隧道 21043 次货物列车脱轨重大事故

一、事故概况

2008 年 5 月 12 日 14 时 28 分，新丰镇机务段 $SS_4$043 号机车牵引 21043 次货物列车(编组 40 辆，总重 3 151 t，换长 51.1)运行至宝成线徽县—虞关间 K151+200.5 处，因地震造成 109 号隧道(全长 726 m)变形坍塌，山体及棚洞塌方落石砸坏机车，2 名司机受轻伤，机车及机后 1～20 位车辆起火，机车及机后 1～3 位、25～38 位 17 辆车辆在隧道内脱轨。SS_4 机车烧损报废 1 台；货车烧损报废 38 辆，小破 2 辆；线路损坏 626 m，其中钢轨 50 根、Ⅲ型轨枕 1 206 根。中断宝成线铁路行车 283 小时 22 分。构成铁路交通重大事故。

二、原因分析

经现场调查分析，由于地震造成山体大面积崩塌落石，导致隧道内多处开裂坍塌，落石砸坏 109 隧道南口及中部棚洞，掩埋线路，造成 21043 次货物列车机车及机后 1～3 位、25～38 位车辆在隧道内脱轨，由于机车碰撞巨石，列车瞬间受阻及脱轨车辆的撞击，机车及机后部分罐车变形，所装油品泄漏，引起机车及机后 1～20 位车辆起火。

三、事故责任

事故系地震所致，列西安铁路局非责任事故。

161

内六线28016次货物列车脱轨重大事故

一、事故概况

2008年8月1日17时34分，六盘水机务段$SS_3$8035号机车牵引28016次货物列车(编组44辆，总重3517 t，换长57.0)行至成都铁路局内六线老锅厂—迤那站间阿子沟隧道内，因隧道边墙坍塌，司机停车不及，以62 km/h速度与边墙坍塌的大量混凝土块相撞，造成机车及机后1～10位车辆脱轨。机车大破1辆；货车报废9辆，大破1辆；损坏钢轨300 m；直接经济损失1553万元。经救援起复于8月4日6时48分开通线路，中断行车61小时14分。构成铁路交通重大事故。

二、原因分析

1. 阿子沟隧道处于威宁县境内得胜坡—石门坎地震断裂带上，自汶川地震发生以来，该地区一直处于地震活动的高峰期，分别发生过3级以上地震2次，有感震若干次，直接影响了隧道岩体的稳定性。8月1日发生的4.2级地震，裂度为6.1度，导致隧道岩体发生变化，对墙体产生较大的背压力。加之近期该地区连续多日下雨，大量泥水渗漏至隧道墙体与岩体间，使挤压墙体的压力进一步增大，最终导致边墙崩塌。地质灾害是造成该事故的主要原因。

2. 中铁十六局在该隧道施工中，部分施工工艺违反规定。部分边墙厚度没有按设计规定进行衬砌，部分边墙厚度小于设计文件，部分地段违反施工工艺采用了先拱后墙的施工方法，导致边墙整体强度减弱，且没有对岩体漏水和有水洞穴进行处理，致使墙体在碎岩石和泥水挤压下崩塌。衬砌施工质量不高是造成边墙坍塌的重要原因。

3. 阿子沟隧道坡顶为高约60 m左右的丘林山坡(部分是农

民的耕地)，隧道顶部有 3 处约 100 多 m^2 低洼地，自然在隧道顶部形成大面积的汇水区。在该隧道建设时，没有对此进行处理，而是采取通常的方式，沿周边修建排水沟，由于地势的原因，排水沟没能发挥排水作用，而客观上形成了一道挡水墙，造成了隧道坡顶排水困难。这次事故的一个重要诱因是隧道边墙和岩壁间大量的积水，造成边墙不堪巨大的压力而坍塌。但造成积水的根本原因是隧道设计时，排水设计不合理，导致排水不畅所致。

三、事故责任

列成都铁路局自然灾害非责任事故；追究中铁十六局事故重要责任；追究长沙铁道学院建设监理公司事故次要责任。

四、采取措施

1. 立即组织开展隧道衬砌专项检查。由于衬砌施工质量不高造成的列车脱轨事故在内六线重复发生，2006 年 9 月 19 日，由中铁十六局施工的内六线迤那至仙水间 K396＋897 处挡墙发生突然坍塌，造成列车脱轨事故，充分表明衬砌施工质量不高的问题比较突出，对运输安全构成严重威胁。建议有关部门组织对隧道衬砌进行一次专项检查，针对隐患，采取观测、加固等措施，防患于未然。建设、施工、设计、监理和有关部门，要严格落实责任，加强工程建设过程管理，保证工程质量。

2. 进一步改进和加强隧道排水设计。阿子沟隧道坡顶排水沟没能发挥排水作用，隧道内部排水设计也不尽合理，导致排水不畅。建议有关部门要针对隧道地形地貌，进一步改进和加强隧道排水设计，确保隧道坡顶和隧道内部排水通畅。

3. 加强日常检查和监测。“8.1”事故暴露出成都铁路局六盘水工务段防洪检查不彻底，没能及时发现和制止农民在隧道顶部挖建浇灌蓄水坑的严重安全隐患。各单位要认真吸取事故教训，对防洪重点危险地点和隧道安全隐患进行全面检查，科学准确地判定设备薄弱处所和地质灾害易发地段，有针对性地加强安全防范工作，确保铁路运输安全。

4. 高度重视隐蔽工程质量。有关单位要按照《建设工程质量管理条例》要求，严格检验制度和工序管理，做好隐蔽工程的质量检查记录。施工单位在施工时必须通知建设单位和建设工程质量监察单位，施工监理要切实负起质量责任，把好隐蔽工程质量关，接管单位对一些特殊地段的隐蔽工程，要采取必要的检测手段和先进的测试工具进行取样分析，确保工程质量不留问题和隐患。

162

沪昆线 D660 次列车刮人较大事故

一、事故概况

2007 年 9 月 5 日 12 时 19 分，D660 次动车组列车（杭州机务段担当的 CRH_1 020 杭州至上海动车组）运行至沪昆线嘉善—枫泾间 K88＋950 处，刮伤 3 名男孩（列车速度为 161 km/h）。上海铁路局领导接报后高度重视，立即派员赶赴现场进行先期处置，铁路局副局长（上海铁路安全监督管理办公室副主任）等随后率铁路公安局和路局有关部门人员赶赴现场组织处理。3 名伤者约于 13 时 00 分送至嘉善人民医院救治，后因伤势严重，3 名小孩先后死亡。构成铁路交通较大事故。

二、原因分析

造成本起事故的直接原因是死者本人擅自翻越封闭完好的铁路栅栏网后，违法上铁路行走玩耍。死者家长、所在学校对未成年小孩监护不力所致。

三、事故责任

死者家长、所在学校对未成年小孩监护不力所致，事故责任属死者本人(监护人)。

四、事故处理

4. 上海铁路局、上铁公安局积极配合地方政府及部门全力做好维护稳定工作。

5. 宣传部门加强与各级新闻媒体的沟通协调,避免出现夸大宣传、不实报道,防止炒作。

6. 积极配合地方政府、地方教育局及学校,共同做好对死者家属说服教育,依法进行死者善后处理及抚慰工作。经过积极努力,由死者生前所在学校赔偿3名死者各4.5万元人民币;铁路部门从稳定大局和人道主义出发,对每名死者补偿1.5万元。

五、采取措施

1. 对死者家属和所在学校进行《中华人民共和国铁路法》、《铁路运输安全保护条例》、《中华人民共和国治安管理处罚法》等相关法律法规的宣传,指明擅自进入铁路防护栅栏、上铁路行走、坐卧行为的违法性和监护人对未成年人有法定监护的义务。

2. 积极应对,配合地方政府及部门全力做好维护稳定工作。一是协助配合当地教育、信访、综治等部门,做好家属上访的劝访工作。二是与死者家属所在单位、居住地村镇委、死者就读学校等保持密切联系,密切关注家属及相关人员动态,确保一旦发生突发情况,迅速反应,积极处置,平息事态。三是由杭州铁路公安处调集部分机动警力到嘉善地区备勤,随时做好家属上路、上站闹事的制止、劝返的准备工作。

3. 深入开展路外安全宣传教育活动,进一步增强沿线群众的自我安全保护意识,特别是对管内提速区段铁路沿线列入公安户籍式管理的226余所中小学校的路外安全宣传,介绍《铁路交通事故应急救援和调查处理条例》和铁路交通事故处理的相关规定。

4. 加强提速干线治安巡查工作制度、线路治安管理、保安人员巡更打卡、机关干部添乘检查等工作制度及考核办法，明确责任和要求，重点加强对管内京沪、京九、沪昆三条提速干线的日常巡查力度，确保安全目标的实现。

163

猫儿沱港埠分公司专用铁路005次列车脱轨较大事故

一、事故概况

2007年9月29日21时00分，小南垭车站由“猫港”专用铁路所属的港前站接入006次货物列车（牵引21辆空车）进5道停车。006次列车在小南垭车站的调车作业计划为：（贵方）5道摘单机出，3道转头到重方，4＋22完，开005次进“猫港”港前站。“猫港”机车（上游0257号蒸汽机车）21时22分站内调车作业完毕。005次（列车编组22辆，总重1841 t，换长29.7）21时30分由4道开车，21时35分左右运行至“猫港”专用铁路K0＋316处，机后第15至19位共5辆重车脱轨。造成车辆中破1辆，小破4辆；损坏线路100 m、轨枕90根、钢轨8根（25 m标轨）。中断专用铁路线行车29小时10分。构成铁路交通较大事故。

二、原因分析

线路几何尺寸严重超限，轨枕失效，扣件缺损失效，线路翻浆冒泥严重，该公司养护维修不到位，线路严重失修是造成此次脱轨的主要原因。特别是曲线正矢严重不良，加剧了列车的蛇行运动，加大了列车通过曲线时的横向冲击力，加上脱轨点前扣件不起作用，在动荷载作用下，导致线路框架失稳，轨距扩大，是造成此次脱轨的直接原因。

三、事故责任

重庆港务物流集团有限公司猫儿沱港埠分公司负事故全

部责任。

四、事故教训

1. 重庆港务物流集团有限公司重效益、轻安全，对线路设备安全、安全管理重视不够，保证安全所必须的资金投入不够，线路日常养护维修不到位，铁路专用线严重安全隐患长期存在，未进行有效整治

2. 安全规章制度不健全，责任不落实，管理不严，考核不认真，安全措施不落实，以至于安全隐患未得到及时消除。

3. 发生事故后，没有相应的救援预案，缺乏救援知识。

4. 对地方铁路、企业专用铁路日常检查、监管不够，发现的问题未认真督促整改落实。

五、采取措施

1. 公司设置专业的安全管理机构，配备安全管理人员，明确公司领导对安全的分管负责制。

2. 增加线路养护组定员，养护组定员按 10 人左右设置，真正担负起 12 km 线路、13 组道岔的养护、检查任务。

3. 从事线路养护工作人员，每年必须送铁路专业部门进行专业技术业务培训。

4. 专用线路的养护（包括各种检查），必须严格执行《铁路线路修理规则》的有关标准及规定，并做好记录。

5. 专用铁路养护所需的计量器具，必须按规定送铁路专业部门定期检测。

6. 对线路、道岔存在的超限处所，必须严格执行“超临补 24 小时内处理，超保养 72 小时内处理”的规定。

7. 加大对专用铁路的投入，该大修时必须安排大修；日常维修所需的各种材料、轨料必须保证。

8. 成都铁路安全监管办公室加强对专用铁路、专用线的安全

监督检查，认真做好事故救援组织工作。

164

金温线 N402 次旅客列车脱轨较大事故

一、事故概况

2007 年 10 月 8 日 11 时 51 分，浙江金温铁道开发有限公司（以下简称金温公司）机车牵引温州—亳州 N402 次列车（编组 18 辆，总重 990 t，换长 42.9，593 名旅客）以 60 km/h 运行至金温线双潮—温溪站间时，因受 16 号台风“罗莎”影响，K196＋950 线路左侧山体突发滑坡塌方，且该处地处曲线地段，瞭望条件较差，因列车制动距离不足撞上塌体，致使机车及机后第一位行李车前台车脱轨。金温公司快速进行旅客疏散和事故抢险工作，经全力抢修，金温线于 18 时 02 分开通。构成铁路交通较大事故。

二、原因分析

经调查分析，事故调查组认为该起事故发生的主要原因是因 6～8 日超强台风“罗莎”袭击温州地区，强降雨使路堑边坡土体含水量急骤增加、致使土体饱和软化，土压力和孔隙水压力增大，部分挡土墙单位面积瞬间难以承受突如其来的压力，抗剪强度降低，单体受破坏，引发牵引式滑塌。塌体侵入线路，列车制动不及，致使列车脱轨。其次，挡土墙存在施工质量隐患。经抽检，该地段部分挡土墙由干码的片石构成，且厚度、高度未达设计要求，抗剪强度与设计指标有差距，降低了挡土墙自身的安全系数，在超强台风“罗莎”及强降雨作用下，墙背土压力增大，“挡土墙”突然被剪断继而发生山体滑坡。

三、事故责任

列非责任事故。中铁十四局承担相应的经济损失。

四、采取措施

1. 相关单位要眼睛向内，从严分析，查找自身原因，从中深刻吸取教训，举一反三，迅速制订整改计划，落实整改措施，防止类似事故再次发生。

2. 中铁十四局必须规范和提高建设管理行为和工程施工控制能力，强化施工单位安全质量意识。

3. 金温公司要做细、做实防洪预案，对所有的危险地段要昼夜 24 小时派人看守，点线结合，严防死守，定人定责。

4. 金温公司要对挡土墙、护坡、桥梁、隧道等重要基础设施进行全面普查，彻查隐患，制定计划，落实整改。

5. 金温公司要坚定不移地加大安全设施投入，不断完善防洪重点地段的监测监控手段，强化防洪基础设施建设，确保符合安全行车的要求。

6. 上海铁路局要加强对金温公司的监管，以高度的政治责任感，加强对金温线存在问题整改的业务指导，坚持高标准，严要求，督促落实。

165

醴茶线 2368 次旅客列车道口与摩托车相撞较大事故

一、事故概况

2007 年 10 月 14 日 15 时 58 分，广铁集团公司株洲机务段 DF_{4D} 0580 号机车牵引由茶陵开往长沙的 2368 次旅客列车行驶至醴茶线攸县—新市间 K62＋137 无人看守道口时，与从东向西通过道口一辆摩托车相撞，列车推着摩托车向前行驶 200 m。列车于 15 时 59 分停，16 时 30 分开，停车 31 min。相撞后，摩托车驾驶员和车上载有的两名男性学生共 3 人当场死亡。构成铁路交通较大事故。

二、原因分析

摩托车驾驶员无摩托车驾驶执照驾驶无牌照摩托车，在无客运运营许可证的情况下违章载客，违反《中华人民共和国道路交通安全法》第十九条规定；在横越铁路平交道口时，违反《中华人民共和国道路交通安全法》第四十六条和《中华人民共和国铁路法》第四十七条的规定；强行抢越铁路道口，是造成该起铁路交通事故的直接原因。

三、事故责任

摩托车驾驶员负事故全部责任。

166

凤上线48436次货物列车监护道口较大事故

一、事故概况

2007年11月10日14时06分，苏家屯机务段丹东运用车间DF_{4B}1041号机车牵引灌水至凤凰城间48436次货物列车（编组13辆，总重1 159 t，换长16.1）以44 km/h速度运行至凤上线接近道口处，司机发现列车运行前方左侧有一辆轿车突然上道抢越道口，立即鸣笛示警同时采取紧急制动措施，列车在制动状态下与该轿车相撞，14时06分01秒列车停于K0+926处，越过道口162 m，紧急制动距离为200 m。车上乘坐5男3女共计8人，当场死亡5人，另有3人送医院经抢救无效死亡。15时09分开车，停车1小时3分。构成铁路交通较大事故。

二、原因分析

该机动车在通过道口时，一是通过道口前就在道路中心双黄线上骑线违章行驶；二是没有在道口停车让行标前停车让行；三是没有按照道路交通安全法的规定在道口信号灯显示红灯时停车；四是不听从道口作业人员的指挥，没有减速，快速地（旁证材料反映"快速的"、"忽忽的"）绕过前部停车让行的车辆越过道路中心禁行的双黄实线逆行冲上道口。

经公安部门调查取证，认定汽车是绕过被道口监护员和交替闪烁的红灯拦停等候的其他车辆，从左侧越过道路中心禁行黄线逆向驶入铁路道口，与 48436 次列车相撞。根据事故调查组的调查认定，铁路运输企业的列车司机在道口前按规定鸣笛示警，发现汽车驶入道口并侵入铁路限界时，立即采取了紧急制动停车措施。当班监护员在列车接近道口前，开放了公路停车信号，及时出场接车。因此，认定铁路运输企业和当班监护员没有过错。

三、事故责任

汽车驾驶人负事故全部责任。

四、事故教训

1. 沈丹线铁路道口设置密集、标准低。经查丹东工务段管辖 716 km 线路，就有 293 处道口，其中有人看守道口 51 处、监护道口 102 处、无人看守道口 140 处，个别路段 1 公里内就有 3 处道口。由于沈丹线本身的曲线半径小、坡道大、标准低，道路的相对坡度也很大，有很大一部分道口的设置条件困难，道口平台满足不了 5 m 设置的规定，拆除道口老百姓又强烈反对，给道口安全管理带来很大的困难和压力。

2. 机动车通过道口严重超速。事故调查中看到几乎所有通过该道口的机动车都有违反《道路交通安全法实施条例》第 46 条“机动车通过铁路道口的最高速度不得超过每小时 30 公里”规定的行为。

3. 沈丹线道口前的减速带不全或破损严重。道口前的减速带对警示机动车辆注意前方路况，提前减速行驶起着非常重要的作用。但在本次检查的 13 处道口中发现，所有道口前设置的减速带，要么破损不堪，要么不见踪迹，没有一处完整、完好的，基本失去了减速带的作用。经了解，沈阳铁路局曾在事故道口前的路面上设置过减速带，但因地方交通部门强烈反对被当地交通部门拆除，后在路面整修时也曾多次提出加设道路减速带，但未得到同意。其他道口现存的减速带有的被拆除，有的被重型车辆压溃，沈阳铁路局也曾多次交涉，道路部门仍然不同意设置，形成了上述情形。

4. 监护道口的设备设置没有统一标准。为了加强监护道口的安全管理，各铁路局在部分监护道口上了一些保安设备，且大多为非标产品。这次出事故的道口也增设了道口信号灯、音响报警等保安装置，但信号灯安装位置安装高度只有1.6 m，有车阻挡时不便瞭望。

5. 监护道口安装保安设备存在争议。铁路监护道口属地方政府管理，在道口安全管理的理念存在很大的差异，要求也不一致，尤其是在道口保安设备的使用上与铁路部门存在着很大的分歧。如本次事故的道口，铁路部门曾在道口前装设公路减速带被责令拆除，提出安装道口栏门，地方政府以影响道路交通为由被拒绝。此类问题的存在不仅仅是沈阳铁路局，在全路其他铁路局也有较大反映。

五、采取措施

1. 沈阳铁路局应高度重视道口安全工作。从道口数量看，目前全路共有道口约 9 404 处，其中沈阳铁路局为 3 260 处，占道口总数 34.67%，是全路道口数量最多的铁路局。今年 1～10 月，沈阳铁路局共发生道口事故 58 件，同比减少 51 件，下降 46.8%，反映出沈阳铁路局在道口安全管理上下了很大功夫，取得了较好的成绩，但目前沈阳铁路局的道口事故仍占全路总数的 32.9%，其主要原因是道口多、基数大，道口安全仍然是沈阳铁路局安全工作的突出问题。本次发生事故的道口为国家干线公路 304 国道，虽然 2006、2007 年度查定车辆通过流量还达不到设置看守的条件，但该公路的等级较高，是高速公路连接凤凰城市区的主要干道，道路所处地位非常重要，建议沈阳铁路局与当地政府商议对该道口进行平改立改造。在平改立前要与地方政府协商在该道口加装道口栏门，确保道口安全。

2. 要加强对机车乘务员的教育，提醒其注意瞭望，加强鸣笛，或提前采取减速措施；加大对机动车驾驶员铁路安全知识和铁路道口通行规定的宣传力度，提高其遵纪守法和自我保护意识。

3. 加大铁路道口的执法监督。积极与公安部门联系争取公安交通警察在铁路道口处的执法，严厉打击抢越铁路道口的违法行为，确保铁路行车、机动车和行人的交通安全。

铁路公安部门要加强与地方公安交通部门协调联系，尽快落实铁安监〔2006〕1085 号文件的要求，争取地方公安交管部门在城市及城市附近的繁忙道口安装摄像监控装置，纳入地方交通管理系统，对机动车驾驶员违章行为进行处罚。

4. 铁道部相关专业部门应尽快制定监护道口的设备配置标准，统一设备类型和制式。

5. 积极与地方道路交通部门联系，争取地方交通部门的支持，一是在距道口一定距离的地方设置振动减速带；二是城市内铁路道口在一定距离的地方设置悬臂式铁路道口减速警示信号灯，保证机动车通过铁路道口按照《道路交通安全法实施条例》第 46 条“机动车通过铁路道口的最高速度不得超过每小时 30 公里”的规定通过道口。

6. 目前铁路道口信号灯的标准无论在灯光亮度、设置高度、设置位置和显示距离上都与道路信号灯差距较大，很难适应道路路面和机动车行驶的要求，铁道部相关专业部门应尽快修订铁路道口信号灯设置标准，与道路信号灯的设置标准接轨，使道口信号确实起到保证安全的作用。

7. 鉴于沈阳铁路局道口过多，仅靠其本局的力量在短期时间内很难完成干线铁路道口的平改立工作，建议铁道部在铁路道口平改立上给予政策、资金等方面的支持。

167

侯西线 34009 次货物列车道口较大事故

一、事故概况

2007 年 11 月 11 日 8 时 18 分，西安铁路局新丰镇机务段本

务机车 DF_{8B}0036 号、补机 $DF_4$3491 号牵引 34009 次货物列车(编组 40 辆,总重 3 271 t,换长 49.7)运行到侯西线 K187＋547 无人看守道口处,与抢越道口的一辆双力超人 7YPJ－950 型机动三轮车相撞,机车越过道口 153 m,机动三轮车报废。当场死亡 2 人,伤 7 人;在送往医院和抢救过程中又陆续死亡 4 人(受伤的 3 人送往医院治疗)。经公安、工务、车务有关人员现场处理后,34 009 次列车于 9 时 30 分区间开车。构成铁路交通较大事故。

二、原因分析

经现场勘查和调查分析,调查组一致认为,造成此次铁路道口交通事故的主要原因是:

1. 双力超人 7YPJ－950 型机动三轮车,属农用车辆。经公安部门调查合阳县车管所、交警队,确认该车无牌照、无行驶证。司机无驾驶证,违反《中华人民共和国道路交通安全法》第八条"机动车经公安机关交通管理部门登记后,方可上道路行驶"、第十九条"驾驶机动车应当依法取得机动车驾驶证"的规定,属违法车辆,违法驾驶。

2. 驾驶人违法驾驶机动车辆,严重违反《中华人民共和国道路交通安全法》第五十条"禁止货运机动车载客"和陕政发(2007)7 号文件《陕西省人民政府关于进一步加强农村道路交通安全管理工作的紧急通知》中坚决杜绝农用车载客的规定,属违法载人。

3. 经现场勘察,该机动三轮车驾驶室宽 1 200 mm,座位底部距车顶高 1 250 mm,座位距前窗玻璃安装点 640 mm,座位两个,实际乘坐四人,且有 3 人在司机右侧也就是列车开来的一侧,严重影响驾驶员的操纵并遮挡了瞭望。

4. 驾驶人无证违法驾驶机动车辆,通过铁路道口时,违反《中华人民共和国道路交通安全法》第四十六条"机动车通过铁路道口时,应当按照交通信号或者管理人员的指挥通行;没有交通信号或者管理人员的，应当减速或者停车，在确认安全后通过”的规定和公安部、交通部、铁道部等 7 部委联合下发的经交 1986(161) 文件第十九条“车辆、行人通过没有交通信号的无人看守道口以及人行过道时，必须停车或止步瞭望，确认两端均无列车开来时，方准通行”的规定，未执行“一停、二看、三通过”、未停车止步瞭望，盲目抢越铁路道口，是造成此次铁路道口交通事故的直接原因。

三、事故责任

农用机动三轮驾驶人对此件负事故全部责任。鉴于驾驶人在事故中已死亡，故不再追究其法律责任。

四、采取措施

1. 合阳县人民政府应按照陕西省人民政府〔1995〕53 号文件《关于加强铁路道口安全管理的通知》建立健全铁路道口管理机构，切实抓好此项工作。

2. 西安铁路局应积极与合阳县人民政府协商将该道口实施立交改造。

168

川黔线 40130 次货物列车道口撞行人较大事故

一、事故概况

2007 年 11 月 26 日 15 时 54 分，重庆机务段 $SS_3$4241 号机车牵引 40130 次货物列车(编组 39 辆，总重 2 832 t，换长 52.6)运行至川黔线綦江—綦江北站间 K61＋919 处，当时速度 60 km/h，3 行人在距列车 80 m 从綦江北向站内方向的线路上行走，经鸣笛，仍不下道，司机立即采取紧急制动措施，40130 次机车仍撞上行人。车站接到通知后，随即通知綦江县中医院派 120 救护车抢救，经医生鉴定 3 人已死亡。40130 次列车于 15 时 54 分停车，16 时 04 分开车。构成铁路交通较大事故。

二、原因分析

根据现场调查和对现场实际情况分析,调查组认为:行人违反《铁路运输安全保护条例》第五十九条“任何单位或者个人不得实施下列危害运输安全的行为:……(八)在铁路线路上行走、坐卧或者在未设平交道口、人行过道的铁路线路上通过”的规定。3 行人违法行走铁路并在列车接近时鸣笛不下道是造成这起铁路交通相撞事故(较大事故)的主要原因。

三、事故责任

3 个行人负事故全部责任。

四、采取措施

1. 此事故发生在区间(曲线 $R400$),机车乘务员难以发现,铁路两侧一侧为民房、一侧为山壁,有关部门应及时立项进行整治。

2. 铁路公安派出所(护路联防)应加大对类似地方的监控力度,增加巡线检查频次,减少类似事故的发生。

169

焦柳线 24011 次货物列车撞人较大事故

一、事故概况

2007 年 12 月 29 日 7 时 20 分,武汉铁路局襄北机务段 0760 号机车牵引 24011 次列车运行至焦柳线枝城—桃子岭间K756+390处,因要待避旅客列车 K267、1007 次,列车从车站北头以 27 km/小时的速度进入三道,并不断鸣笛。由于大雾,能见度只有10 m 左右,24011 次司机瞭望时发现有几个人在运行前方 10 m左右的三道道心内行走时,立即鸣笛并采取紧急制动措施,其中1 人及时下道躲避过去,其余 5 人由于下道不及时,被列车撞上,造成 4 人当场死亡,另 1 人被挤出线路摔在下行左侧路肩上,24011 次列车于 7 时 20 分停车,机车停靠在 K756+480 处。机车前轮处死亡 2 人,K756+390 处死亡 2 人。构成人身伤亡铁路交通较大事故。

二、原因分析

死者在线路上行走，避让火车不及时造成铁路交通事故。

三、事故责任

死者负事故全部责任。

四、事故处理

1.4 名当事人承担事故的全部责任。

2. 由 4 名当事人的家属承担事故全部费用。

170

福前线无人看守道口货物列车撞车较大事故

一、事故概况

2008 年 1 月 14 日 12 时 05 分，哈尔滨机务段 DF_{4B}7417 号机车牵引 45454 次货运列车运行至哈尔滨局福前线向阳川—富锦间 K137＋020 无人看守道口处，与一辆由列车运行方向右侧违章抢越道口的银灰色微型面包车（五菱牌 LZW6376E 型，车牌号黑 D—24312）相撞停车。造成面包车内 6 人死亡，1 人重伤，3 人轻伤。列车于 12 时 42 分开车，区间停车 37 分。构成铁路交通较大事故。

二、原因分析

肇事汽车司机无证驾驶机动车，违章抢越道口，且车辆超载。

三、事故责任

肇事汽车司机负事故全部责任。

四、事故教训

隆冬时节东北地区气温很低，是道路交通事故的高发期。一是路面结冰，行车及制动困难；二是机动车车窗结冰严重，严重影响司机瞭望；三是农用机动车司机和行人头戴厚实的棉帽，严重影响听觉和视觉，这种环境给铁路行车安全埋下诸多隐患，尤其是铁路无人看守道口，极易发生与机动车相撞群死群伤的恶性事故。事故虽然责任在于机动车司机，但也反映出冬季北方寒冷地区在道口安全管理上的特殊情况，反映出哈尔滨铁路局冬季道口安全管理上缺乏预想预防。

171

达成线 40074 次货物列车脱轨较大事故

一、事故概况

2008 年 6 月 8 日 2 时 44 分，40074 次货物列车（达成公司南充机辆段本务 DF_4 3621 号机车，回送 DF_{4DF} 4034 号机车；编组 28 辆，总重 2176 t，换长 37.4）运行至达成线金堂—道观音间 K302＋805 处，因线路右侧山上岩石崩塌侵限，列车停车不及，机车与落石相撞后停于 K302＋705 处，本务、回送机车及机后第 1～10 位车辆颠覆、第 11 位车辆脱轨。本务机车司机及机后第 9 位车辆押运员死亡。本务机 DF_4 3621 大破，回送机车 DF_{4DF} 4034 中破；机后第 1～10 位车辆报废，第 11 位车辆小破；P50（25 m）钢轨报废 8 根，钢筋混凝土轨枕报废 130 根。中断达成线正线行车 15 小时 46 分。构成铁路交通较大事故。

二、原因分析

岩崩地点距汶川不足 100 km，由于“5.12”汶川 8.0 级大地震产生强大的地震波，其山体稳定性受到严重影响。加之此后余震不断，使局部岩体结构产生不同程度的裂损，尤其岩体内部沿节理或裂隙构造受到扰动，留下了突发岩崩、错落等次生灾害隐患。在中小余震不断的外力作用下，K302＋805 处砂岩局部断裂，突发岩崩后侵限，是造成本次事故的主要原因。该段高陡砂岩上部有约 2 m 覆盖土，由于近期连续降雨，雨水对覆土不断浸润，并使岩体含水饱和，致使岩体局部失稳，也是引发岩崩造成事故的重要原因。

三、事故责任

列达成铁路有限公司非责任事故。

四、事故教训

1. 对地震造成山体破坏的认识不足。“5.12”汶川大地震后，达成公司干部职工对地震造成的岩体内部结构扰动了解不够，对沿线山体受到的地震破坏估计不足，地震发生后，尽管组织了多次设备检查，发现处理了一批安全隐患，但对部分岩高壁陡、植被茂盛的处所，检查工作还不够全面细致。

2. 防洪检查手段尚不完善。部分防洪危险处所地形条件复杂，坡度陡，植被多，检查难度较大。达成公司等部分单位在防洪工作中预想不足，虽然组织了多次搜山扫危，但没有努力采取措施克服检查中的困难，采用的检查方法还比较单一，造成部分较隐蔽的问题未能得以及时发现。

3. 职工业务水平不高。尽管路局、达成公司逐步建立健全了各项防洪安全管理制度，对今年的防洪工作也有比较全面的安排部署，但对技术人员和职工防治危岩落石的培训不够，造成对危岩落石判别水平不高，无法及时发现高难度、隐蔽性强的岩体隐患。

4. 危岩整治效果不佳。近年来，达成公司投入了一定的人力、物力、财力，对危岩孤石进行了重点整治。在达成线 K302～K303 段，2006 年至 2007 年就先后投资 82.9 万元，用于危岩支护、清除、嵌补等工作。但在“5.12”汶川大地震后，面对区域性的山体灾害，没有及时引进科学的防治手段，导致整治效果不佳。

五、采取措施

1. 大力强化地震灾区铁路安全监督检查力度。认真落实温家宝总理、铁道部部长在关于本起事故的铁道情况专报上的批示精神，路局立即成立 10 个安全检查组，由局领导、各办事处主任亲自带队，工务处、安监室、办事处相关人员参加，对各条干线尤其是地震波及区进行全面检查，对余震及极端天气对沿线铁路带来的安全隐患排查工作进行重点监督，督促相关单位果断采取措施，对危及行车安全的处所及时整治，确保万无一失。

2. 集中力量开展拉网式排查。责成达成公司立即对本次岩崩地点所在山体进行全面检查，并增设24小时临时看守。全局工务系统和达成公司要举一反三，集中力量对管内线路两侧的所有山体进行拉网式排查分析，对每条线、每个区段、每座山进行全面细致的排查，尤其是植被茂密隐蔽性强的危岩落石地段，要进行重点检查。所有危及行车安全的危岩孤石全部编号，登记造册，责任到人。对发现的问题要及时处理，一时处理不了的要加强监控，达到高度危险条件的立即增设看守，纳入车机联控。

3. 科学制订方案，加大整治力度。对排查出的问题要逐山逐石进行全面梳理分析，对防洪看守点、中度危险处所、一般危险处所进行重新界定。在确定不放心地段和危险处所后，要区分不同情况，分别采取清扫、加固、看守等措施，对崩塌落石多发处所，要采取主被动柔性防护网等工程措施，逐一落实整治方案。对排查后仍不确定、不放心的地段，要组织专家对地质和线路进行勘察，彻底整治地质隐患。

4. 加强车机联控。严格执行铁道部《关于加强车机联控工作的通知》（铁安监电〔2008〕32号）及路局《关于加强防洪危险地段车机联控工作的通知》（成铁安电〔2008〕291号）规定，加强汛期及特殊情况下车机联控，有关人员必须严格呼唤应答。有关部门督促机车乘务员切实加强瞭望，特别是余震影响较大区域、恶劣气候条件下、夜间瞭望和防洪困难地段，不间断瞭望，适速运行，当发现余震时，及时停车，切实把好安全运行关。

5. 加强防洪看守。切实落实汛期看守、监护、巡查工作措施，死看死守，加强监控；认真执行汛期行车安全雨量警戒办法，加强雨中、雨后巡查，严格执行“宁可错拦、不可错放”，“宁停勿撞”的规定，确保汛期行车安全。

6. 责任到岗，责任到人。一是落实排查责任，要将排查责任落实到段、车间、工区、具体责任人，凡排查不到位出现遗漏，追究排查责任。二是落实看守责任，所有看守点必须有干部包保。三是落实检查责任，各级安监部门要将防洪排查作为当前检查重点，加大监督检查力度。四是落实领导责任，路局和各办事处领导分工负责，对所有工务段的防洪工作进行包保。

172

黎湛线 1322 次旅客列车脱轨较大事故

一、事故概况

2008 年 6 月 30 日 2 时 20 分，南宁局柳州机务段 $DF_4$2665 号机车牵引广州至重庆 1322 次旅客列车(编组 14 辆，总重 774 t，换长 34.9)运行至黎湛线上行 K165＋100 处，司机发现前方山体坍塌，于 K164＋967 立即采取紧急停车措施，列车以 102 km/h 撞上坍体，本务机车及机后 1～6 位车辆脱轨，机车及机后 1～5 位侵入下行线。造成 7 人受伤(乘务员 2 人，旅客 5 人)；机车大破 1 台；车辆报废 6 辆；损坏钢轨 110 m、钢筋凝土轨枕 178 根。中断上行线行车 24 小时 40 分，中断下行线行车 32 小时 10 分。构成铁路交通较大事故。

二、原因分析

1. 因连续降雨，诱发山体突然坍塌。事故地段线路系切割山体形成，该边坡高 24 m，路堑边坡土质为风化残积土，裂隙发育。受地表水长期下渗作用影响，土体抗剪强度降低，逐步形成滑面。由于近期强降雨的影响，特别是 6 月中下旬连续降雨(15～20 日连续雨量 289.6 mm，24～29 日连续雨量 133.1 mm)，造成该段路堑土体含水量及容重急剧增加，滑面摩擦力下降，抗剪强度大大降低，诱发山体突然坍塌，是发生事故的直接原因。

2. 施工单位没有经过设计单位的同意，擅自更改设计及施工质量存在缺陷。查事故地段线路的挡墙施工质量，存在明显的缺陷，挡墙砌体砂浆不饱满，特别是墙背部分砂浆强度明显不足，降低挡墙抗剪能力，是导致事故的重要原因。

3. 设备管理单位安全管理不到位。设备管理单位防洪安全管理意识淡薄，灾害预想不足，防洪安全措施针对性不强，没有针对管内近期持续强降雨，对已经饱和的高堤深堑、土质情况开展细致的排查，致使安全隐患没能及时的消除，是又一重要原因。

4. 监理单位未能认真履行监理职责。致使施工质量安全隐患未能及时消除，是导致事故的次要原因。

三、事故责任

列南宁铁路局自然灾害损失，承担事故损失的55%；中铁二十五局柳州铁路工程集团有限公司负事故重要责任，承担事故损失的20%；玉林工务段负事故的同等重要责任，承担事故损失的20%；南宁铁路局柳州铁路建设监理公司应负事故次要责任，承担事故损失的5%。

四、事故教训

1. 施工单位存在的问题。施工单位中铁二十五局（原柳州铁路局工程处路桥工程段）变更设计施工，手续不全。查看竣工图，K164＋860 挡墙全高 12 m，下部 7 m 高度墙厚 1.24 m，上部 5 m 高度墙厚 0.84 m；K164＋880 挡墙全高 8 m，下部 6 m 高度墙厚 0.79 m，上部 2 m 墙厚 0.39 m；K164＋900 挡墙全高 8 m，下部 7 m 高度墙厚0.79 m，上部 1 m 墙厚 0.39 m。而设计文件是：在线路右侧边坡下部设重力式等厚挡土墙一道，具体截面尺寸如下：K164＋860 墙高12 m、厚 1.24 m，K164＋880 墙高 8 m、厚 0.79 m，K164＋900 墙高 8 m、厚0.79 m。现场从 K164＋855 挡墙坍塌断口处抽查情况看，挡墙厚度 1.1 m（不计无砂浆部分），未达 1.24 m 的设计厚度。通过对设计资料与竣工资料的核查及向该项目监理包昭泉询问发现：实际竣工文件与设计文件不符，设计为按套用“壹线 2032-42”定型图，竣工图为套用“壹线 2032-40”定型图”，但无相应的设计变更证明资料。

2. 施工监理存在的问题。监理单位柳州铁路建设监理公司对施工监理履行职责不够。施工单位变更施工手续不全未能认真监理。施工质量存在挡墙墙体局部厚度不够、砂浆不饱满及泄水孔不按要求设置的现象。从施工日志上看，个别挡墙地段地基监理是委托建设单位公司进行。查 2001 年 3 月 K164＋790～K164＋900 护坡曾经发生过坍塌，由黎湛线复线指挥部安排“路基水害整治工程”，于 2001 年 5 月 20 日开工，2001 年 6 月 26 日竣工。K164＋790～K164＋900 护坡水害整治在工程设计、审批、施工、竣工、验交等环节均存在问题：

(1)设计：仅有一张徒手画的草图（图纸附后），图上未标注设计单位及人员，图纸涂改多处，如将护坡厚度 50 cm 改为 30 cm 等。该处是发生坍塌后的水害复旧工程，坍塌时中断行车，理应引起高度重视，但设计及不严肃。

(2)审批：该工程办理过工程变更，在无正规设计的情况下，监理单位（柳州铁路监理公司）、建设单位（黎湛建指）均签字盖章同意，把关不严。

(3)施工：该工程由湛江铁路工程公司施工，在竣工图上签字的人员有 3 人，但 3 人均未参与该工程的施工和验收，仅有公司经理到工地检查过一两次安全和质量，工程仅安排几名职工带民工队伍完成。施工单位自己设计、自己施工、自己验交，施工质量无人把关。监理部门和建指的施工质量监管严重不力。

3. 设备管理单位存在的问题。设备管理单位南宁局玉林工务段存在以下问题：

一是对严峻的防洪形势认识不足，对安全隐患没有及时排查。进入 6 月份以来，南宁局各地先后遭遇 2 次较长时间的连续强降雨，多次发生险情. 尤其是南昆、黔桂、焦柳、湘桂线灾害特别严重，而黎湛线虽然也经受了 2 次强降雨，但并未出现严重灾害。设备管理单位玉林工务段认为黎湛线是较安全和较放心的线路，以至于对黎湛线持续降雨的情况，没有引起足够重视，反应不敏感，没有及时采取应对防范措施。

二是没能对已经饱和的高堤深堑、土质情况做出深入细致的检查和防范。特别是6月17日23时26分43021次运行至黎湛下行线玉林二场至米场间K163＋900处时司机发现左侧路堑边坡有石头滑落，路局安监室立即通知玉林工务段一定要查明原因，以及工务巡道工是怎么巡查的，为什么未能及时发现等。并要求将情况上报。但玉林工务段仅把17日16时03分至19时30分陆川车间技术员和米场工长检查K160＋500～K174＋500的简单情况上报，没有按要求查明原因、举一反三、采取应对措施，加大安全防范力度。6月17日K163＋900发生的路堑边坡坍塌已经敲响了警钟，但仍没有引起玉林工务段领导的足够重视，对挡墙、护坡、排水设施和附近山体的稳定可靠性仍未进行认真排查，防洪工作麻痹大意、反应迟钝，安全责任意识淡薄，对安全隐患没能及时排除。

三是巡道制度未能及时调整补强。6月份已经发生了连续2次强降雨，该段对巡道班制未及时进行调整。防洪工作抓不住重点，对高堤、高堑、高挡墙缺少检查。

四是干部作风不深入，工作布置多，检查落实少。5月25日工务处组织4个工作组分别到4个工务段开展防洪大检查活动，明确了检查内容和量化要求。而到玉林工务段的检查组未按规定完成检查数量，如规定到每个工务段地面检查天沟不少于4处、涵渠不少于4处，该检查组仅完成天沟1处，涵渠2处；有的检查组成员未到现场参加检查。

五是管理制度不完善、标准不全。南宁局工务处、玉林工务段对防洪检查特别是雨后检查的检查项目、内容、标准、周期等不明晰，没有针对实际制订可操作性强的安全检查表。如“雨后检查”为雨后多长时间检查，概念不明确，随意性大。段建立的路基病害登记台账不规范，车间、工区按规定未建立路基病害检查登记簿，对路基病害的检查无检查记载，日常检查情况无台账记录可查。雨量观测统计记录时间不统一，造成雨量数据不一致。工务处为每日 6 时至次日 6 时；工务段为每日 8 时至次日 8 时；玉林工务段陆川车间为每日 18 时至次日 18 时。

五、采取措施

1. 深刻汲取“6.30”事故教训。牢固树立防大汛、抗大灾的思想，充分预想，超前准备，坚决确保不断道、断道不翻车。机务、工务、调度系统要加强与当地气象、水利部门的联系，及时、准确掌握管内雨情、水情、库情变化，加强对灾害性天气的预警预报，提前做好应急准备，进一步完善雨后检查制度。要组织专业技术人员对度汛隐患处所进行一次拉网式彻底排查整治，尤其要加强对新筑路基、天沟侧沟、高堤深堑、危岩落石、堰塘水库等关键处所的排查整治。

2. 加大汛期的检查和防范力度。结合“6.30”事故暴露的问题，迅速组织对 12 m 以上的路堑，制定出更为具体、更为详细、更具有针对性的看护防范措施和办法。针对不同的线路区段、不同的地质条件、不同的隐患情况、不同的危害程度，区分情况、区别对待，实行“一段一治”、“一处一治”，看死防住。对所有度汛薄弱处所，大雨以后三天内，段、车间干部要带队逐处记名检查，坚决杜绝类似“6.30”的事故发生。

3. 加快推进水害复旧，防止发生新的灾害。严格落实雨天行车办法以及干部添乘检查、线路责任包保、危险地点看守、雨中雨后巡检等防洪管理制度，进一步修订完善三级雨量警戒制度和雨量警戒值，以整个降雨过程为标准，按照规定，增加人员，加强巡查，提高巡查和防止事故的频次和效率。加强调度指挥，调度人员要随时掌握天气和线路状况，严禁冒险放行列车，机车乘务员要加强瞭望，情况不明时要果断停车，确保汛期行车安全。

4. 增强建设单位安全责任意识。要加强施工的监控，特别是对施工单位更改设计要严格程序，不符合规定的要坚决予以制止。要严格施工方案与设计方案的对比审查，杜绝此类事情再次发生。同时，严格审查监理单位的资质，加强对监理过程的监管，对不发挥作用的要坚决取消其监理资格。

5. 加强防洪工作的指导，落实责任制。工务处要制定防洪检查的项目、内容、标准、周期及安全检查表。工务段要将防洪检查纳入干部量化检查、考核内容，实行干部包保，建立"段—车间—工区"三级记名检查，落实检查责任。

6. 强化路基设施的管理。按照《铁路路基大维修管理规则》，完善路基病害检查、检测、维护管理制度，加强对路基设施日常检维修工作。对路基病害要列出整治计划，明确责任人，限期整治。

173

大庆站器材2线调车车列与摩托车相撞较大事故

一、事故概况

2008年10月2日9时20分，哈尔滨机务段$DF_5$1928号调车机车在大庆站二班执行1号调车计划，11时31分作业至第14钩推进9辆去器材2线挂3辆，运行至大庆油田物资集团物流公司器材2线平过道时，一辆摩托车（车号：黑M83484，两轮）突然上道，刹车不及侧翻后钻入车列运行方向前方第一辆车（C_{64K}4884939）两台车中间，调车车列立即采取紧急停车措施。摩托车上3人中2人当场死亡，1人重伤，经抢救后无效死亡。构成铁路交通较大事故。

二、事故原因

1. 由于摩托车驾驶人违反《中华人民共和国道路交通安全法》第38条的规定，没有按照该平过道灯光报警器当时显示的状态在平过道前停车，超速行驶，刹车不及，侧翻后滑入第一辆车下。

2. 摩托车驾驶人违反《中华人民共和国道路交通安全法》第十九条的规定，无证驾驶机动车。

3. 牌照黑 M83484 登记是“新大洲”牌 90 型灰色两轮摩托车，与肇事机动车型号不符，系假牌照，违反《中华人民共和国道路交通安全法》第八条的规定。

4. 三人均没有戴安全头盔，违反《中华人民共和国道路交通安全法》第五十一条的规定。车上搭乘 2 人，超员乘坐。

5. 大庆市庆客隆连锁商贸有限公司没有告知劳动者在大庆油田物资集团物流公司作业中，需经过厂内道路与铁路交叉平过道的工作条件，违反《中华人民共和国劳动合同法》第八条的规定。

6. 大庆市庆客隆连锁商贸有限公司没有告知作业人员作业场所平过道的危险因素，违反《中华人民共和国安全生产法》第三十六条的规定。

7. 大庆油田物资集团物流公司对库区内租赁企业及机动车管理不严，没有认真履行与大庆站签订的《专用线安全协议》有关规定。

三、事故责任

摩托车驾驶人负事故主要责任；摩托车 2 名乘坐人负事故重要责任。

四、事故处理

1. 鉴于事故责任者 3 人已在事故中死亡，免于责任追究。

2. 大庆市庆客隆连锁商贸有限公司日常对员工管理、教育不到位，应负相关管理责任，按照《劳动合同》及国家相关法律法规的规定，与 3 名死者家属共同妥善处理善后事宜。

3. 根据大庆油田物资集团物流公司与大庆站签订《专用线安全协议》的规定，由大庆油田物资集团物流公司负责赔偿这起事故对哈尔滨铁路局造成的经济损失 58 067.00 元。事故损失费用由大庆车务段负责收缴列支。

174

鹰厦线46322次货物列车脱轨一般B类事故

一、事故概况

2007年9月19日3时59分，福州机务段$SS_3$4047号机车牵引46322次货物列车（编组44辆，总重3 029 t，换长54.3）运行至南昌局鹰厦线华安—绵良间K653＋254处，运行方向机后第17位车辆前台车第一根轴右侧轮爬上钢轨，在K563＋250处落下轨面，走行25 m后前台车第二根轴脱轨，同时导致机后第16位车辆后台车脱轨。经组织救援，线路于6时41分开通，于7时01分恢复行车。构成铁路交通一般B类事故。

二、原因分析

46322次货物列车机后17位车辆X_{6A} 5202390（成都铁路局贵阳车辆段段修）运行方向前转向架第一轴的承载鞍磨耗超过段修限度，导框与承载鞍内侧间距加大，转向架上、下心盘纵向磨耗超过段修限度，造成该转向架曲线抗脱轨能力下降。由于脱轨地点为250 m小半径曲线，脱轨前100 m内有9处轨距下限接近超限，线路几何尺寸存在缺陷，加剧了轮轨间横向作用力，致使机后17位车辆脱轨。

三、事故责任

南昌铁路局在事故调查中，未按《事规》规定程序组织调查，现场勘察不认真，定责分析不全面，未按规定如实提供列车脱轨真实情况，错误认定机后16位车辆为第一脱轨车辆，在12小时内没有通知相关单位参加事故调查，根据《事规》第六十五条之规定，定南昌铁路局安监部门主要责任。

经铁道部重新调查纠正，该起列车脱轨事故的真正原因是由于机后17位车辆段修质量不良，加之小半径曲线存在几何尺寸缺陷而造成，根据《事规》第六十六条的规定，定成都铁路局车辆部门负同等主要责任，南昌铁路局工务部门负重要责任。

四、事故教训

1. 修车质量不高，工艺标准不落实。通过对事故的调查分析，车辆施修单位在厂修作业中严重违反铁道部《铁路货车厂修规程》，造成该车在质量保证期内多处出现严重的质量问题，为事故发生埋下隐患。

2."三检一验"把关不严。车辆施修单位对转向架检修重点部位的关键尺寸卡控不到位，甚至存在承载鞍异型混装现象，多处关键尺寸严重超限，造成车辆失修现象严重。

3. 脱轨车辆机后第17位 X_{6A} 5202390 车辆是未经改造的转8A转向架，安全保障能力低，运行品质差，也是导致脱轨因素之一。因此，加速货车提速改造更为重要。

4. 列检标准化作业亟待提高。"9.19"列车脱轨事故的发生，也反映了列检作业中存在的问题，脱轨车辆 X_{6A} 5202390 心盘磨耗过限，导框挡边内侧磨耗两侧之和超限，上述故障虽不在列检作业范围内，但现场作业人员未牢固树立大安全思想，缺乏"无功就是过"的意识，错过了发现故障、防止事故的最佳时机。

5. 安全意识淡薄，对铁路第六次大提速认识不到位。该车辆于2007年7月9日进行段修，运行2个月时间导框挡边内侧面磨耗就超检修限度1倍以上，心盘磨耗严重，反映出检修工艺及标准落实上不到位。在质量保证期内未能保证列车运行安全，给铁路提速安全造成极坏影响，严重扰乱了铁路运输秩序。

目前路局正按照铁道部《铁路交通事故调查处理规则》要求进一步做好事故报告工作。

175

川黔线25008次货物列车脱轨一般B类事故

一、事故概况

2008年1月1日，本务机车 SS_{3A}0226、重联机车 SS_{3A}0565 牵

引 25008 次货物列车(编组 38 辆,总重 3 011 t,换长 50.0)运行至遵义南—遵义间,撞上放置在钢轨上的“U”形砼电缆槽板,本务机车运行端第一轮对在 K272+632 运行方向左侧爬轨后,在 K272+631 处脱轨,列车停于 K272+364 处。造成脱线机车 SS_{3A}0226 轮缘挤坏 4 个,第 5、6 轮齿轮箱挤坏,Ⅱ端扫石器、砂管挤坏,排障器切割损坏;损坏钢轨(25 m)2 根、P60 连接夹板 24 块、P60 接头螺栓 80 套;损坏Ⅲ型弹条 126 个、Ⅱ型枕 35 根、Ⅱ型枕扣件 70 套、防脱护轨 140 m。中断正线行车 4 小时 02 分。构成铁路交通一般 B 类事故。

二、原因分析

根据现场调查分析,认为导致该事故的主要原因是由于重庆汇源电力安装有限公司擅自在铁路保护区内施工,并在铁路线路旁堆放施工需要的 U 形电缆槽板,且疏于管理;贵阳工务段对在铁路安全保护区内挖沟施工、在铁路线路旁堆放材料监管不到位;上述两方面原因造成不懂铁路安全常识的当地小孩将铁路旁边堆放的电缆线 U 形水泥槽扣放在钢轨上,致使 25008 次货物列车碾压后脱轨,构成行车事故。

三、事故责任

重庆汇源电力安装有限公司负事故主要责任;贵阳工务段负事故同等主要责任;遵义市红花岗城市建设投资经营有限公司负事故重要责任。

四、事故教训

1. 施工单位施工安全管理不到位。施工单位重庆汇源电力安装有限公司铁路交通安全意识淡薄,施工安全管理薄弱,严重违反《铁路运输安全保护条例》有关规定,没有得到铁路相关部门和单位同意,擅自施工。

2. 施工单位对在铁路保护区内堆放的材料无人看管,导致小孩将电缆线 U 形水泥槽扣放在钢轨上,造成事故的发生。

3. 贵阳工务段安全防范意识薄弱。元旦期间放松了对安全保护区内违章施工的监管，以致当施工单位无计划擅自施工时，未能及时发现和制止。

4. 川黔线遵义—遵义南区段路外安全管理有待进一步加强。大量的行人在铁路上行走、玩耍，一直以来是路外安全和治安的重点。铁路公安机关及相关部门、单位虽然采取了一系列措施，但由于铁路沿线居民住地分散，当地居民普遍文化素质不高，法制宣传工作效果还不够理想，当地相当部分居民法制观念淡薄，以致一些危及铁路运输安全的行为屡禁不止，屡打屡犯。

五、采取措施

1. 责成重庆汇源电力安装有限公司立即停工整顿，认真深入分析事故原因，吸取教训，对事故有关责任人严肃处理，并于1月10日前将事故调查分析处理报告报路局。对全体干部职工加强铁路安全教育，提高安全意识，切实加强施工安全管理。进一步完善施工方案，细化安全措施，签订安全协议，待路局检查、审核合格，相关手续完备后方可复工。

2. 将该事故立即通报全局，要求各部门、单位认真吸取事故教训，举一反三，严格落实《铁路运输安全保护条例》、《铁路营业线施工及安全管理办法》(铁办[2007]186号)及营业线施工的各项规章制度和安全措施，切实落实各项责任制，加强施工现场作业控制，确保运输安全。

3. 对管内涉及铁路安全保护区内的各类施工进行全面清理，从施工方案制定、安全协议签订、应急预案制定、施工现场组织和管理、施工交验把关等方面进行全面检查，发现施工安全隐患要责令施工单位立即纠正，严重危及行车安全时责令其停止施工。同时，要加大对路外建设项目涉及铁路营业线安全施工的监督检查力度。

4. 加强路地协作，进一步加强治安整顿。认真履行《铁路运输安全保护条例》赋予的执法职能，对各类危及铁路运输安全的违法犯罪行为实施坚决打击，切实解决铁路沿线治安突出问题。同时，积极主动地加强与地方政府的联系，完善定期联系和定期通报制度，在已建立的地、市、州级工作关系基础上，进一步加强联系和沟通，争取地方政府的理解和支持。要进一步加大《铁路运输安全保护条例》宣传力度。公安、宣传、运输、安监等部门及相关站段单位要把爱路护路和创建平安铁道的法制宣传教育作为治本的基础工程，各单位、各部门协同动作，充分利用标语、专栏、广播电视等宣传媒介，以案说法，广泛深入地引导铁路沿线群众知法懂法，自觉守法，为铁路运输安全创造良好的外部环境。沿线铁路职工要积极支持和参与铁路安全保护区的宣传工作，对在铁路行走、玩耍闲杂人员要及时清理，耐心教育，自觉维护铁路运输安全。

176

沪昆线 13022 次货物列车火灾一般 B 类事故

一、事故概况

2008 年 9 月 4 日，向塘机务段 SS_4 6022 号机车牵引 13022 次货运列车（编组 53 辆，总重 4 199 t，换长 71.0）由株洲北站始发，11 时 20 分，列车以 59 km/h 的速度通过温家圳车站时，助理值班员发现机后第 25 位棚车（车号为 P_{64GK} 3467418）车门、车窗处冒浓烟，即刻呼叫司机停车，11 时 22 分列车停于在南昌局沪昆线上行 K756＋800 处。车站工作人员，当地消防部门迅速组织扑救，13 时 35 分由 51040 次机车将棚车（车号为 P_{64GK} 3467418）调至温家圳车站货场 1 道做进一步处置，处理完毕后的 13022 次于 13 时 18 分牵引前部车辆 24 辆继续运行。车辆小破 1 辆；货物成捆皮棉高温炭化 231 件。中断沪昆上行线行车 2 小时 13 分。构成铁路交通一般 B 类事故。

二、原因分析

这起火灾事故的原因属货物自身属性所致。事发后经对装载货物皮棉提取物交江西省标准检验局检测，皮棉回潮率为 10.48%，含水量大，产生热量。当热量不断增加，在积热不散的情况下，产生自燃。新疆建设兵团棉麻公司对所装皮棉的自燃属性没有安全预想，没有制订相关安全措施，是造成这起事故的主要原因。

同时，货物包装用铁丝捆绑，铁线结扣的余尾过长，也可能引发摩擦打火现象。乌鲁木齐铁路局在货物承运时没有引起重视，也未提出安全隐患整改意见，是造成这起事故的次要原因。

三、事故责任

新疆建设兵团棉麻公司负事故主要责任；乌鲁木齐铁路局负事故次要责任。

四、采取措施

1. 牢固树立安全第一，预防为主的指导思想，始终把列车运行安全作为重中之重，做到超前预想，超前防范，确保铁路运输安全目标的实现。

2. 严格接发列车作业标准，接发车人员站在规定地点接送列车，注意列车运行和货物装载状态，发现货物装载状态有异状时，及时处理。

3. 卡控货运入口关，严格执行运输包装质量标准。

4. 严格按方案装车，货运人员加强对货物的监装、监卸，尤其是对危险品、易燃、易爆品运输，认真执行铁道部有关规定，加强监督检查，确保货物运输安全。

177

西康线接触网承力索和馈线烧断一般 C 类事故

一、事故概况

2007 年 12 月 3 日 4 时 30 分，西康线田王—纺织城区间 K31＋910 处 123 号～126 号支柱间 1 号双馈线烧断落地，124 号～125 号支柱间承力索烧断落地，波及范围 120 号～136 号共有 16 个跨距、半个锚段 735 m 及承力索、定位器、吊弦偏移；124 号～125 号跨中承力索、纺织城变电所 1 号馈线断线，将 122 号至 128 号共有 7 处馈线肩架闪弯，并造成 124 号～125 号、130 号～131

号跨线桥下馈线4根支持瓷瓶折断。中断供电218分。构成铁路交通一般C类事故。

二、原因分析

西康线田王－纺织城区间供电接触网124号～125号跨中(K31＋900),因不法分子盗窃跨线桥上方通信电缆(50mm² 钢绞线悬挂两根HYA200x2x0.4/通讯电缆),电缆剪断后搭在1号馈线和承力索上方,将承力索和馈线烧断,导致了事故的发生。

三、事故责任

列西安局非责任事故。

四、事故教训

1. 现场抢通意识不强,职工业务素质不高。由于西安供电段对较大事故,特别是曲线内侧多处断线的事故预想不够,加之平时未遇到此类故障,造成参加抢修的人员在现场采取的措施不力,办法不多,是导致抢修用时过长的原因之一。

2. 抢修轨道车出动遇到影响时,应急方案不力。事故发生后,由于纺织城轨道车受列车影响不能从纺织城直接赶赴事故现场,虽然通知了窑村及东站网工区出动抢修,但非设备管理工区因对该区段设备、道路不熟悉,到达事故现场用时过长,对事故的及时抢修造成了一定影响。

五、采取措施

1. 及时将"12.3"事故通报全段,结合安全生产专项整治活动,在全段开展"查设备、查外部环境、"的两查活动,通过活动的开展,提高全段干部职工安全防范意识,牢固树立安全第一的思想,针对查出的问题,制定出相应的整改措施,并予以积极整改,达到举一反三、吸取教训的目的。

2. 组织有关人员对管内接触网线路上方的设备进行一次认真调查,弄清跨线桥附近的附加设备和跨越接触网的电力、通讯线路等,明确设备所属单位、电压等级和联系方式,并建立好台账,做到心中有数。

3. 对管内的公路方向等情况进行一次调查，画出抢修道路示意图，下发全段管内各个班组进行学习，尽快熟悉临近班组设备的环境情况，为以后的事故抢修提供方便，达到压缩事故延时，减少对铁路运输干扰。

4. 组织有关人员细化西康线及特殊区段断杆断线的接触网抢修预案，下发各班组认真学习，提高他们的业务素质及非正常情况下的抢通和应变能力，大力压缩较大事故的停时，减少对铁路运输秩序及安全生产的干扰，进而保证铁路运输的畅通。

178

成昆线 85102 次货物列车火灾一般 C 类事故

一、事故概况

2007 年 12 月 21 日 0 时 36 分，成都机务段本务机车 $SS_3$4373 号、重联机车 $SS_3$5196 号牵引 85012 次货物列车（编组 44 辆，总重 3 754 t，换长 53.3）运行至成昆线阿寨站 1 道停车交会，1 时 37 分 5612 次旅客列车进阿寨站 3 道停车过程中，司机发现 1 道昆方尾部车辆下部冒烟并伴随有火星，立即用无线列车调度电话报告了阿寨站值班员。阿寨站值班员接到司机报告后，立即报告了列车调度员，并指派助理值班员到现场察看情况。阿寨站按列车调度员的安排，组织 85012 次列车进行尾部摘车作业，于 2 时 20 分将冒烟车辆（车号 P_{64A} 3423733，发站密地，到站许昌，品名烤烟）从列车尾部摘下，并断开 1 道隔离开关。经救援，于 8 时 50 分灭火。构成铁路交通一般 C 类事故。

二、原因分析

西昌铁路公安处出据《火灾原因认定书》（西公消认〔2007〕第 1 号）认定火灾事故原因是：烤烟含水量变化、堆积、通风等因素，微生物活动发热，致使其分解，继而温度升高，最后引起烟草自燃。

三、事故责任

四川省烟草公司攀枝花公司负事故全部责任。

四、事故教训

1. 对易燃货物托运单位，不按规定进行检验、装载，留下事故隐患。

2. 承运车站把关不严，检查不细，安全意识不强，特别是对易燃、易爆货物运输把关不严，货物运输安全管理上存在问题。

3. 对易燃易爆在运输过程中，监管不力，无有效预防措施。

4. 事故暴露在运输过程中发生火灾等情况后，许多中间站缺乏应急救援的设备设施，延误救援时间。

五、采取措施

1. 将事故向全局通报，认真吸取事故教训，要求各车务部门加强对货主铁路运输安全知识宣传，提高货物在储运过程中的安全防范力度。

2. 路局组织各车务站段、公安消防部门对所有车站的消防水池、沙池、灭火机、消防栓等消防设施、设备进行普查，保证齐全有效。

3. 进一步强化火灾事故应急预案的定期演练工作，促进职工熟练掌握消防设施、设备的使用方法，提高应急处置能力。

179

湘桂线接触网塌网一般C类事故

一、事故概况

2007年12月28日3时54分，因湘桂线南宁—南化间K791+640处23号接触网下锚支柱的拉线被人为剪断，支柱从根部折断倾倒在铁路线路上，造成湘桂线南宁—南化间K791+420至K791+670处约250m左右接触网塌网，南宁至南宁南间214接触网馈线停电。7时59分恢复接触网供电，中断行车4小时05

分。构成铁路交通一般 C 类事故。

二、原因分析

经调查分析，事故原因为：由于南宁至南化间 23 号下锚拉线被盗剪断后，23 号支柱因受力不均在接触网的张力下，往南宁侧倾斜，造成其根部断裂，将接触网及承力索压在线路上构成塌网，又因 22 号至 23 号间接触网受断柱压载，使 20 号、49 号锚柱坠砣上升，致使被盗拉线的 36 号中心锚柱受拉倾斜，造成根部开裂。

三、事故责任

列其他。

四、采取措施

1. 加强设备巡检，发现有被盗现象除立即向公安机关报案外，需对被盗区段增加巡检次数。

2. 对被盗设备及时修复，若不能采取及时修复的必须采取相应的补救防范措施。

3. 完善接触网塌网的抢修预案，尤其是附挂供电线的接触网线路的倒闸，远离作业的抢修预案及安全卡控措施。

4. 提高应急组织能力，对事故现场的检查要全面细致，制定果断的抢通方案。

5. 加强职工培训，加强事故演练，提高职工个人及群体配合应急抢修的能力。

180

沪昆线 20038 次货物列车车辆车门脱落一般 C 类事故

一、事故概况

2008 年 1 月 11 日 10 时 48 分，向塘机务段 $DF_4$3855 号机车牵引 20038 次货运列车(编组 47 辆，总重 3 863 t，换长 63、3)运行至南昌局沪昆上行线 K1 007+500 处，机后第 17 位车辆（车号 3124003，发站：腊哈地，到站：连云港，品名：黄磷）左侧车门脱落。经调度安排列车于 13 时 13 分在芦溪站停车处理（车辆扣修，重新装门，货物倒装）后开车。构成铁路交通一般 C 类事故。

二、原因分析

事故主要原因是因为押运人员途中未关闭该车门，且车内门扣未扣，运行中，车门来回窜动，车门上挡铁被撞击后撕裂变形，失去定位，导致车门脱落。

三、事故责任

昆明铁路局押运人员负事故全部责任。

四、采取措施

1. 由昆明铁路局对事故责任单位进行处理。

2. 加强对押运人员安全知识培训教育，提高从业人员安全责任意识。

181

沪昆线接触网断线一般 C 类事故

一、事故概况

2008 年 1 月 21 日 22 时 41 分，贵阳机务段 $SS_3$0135 号机车牵引 10831 次货物列车运行至成都局沪昆线福泉站站内 1 道 K1871+616 处时，因接触网停电而停车（未过标）。经供电人员处理，于 1 时 26 分恢复正常运行。构成铁路交通一般 C 类事故。

二、原因分析

贵州省黔南州供电局管辖福泉水厂 10 kV 的输电线路受到凝冻灾害的侵袭，断落搭在接触网上，引起接触网承力索断线停电。

三、事故责任

列贵州省黔南州供电局非责任事故。

182

陇海线接触网倒杆一般C类事故

一、事故概况

2008年3月18日14时30分，河南省中牟县冯堂乡土墙村一村民，驾驶无牌号时风牌三轮运输车沿陕县高阳山景区道路行驶，由山顶下行至半坡，因没有保持安全车速致使车辆失控冲出路面及砖混护桩掉入郑州局陇海铁路线K831＋795处，砸坏防护网，撞断陇海线下行157号接触网支柱，侵入陇海线下行限界。造成1人重伤；铁路供电设备及封闭网等设施损坏。接触网停电1小时45分，中断陇海线下行行车。构成铁路交通一般C类事故。

二、原因分析

1. 河南省中牟县冯堂乡土墙村村民驾驶无牌号时风牌三轮运输车沿高阳山景区路下坡时，没有保持安全车速，通过“S”弯下坡道时操作不当，致使农用三轮运输车冲出路面，掉到陇海铁路上，撞坏铁路封闭网和接触网支柱，中断陇海线下行，构成铁路交通事故。

2. 陕县温泉度假区管理处在修建景区公路时，没有按照《公路交通安全设施设计细则》(JTG/T D81－2006)第4-6-2条“在现场安装路侧桩基式混凝土护桩前先打入钢管桩，钢管桩必须牢固埋入基座中，并与混凝土护栏连成整体；座椅式护栏应将护栏基础嵌锁在路面结构中……”的规定，安装路侧护桩时未与路面结构牢固连接，且高度、宽度、厚度均不符合技术标准，不能起到防护作用；同时，景区大门设禁止农用车、三轮运输车、货车通行标志，但景区管理人员仍然放行农用三轮运输车进入景区公路，也是造成这起事故的重要原因。

三、事故责任

肇事者负事故主要责任；陕县温泉度假区管理处负事故重要

责任。

四、采取措施

1. 根据《铁路运输安全保护条例》第二十六条的规定，给陕县温泉度假区管理处下发《安全整改通知书》，督促陕县温泉度假区管理处按照国家颁布的《公路交通安全设施设计细则》，重新修建高阳山景区公路路侧护桩，确保人民生命财产和铁路运输安全。

2. 给三门峡市政府和安全监督管理局发函，通报3月18日陇海铁路交通事故原因，要求地方政府采取有效措施，在防护设备完善之前，禁止各种机动车辆通过，避免坠落事故再次发生。

3. 安全监管办立即组织公安、工务等部门对辖区内公铁并行的防护设施进行一次全面检查，对危及铁路行车安全的问题和隐患督促有关部门和单位及时整治，防止铁路交通事故的发生。

183

内六线43014次货物列车碰撞水泥块一般C类事故

一、事故概况

2008年3月25日22时33分，六盘水机务段$SS_3$4525号机车牵引43014次货物列车(编组44辆，总重3 568 t，换长58.4)运行至内六线盐津北—临江溪区间，司机发现前方K211+910处道心中有异物，立即采取紧急制动(速度76 km/h)，列车停车不及与异物相撞，推移异物运行438 m停于K211+468处。停车后司机检查发现，道心异物为铁路上方公路挡墙溜坍的水泥块，重约300 kg，水泥块撞坏本务机车前端排障器后卡在排障器安装座下方。机车$SS_3$4525Ⅱ端排障器撞坏，扫石器变形，沙箱变形，D6右侧单缸制动器变形。22时35分，司机向临江溪站及行车调度报告请求救援，调度安排盐津站 28016 次本务机车赶赴事故现场担任救援，经相关单位全力组织抢复于 26 日 3 时 54 分开通区间。构成铁路交通一般 C 类事故。

二、原因分析

铁路左侧上方公路边坡挡墙及路面突发垮塌，泥夹石垮塌物 21 块侵入线路限界，最大垮塌物长约 1.5 m、高约 0.5 m、宽约 0.9 m 被运行机车撞上，导致事故发生。

盐津县盐井镇于 20 世纪 70 年代修建该公路，公路挡墙建于 80 年代，为盐津县盐井镇村民集资修建，该公路为乡村公路。该乡村公路设计标准低，路面宽约 5 m，边坡地质情况为强风化泥岩夹砂岩。公路挡墙厚度约 0.5 m，墙后填充物杂乱，设计标准低、挡墙厚度不足，且为干砌块石，施工质量差，加之近期连续降雨以及重载货车的碾压作用，造成挡墙发生突发垮塌，是事故发生的直接原因。

三、事故责任

盐津县盐井镇政府负事故全部责任。

四、采取措施

1. 由盐津县盐井镇人民政府对公路垮塌地段采取设置警示、限速、限载标志等，确保公路和铁路的运输安全。

2. 由铁路管理单位和盐津县政法委护路办共同对铁路沿线公路附属设施进行联合检查，对检查出现的问题按照“谁受益谁负责”的原则进行综合整治，在今年主汛期前整治完毕。

184

成渝线接触网接触线断线一般 C 类事故

一、事故概况

2008 年 4 月 11 日 8 时 56 分，重庆钢铁股份有限公司在成渝线大渡口－洛中子间 K490＋080 处，接触网 106 号～107 号支柱间跨线公路桥主梁翼板上的排水槽（L180 mm×180 mm×12 mm 的角钢制造）脱落（长 9 060 mm、重约 295 kg），打断接触网导线，造成大渡口—小南海接触网供电臂停电，掉下的接触网导线将 K490+3 号轨灼伤。经重庆供电段、重庆工务段、大渡口车站及重庆南派出所公安民警及时出动抢修，于 11 时 16 分恢复接触网供电。造成铁路交通一般 C 类事故。

二、原因分析

该桥排水槽局部剥离脱落（长度为 9 060 mm）砸伤接触网承力索，砸断接触线，烧伤钢轨是造成此次事故的直接原因。

三、事故责任

重庆钢铁集团公司负事故全部责任。

四、采取措施

1. 重庆钢铁股份有限公司重新设计制造安全可靠的排水系统。

2. 重庆钢铁股份有限公司目前正处在迁建长寿新区的重要阶段，对厂区内所有跨铁路线桥梁、管道，及其他设备要加强检查、检修、保障安全运行，杜绝此类事故再发生。

185

无锡北站接触网接触线断线一般 C 类事故

一、事故概况

2008 年 4 月 17 日 13 时 10 分，江苏江南交通实业有限公司在锡宜高速京杭运河特大桥二幅桥面间（间距为 2.5 m）搭设钢管脚手架时，一根长 2 710 mm、直径 50 mm 的脚手架钢管滚下，一端坠落在无锡北站 7 道停留的 36061 次货物列车机后第 31 位棚车（车号：P3105304）顶部，一端搭挂在电气化区段接触网上，造成无锡北站 7 道 97 号～99 号支柱之间接触网接触线断线。构成铁路交通一般 C 类事故。

二、原因分析

3 月 4 日，江苏江南交通实业有限公司与江苏锡宜高速公路有限公司签订锡宜高速京杭运河特大桥桥面拱梁油漆翻新工程施工合同，4 月 9 日开始擅自非法施工，且施工过程中作业人员严重违反《铁路运输安全保护条例》第二十三条之规定，在没有采取任何安全防护措施的情况下，在京沪线K1 318＋500 处上方锡宜高速京杭运河特大桥进行搭建脚手架，因脚手架钢管跌落，砸碰桥下京沪线电气化区段接触网，是造成本起事故发生的直接原因。

三、事故责任

江苏锡宜高速公路有限公司负事故全部责任。

四、事故处理

江苏锡宜高速公路有限公司承担全部事故经济损失；给予江苏锡宜高速公路有限公司行政处罚。

五、采取措施

1. 江南公司立即停工整顿，在未得到铁路相关部门（单位）同意，未签订安全协议，安全措施未制定和落实前，不得恢复施工。

2. 江南公司必须立即采取有效的安全措施，在停工整顿期间，防止桥上既有构筑物倒塌和坠落，对铁路运输安全造成危害。同时锡宜公司作为业主，必须加强施工安全监督管理。

3. 江南公司在停工整顿期间，对桥面上的施工器具、材料派专人看守、妥善保管。

4. 根据违反《铁路运输安全保护条例》行政处罚实施办法（铁道部令第 27 号）第二十四条规定，对江南公司进行行政处罚。

5. 无锡站、上海工务段、杭州供电段、上海维管段要深刻吸取这一事故教训，举一反三，眼睛向内，查找自身不足，提高安全防范意识，强化安全监督检查，发现有危及行车安全的隐患时要立即采取措施。

186

长白线2210次旅客列车碰撞混凝土块一般C类事故

一、事故概况

2008年4月24日22时36分，齐齐哈尔至大连的2210次旅客列车运行至长白线K152+363，撞上一混凝土块。构成铁路交通一般C类事故。

二、原因分析

根据走访调查、被撞物摆放位置、撞轧地点两侧摩托车轮胎印迹等认定，系推摩托车过道口人员利用脱落的混凝土块垫到钢轨外侧，方便推摩托车横越线路所致。

三、事故责任

列哈尔滨铁路局非责任事故。

187

沪春线D667次列车碰撞障碍物一般C类事故

一、事故概况

2008年5月16日13时10分，沪春线D667次动车组列车(上海车辆段CRH 013+027号，杭州机务段司机)运行至上海南—莘庄站间K3+870处时，与人为放置在铁路线路上的树桩、石块相撞，造成动车组故障停车。经抢修，D667次列车于15时54分开车。构成铁路交通一般C类事故。

二、原因分析

经查，造成本起事故的直接原因是16日12时30分左右，一男孩出于好奇从沪春线春潮下行立交桥西南侧围墙处攀爬进入铁路封闭线路内，在线路旁边绿化丛中将树根、砖头、青石等放在钢轨上，造成 D667 次列车通过时撞上树桩、石块。

三、事故责任

肇事者负事故全部责任。

四、事故处理

鉴于肇事者本人尚不满 18 岁，本起事故造成的直接经济损由其监护人按照《铁路交通事故调查处理规则》第七十六条规定承担全部费用，由公安部门依法对肇事者监护人进行行政处罚。

五、采取措施

1. 对沿线人民群众进行《中华人民共和国铁路法》《铁路交通事故应急救援和调查处理条例》等相关法律、法规的宣传。

2. 要加大对铁路线路的巡线防范工作，及时劝阻在铁路线路上的行人，维护铁路运输安全秩序。

188

宁启线 42842 次货物列车冒进出站信号机一般 C 类事故

一、事故概况

2008 年 5 月 20 日 17 时 35 分，在宁启线由新长公司 $DF_4$7684 号机车牵引的 42842 次货运列车由海安县站 6 道开出，计划进南莫站 3 道交会 T157 次旅客列车，17 时 58 分 42842 次列车进南莫站 3 道，于 18 时 00 分冒进上行 3 道出站信号机 265 m 后停车，并挤坏车站 3 号道岔。构成铁路交通一般 C 类事故。

二、原因分析

机车司机在 42842 次列车海安县站始发前检查第一位车钩联挂状态时，发现机后第一位车辆前端折角塞门处于半开状态，即将折角塞门打开，但未认真确认开放位置，反而将折角塞门关闭，且在列车运行中违章操作、应急处置不当，是造成本起事故发生的直接原因。

三、事故责任

新长铁路有限责任公司负事故全部责任。

四、采取措施

1. 新长公司要深刻吸取事故教训，进一步查找管理、设备、作业、治安防范、干部作风等方面的问题和隐患，举一反三，迅速采取有效措施，狠抓落实整改。同时，要按照有关规定，严肃追究相关人员责任。

2. 路局要提高认识，切实履行安全管理责任。眼睛向内，深入查找管理上，特别是对合资铁路监管上存在的问题，加强专业指导，加强安全监督检查力度。深入开展安全专项整治工作，突出行车设备质量、应急处置、作业标准、职工培训等关键环节，健全完善基础管理制度，全方位开展安全隐患的排查，全面提升合资公司安全基础，确保安全稳定。

3. 路局专业管理部门要引以为戒，强化安全关键控制，以站段、车间、班组安全管理和现场作业控制为重点，深入一线，不放过冷门死角，掌握情况，查找问题，督促整改。要组织力量，重点加强对安全基础薄弱、事故多发站段的检查、帮促。

4. 深入开展大反思、大检查活动，确保活动取得实实在在的效果。要深刻吸取“4.28”事故教训，充分利用“5.20”事故的反面教材，牢固树立“安全第一”思想，进一步规范安全基础管理，加快健全提速安全保障体系，采取果断措施，坚决打好安全翻身仗，全力确保全局运输安全持续稳定，为成功举办北京奥运会创造良好的安全环境。

189

菏泽站抢 70007 次货物列车火灾一般 C 类事故

一、事故概况

2008 年 5 月 23 日 8 时 55 分，济南西机务段 DF_{4B} 9262 号机

车牵引抢 70007 次货物列车接近菏泽站时，菏泽站助理值班员发现列车尾部冒黑烟，8 时 57 分菏泽站 7 道停车，8 时 59 分扑灭明火。造成装载的汽车左侧后轮 4 个轮胎外胎烧坏，装载车辆平板车木底板轻度烧损。经列检、货运、押运人员检查，确认车辆技术状态和货物装载加固情况符合运行标准，车站组织押运人员上车。抢 70007 次 10 时 21 分从菏泽站开车。构成铁路交通一般 C 类事故。

二、原因分析

1. 经调查组的调查和现场勘察，起火原因排除治安问题和列车以外火种及货物与车底板摩擦等造成，认定系押运人员违反规定吸烟乱扔烟头所致。

2. 经调查核实，双桥站所属的大红门站承运该车的货物运单，没有押运人姓名、证明文件和签收的记载。违反铁道部《铁路货物运输规程》第 18 条和《关于加强提速区段押运人管理的通知》(铁运电〔2007〕87 号)第 1、2 条的规定。

三、事故责任

押运人(北京佑胜建筑机械拆除有限公司)负事故主要责任；北京局双桥车站负事故同等主要责任。

四、采取措施

1. 认真贯彻落实铁道部关于加强抢险救灾物资运输安全的一系列文电要求，严格货物受理承运把关。

2. 各站要认真执行《关于加强提速区段押运人员管理的通知》(铁运电〔2007〕87 号)要求，加强对押运员的管理，发站要建立健全押运人员安全管理档案，对押运人进行安全注意事项教育，告知押运人须知及有关要求，并按规定着装，履行押运职责；货检站对在站作业的车辆，认真进行货物装载加固检查，对有押运人的车辆，要认真检查押运证件及押运行为，对不执行押运须知及不按规定着装的，要责令其改正，凡不听劝告押运的，要及时清理下车，同时，要电报通知发站和发局。

3. 加强事故信息管理，确保事故信息畅通，事故发生后第一时间掌握事故概况，初步原因，人员伤亡，影响程度等情况，及时向上级主管部门提供可靠有效事故信息。

190

陇海线57055次货物列车装载货物撒漏一般C类事故

一、事故概况

2008年7月12日20时58分，西安至北京西T44次旅客列车，运行到西安局陇海上行线零口至渭南间，与下行线通过的57055次货物列车交会时，因57055次部分车辆车门变形关闭不密贴，中门、小边门存在缝隙，防撒漏衬垫不彻底，货物有撒漏，打坏T44次6号车厢（RW554399）2、3、4、5、7号包房、乘务间及厕所右侧车窗，共7块外层玻璃整块破损裂纹。构成铁路交通一般C类事故。

二、原因分析

经与武昌特派办共同调查分析认定，造成T44次旅客列车玻璃被打碎原因是57055次货物列车货物撒漏所致。

三、事故责任

陕西陕化化肥股份有限公司负事故主要责任；西安车务段监督检查不到位，负事故同等责任。

四、事故处理

1. 对负有管理责任的干部，按照路局安全责任追究有关文件办理。

2. 对相关作业人员，按路局"安质效"文件有关规定进行处理考核。

3. 陕西陕化股份有限公司，承担所有经济损失，停止其矿砟的发送业务，进行整顿。

五、采取措施

1. 强化专业管理。结合安全"大反思、大检查"，对货物装载加固货车使用方面存在的安全隐患进一步进行反思、排查，严格遵守《货车使用限制表》和铁道部关于货车使用的有关规定，禁止使用技术状态不良的货车，完善货车使用安全措施。

2. 强化监督检查。通过各种渠道、采用各种手段加强对货车使用状态的检查，特别是专用线、专用铁路托运人组织装车货车使用状态的检查，确保装一辆重车、保一路平安。

3. 强化装车质量。装车前严格车辆状态检查，对车门不密封的车辆，必须采取防漏补强措施，保证货物运行途中不遗漏；装卸作业完毕后，装卸车单位必须及时清理货车上的残货和杂物，挂车前车站应进一步检查、确认和处理，防止货物遗留的残货、杂物高速运行时飞起（散落）打伤人和设备，危及旅客列车安全。

4. 强化路企交接。严格落实专用线、专用铁路交接检查基本制度，杜绝装载加固不良、车辆技术状态不良危及运输安全的车辆进站、上线。

5. 强化安全责任追究。对于基本作业制度不落实、安全职责不履行的人员，严格责任追究。

191

京哈线接触网接触线断线一般 C 类事故

一、事故概况

2008 年 7 月 29 日唐山地区遭遇雷雨天气，5 时 15 分唐山供电公司卑家店至沙河驿 35 kV 供电线的 76 号杆塔 C 相导线因雷击断线落下，搭接到京哈铁路线 K191＋100 上、下行接触网上，造成下行线接触网接触线烧断，上、下行供电设备大面积受损。经天津供电段和唐山供电公司分别组织抢修，上行线 9 时 03、下行线 10 时 09 临时恢复供电。影响旅客列车 32 列，货物列车 12 列。构成铁路交通一般 C 类事故。

二、原因分析

唐山供电公司卑家店变电站至沙河驿变电站的 35 kV 供电线路跨越京哈线 K191＋100 上、下行线，遭遇雷雨天气时，76 号电力杆塔的C相导线被雷击断，导致75号～77号杆塔两跨导线落下搭接到京哈线上、下行线接触网设备上，是造成接触网接触线被烧断事故的直接原因。

三、事故责任

唐山供电公司负事故全部责任，并承担全部损失。

四、采取措施

1. 唐山供电公司对发生事故的线路要采取安全加强措施，并将跨越铁路的电力线路进行全面排查，有计划的进行安全加强，制定措施，防止类似事故再次发生。

2. 唐山供电公司要加强和铁路有关部门的联系，畅通信息渠道，进一步完善事故应急预案，最大限度地缩短事故影响范围和时间；唐山供电公司对跨越铁路的电力线路，要加强电力设备的技术安全保证措施。

3. 北京铁路局天津供电段要调查管内电力跨越情况，主动联系相关设备单位采取设备加强等措施。

192

陇海线巩义站接触网断线一般C类事故

一、事故概况

2008年8月6日15时34分，陇海线郑州—巩义间遭遇雷电天气，巩义车站西岔区地方供电局10 kV跨越铁路接触网的电力线受雷击后断线，搭落至接触网，巩义车站上行2道104～106号、下行9道103～105间跨中承力索断线。造成巩义车站2 km之内的接触网导线、承力索、吊弦及其他辅助装置损坏，车站54/56号道岔的电线盒及电缆烧损。影响上行行车1小时23分，下行1小时09分。构成铁路交通一般C类事故。

二、原因分析

该事故系强雷电活动先行击断地方电业局上跨铁路高压输电线路造成断线，后搭落铁路接触网引发接触网断线。

三、事故责任

巩义电业局负事故全部责任。

四、采取措施

1. 发生故障的巩义电业局高架电力线属既有线路,其电压等级低于铁路供电电压,按要求此线路不得高架跨越高于自身电压的铁路供电网。因早于陇海线铁路电气化改造,因此存在不合理因素。地方在大修时应采用下穿铁路站场。

2. 巩义电业局在临时恢复线路供电施工时,应加装避雷装置,减少发生雷击的可能。

193

陇海线装载火箭炮超限一般C类事故

一、事故概况

2008年8月6日,按照列车运行计划,91007次军用列车进郑州局陇海线宁陵县站5道待避T113次列车跟着开,21时39分宁陵县站助理值班员在一站台立岗接车时,发现91007次列车机后第8位NX_{17AT}5275776车辆装载货物部件异常,货物部件与同车组装载的同样货物相比顶部有明显翘起,危及行车安全,随即报告车站副站长,立即通过部队人员找其负责人梯队长共同检查,确认装载的火箭炮炮管有明显翘起,目测约1.5 m,列车不能继续运行。22时20分,副站长询问梯队长是否需要接触网停电,梯队长答复不需要停电,可以手动处理,由随车人员处理故障,在检测液压机压力过程中,火箭炮炮管又继续上升,22时25分炮管上升碰挂接触网,造成接触部位炮衣着火,车站值班员随即通知接触网工区停电。22时36分列车调度员下达23897号调度命令,宁陵县站至民权站下行供电臂停电,22时50分将明火扑灭。23时15分接触网工区人员赶到现场,对接触网接地后通知部队可以对火箭炮炮管进行处理,23时35分将炮管落下,8月7日0时12分恢复接触网供电,接触网停电96

分。后经军方确认列车可以继续运行，91007 次军用列车在宁陵县站于 8 月 7 日 2 时 14 分开出。构成铁路交通一般 C 类事故。

二、原因分析

1. 91007 次军用列车机后第 8 位 NX_{17AT} 5275776 车辆装载火箭炮炮管升起的原因是由于火箭炮在列车运行过程中内部机械锁闭装置故障造成的。

2. 开封站管辖的宁陵县站在事故处理过程中，没有坚持先停电，后处理。在装载的火箭炮距接触网高度不足 1 m 的情况下，处理翘起的火箭炮，危及人身安全，对扩大事故影响负有重要责任，开封站应深刻吸取事故教训，三天内写出事故报告上报铁路局。

三、事故责任

73037 部队负事故全部责任。

194

沪昆线接触网断线、塌网一般 C 类事故

一、事故概况

2008 年 8 月 9 日 17 时 25 分，湖南新化电力有限公司跨越沪昆铁路的横阳山—大石的 35 kV 电力线遭雷击断落在沪昆线横阳山—西河间上下行(K1 349＋150～K1 349＋200)接触网承力索上，导致上行接触网承力索烧断塌网、下行接触网承力索烧伤。造成西河—横阳山—团结山—安化间上下行接触网停电，并造成上行接触网 266 号杆腕臂损坏，承力索、吊弦损毁严重，自闭线路烧伤。经抢修分别于 19 时 18 分和 21 时 08 分恢复下行和上行接触网供电，影响 K191 次等上下行旅客列车 10 列及 10948 次等上下行货物列车 22 列。构成铁路交通一般 C 类事故。

二、原因分析

雷击导致湖南新化电力有限公司跨越沪昆铁路的横阳山—大石的 35 kV 电力线(实际为 10 kV)烧断后，坠落在横阳山—西河间上下行(K1 349＋150～K1 349＋200)接触网承力索上，造成上行接触网承力索烧断，下行承力索、自闭供电线路烧伤，西河变电所 213、214 断路器跳闸，重合不成功，造成接触网停电，是造成此次事故的直接原因。

三、事故责任

湖南新化电力有限公司负事故全部责任，并承担此次事故造成的全部直接经济损失。

四、采取措施

1. 湖南新化电力有限公司要按照“四不放过”的原则，认真分析事故原因，并做好跨越铁路电力线路的巡视检查，发现问题及时通报信息、及时处理，减少电力设备故障对铁路设备和运输的影响。

2. 长沙供电段要加强设备巡视检查，对接触网跨越线缆、桥梁及隧道设备进行重点检查，发现异常情况及时申请处理。

3. 长沙供电段要做好抢修预案的演练，提高非正常情况下的应急处置能力。

195

包兰线 22016 次货物列车火灾一般 C 类事故

一、事故概况

2008 年 8 月 21 日 1 时 48 分，迎水桥机务段 $SS_3$4319 号机车牵引 22016 次货物列车(编组 52 辆，总重 3 998 t，换长 69.9)在迎水桥车站开车，5 时 57 分到达玉泉营车站 4 道停车，计划待避 K916 次、会 10393 次后开车。6 时 10 分在玉泉营站 3 道的 10393 次列车(6 时 07 分到)司机发现 22016 次列车尾部第 4 辆冒烟，立即向玉泉营车站值班员汇报，车站值班员立即派助理值班员到现场进行确认，于 6 时 10 分向列车调度员汇报，按照列车调度员的指示于 6 时 20 分开始甩车。车辆中破；装载货物（棉包）完好 20 件，过烟 14 件，过火 46 件，过水 104 件。车站在 6 时 49 分拨打 119 向青铜峡消防中队报警，消防车于 7 时 31 分到达现场开始处理，10 时整灭火完毕。耽误旅客列车 2 列、货物列车 8 列。构成铁路交通一般 C 类事故。

二、原因分析

经兰铁公安局银川铁路公安处消防监督科、刑事科学技术室现场勘察和提取物痕迹取证分析认定：排除外来火种引发火灾和棉花自燃等因素，车内装载货物棉包打包不规范，棉包个别捆扎铁丝凸起高于棉包平面，棉包摆放不实，造成在列车运行中皮棉捆绑铁丝摩擦发热，引燃棉包，是引起火灾的直接原因。

三、事故责任

托运人新疆维吾尔自治区棉麻公司负全部责任，追究乌鲁木齐局库尔勒车务段同等责任。

196

阳涉铁路货运列车冲突一般 C 类事故

一、事故概况

2008 年 9 月 29 日 6 时 24 分，阳涉铁路 DF_{8B}5510 号机车牵引 D8 次货物列车（编组 51 辆，总重 4 570 t，换长 62. 9）和顺县站开车，7 时 10 分当列车运行至 K76＋600 时途停，司机向调度请求救援，调度员接到救援请求后随即发布了调度命令，命令 DF_{12}0047 号机车和顺县站开 58102 次进入和顺县站至泊里站区间执行救援任务。7 时 32 分 58102 次和顺县站开车，当时为大雾天气，能见度不足 15 m，7 时 45 分，救援机车运行至 K77＋435 处时，与 D8 次列车尾部相撞。损坏 D8 次尾部车辆（车号：C_{64T}4924118），末端车钩钩舌断裂，DF_{12}0047 号机车钩舌断裂。中断阳涉线正线 1 小时 05 分。构成铁路交通一般 C 类事故。

二、原因分析

58102 次救援列车进入区间后，违反《技规》第 302 条规定，在距被救援列车 2 km 时未按规定速度运行，使用列车无线通信设备与 D8 次列车司机进行联系不及时，是造成事故的主要原因。

D8 次列车在区间途停后，违反《技规》第 294 条规定，未在救援列车开来方向距列车不小于 300 m 处设置响墩进行防护，是造成事故的重要原因。

调度员发布调度命令时，违反《技规》第 181 条规定，未详细了解现场情况，对现场情况底数不清，在没有确认 D8 次司机汇报的停车地点是列车前部还是尾部、是否做好防护的情况下，就盲目发布了调度命令，是造成事故的另一重要原因。

三、事故责任

阳涉铁路有限责任公司负事故全部责任。

四、事故处理

1. 阳涉铁路有限责任公司按照该公司相关制度，追究公司相关负责人的领导责任。

2. 北京铁路安全监督管理办公室依法对阳涉铁路有限责任公司进行行政处罚。

3. 阳涉铁路有限责任公司对事故责任者及相关管理人员进行处理。

五、事故教训

1. 阳涉公司安全基础管理薄弱，职工业务水平较低，基本作业制度落实不到位，是造成事故的根源所在。

2. 救援列车乘务员没有认真执行雾天行车作业办法，盲目臆测行车，不加强瞭望，不按规定速度运行，没有高度的警惕性和强烈的责任心，造成相撞事故发生。

3. 等待救援列车乘务员未在救援列车开来方向距列车不小

于 300 m 处，设置响墩进行防护。同时，调度员发布调度命令时，未详细了解现场情况，对现场情况底数不清，都为事故的发生埋下了隐患，促成了相撞事故的发生。

4. 事故发生后，阳涉公司没有向北京铁路安全监督管理办公室报告，存在隐瞒事故的问题。

六、采取措施

1. 阳涉铁路公司要加强安全管理，眼睛向内，深刻吸取事故教训，狠抓作业标准，真正在抓落实上下功夫，做到一抓到底，举一反三，引以为戒。

2. 北京铁路安全监督管理办公室要加强对合资地方铁路的监管和事故管理，定期进行安全检查，帮助提高安全管理水平。

3. 阳涉公司要教育行车人员落实基本作业制度：机车乘务员接到命令后，必须互相确认区间公里、米数，并严格控制运行速度；机车乘务员、调度员遇有超载列车必须互相联控，按规定进行加补；调度员拟定发布命令时要严肃认真，对列车运行区间公里、米数做到心中有数；组织机车乘务员认真学习雾天行车作业办法，熟练掌握非正常作业办法，杜绝盲目臆测；请求救援本务司机，除及时向调度准确汇报发生途停时间、地点、公里、米数外，还应及时指派副司机按规定地点做好防护工作。

197

京包线 K177 次旅客列车触碰坠落的接触网一般 C 类事故

一、事故概况

2008 年 10 月 19 日 21 时 20 分，集宁机务段 DF_{4D} 3103 号机车牵引 K177 次（北京西开往银川；编组 17 辆，总重 939t，换长 40.6）运行至京包线苏集—古营盘间 K486＋578 处，刮碰被盗坠落的电气化接触网导线，司机采取紧急制动停于 K486＋663 处。

21 时 55 分施工单位和公安人员清理完现场，21 时 57 分开车。造成机车运行方向左侧瞭望窗玻璃碎裂呈网状。构成铁路交通一般 C 类事故。

二、原因分析

通过事故调查组和呼铁公安人员勘察现场、组织分析，认为导致事故的主要原因是：京包线苏集—古营盘间大包电气化接触网第 5 锚段导线，被犯罪嫌疑人从 153 号支柱腕臂定位线夹根部锯断，并盗走 11 m，导致两侧相邻支柱间导线失去张力，松弛下坠，侵入限界。被通过列车机车刮碰上，造成机车侧窗玻璃碎裂。

三、事故责任

呼和浩特铁路局公安局负事故主要责任；中铁电化局负事故次要责任。

四、事故处理

1. 呼铁公安局对集宁公安处、所属保安公司相关责任人员做出处理，上报铁路局。集宁公安处和保安公司对土贵派出所领导和责任保安人员做出处理：

(1)对负有领导责任的土贵派出所所长、教导员给予降职处分。

(2)对苏集至古营盘间 K485＋000～K488＋100 区段看守员 3 人予以辞退，并扣除当月工资。

2. 路局对中铁电气化局三公司大包项目部按照《呼和浩特铁路局营业线施工安全监管及责任追究考核办法》的有关规定，给予经济处罚 10 000 元。中铁电气化局三公司给予大包项目部经理、党工委书记罚款 300 元，给予责任人项目驻线民警 2 人罚款 500 元。

3. 路局对大包建设指挥部协调监管不到位，给予经济处罚 5 000元。

五、采取措施

1. 进一步加大铁路沿线治安巡查力度。铁路公安、保安、护路部门要针对电气化接触网挂线未开通使用的防盗关键时期，进一步加大沿线巡查力度，加强夜间的巡查力量和频次，对治安形势不好的地段更要加人、加岗，驻点监护，蹲点布控，有效防控割盗接触网设备的犯罪行为。

2. 进一步规范接触网设备看管监护机制。铁路保安部门要认真落实接触网设备的委托看护协议，严格按规定配足雇用看守队伍，提供必须的装备和防寒用品，挑选有责任心的人员担当保安工作；各公安所要加强对保安队伍的管理和指导，合理布控警务辖区的保安人员，明确巡查时段、频次等量化要求，实行类似巡道工的换牌巡守制度，保证防控工作不留死角和空当。电气化施工单位要加大费用投入，为增加看守人员，改善工作条件提供保障；同时要加强对保安人员履行看护责任的监督检查和监管考核，抽调内部力量加强现场巡查，不断增强电气化接触网设备的防控能力。

3. 进一步加强联控互控和信息沟通。公安局要将各派出所的值班电话印发给机车乘务员，列车运行中发现线路两侧有可疑人员，或巡守人员脱岗，及时报告公安部门；车站、工区等部门单位接到案情报告，要及时通知警务区公安民警和护路民兵，为铁路公安部门及时设卡，侦破案件，打击犯罪赢得时间。

4. 进一步加大危行案件的侦破打击力度。针对接触网被盗案件，公安部门要加强蹲守布控，对发案地区周边的非法收购点和小冶炼厂进行全面排查，增加刑侦力量，采取先进的技术手段，加快案件的侦破进度，严惩、严办犯罪分子，在社会上形成强大的震慑力，有效遏制盗窃铁路设备案件的发生。

5. 进一步加大铁路治安综合治理力度。安监、公安、综治、护路等有关部门要深入铁路沿线重点地区、重要区段和关键单位，充分利用广播、电视、报纸、安全宣传车等传媒，广泛深入开展爱路宣传；积极签订路地联控安全协议，强化公民依法履行维护铁路安全义务的普法教育，营造良好的运输安全治安环境；主动协调地方政府部门，形成全社会重视铁路安全、支持铁路安全、路地联手、群防群控的良好局面。

198

宝成线黄牛铺站烧损铁路设备一般 C 类事故

一、事故概况

2008 年 10 月 21 日 2 时 17 分，黄牛铺车站助理值班员发现上行咽喉区出现火光，同时控制台 1、Ⅱ、3、4 道及南北道岔区出现红光带、接触网停电，立即向值班员和副站长进行了汇报。经检查故障是由交通事故引起的，黄牛铺车站 6 号道岔下立交箱涵内一油罐车着火烧损铁路设备，影响正常使用。构成铁路交通一般 C 类事故。

二、原因分析

甘肃省庆阳市长丰运输股份有限公司车牌号为甘 M15538（挂车甘 M0361 挂）的液化气罐车行驶至 212 省道陇凤段 K156＋750（宝成铁路 K55＋223 下穿箱涵处，该箱涵为 2 孔，每孔 5.0 m，该处公路与铁路斜交呈“S“形下坡）处，由于液化气罐车在箱涵入口处侧翻，罐车和拖车分离、罐体撞上箱涵的中箱墙，造成液化气泄漏发生火灾。

三、事故责任

汽车司机肇事者负事故全部责任。

199

鸡西站脱轨车辆编入列车一般 C 类事故

一、事故概况

2008 年 10 月 27 日 22 时 40 分，鸡西站西场 10 道接入龙煤矿业集团鸡西分公司正阳煤矿矿出列车（K102 次）58 辆，经鸡西列检四班二组 8 人检查作业，22 时 55 分，工长巡视检查发现机后 3

位车辆 C_{62AK}4502698(厂修 05.04 二七厂，段修 08.04 上阜阳，辅修 10.15 棋)有脱轨痕迹，扣车鉴定。车辆在编入列车前已经脱轨。构成铁路交通一般 C 类事故。

二、原因分析

1. 龙煤矿业集团鸡西分公司正阳站专用铁道线路严重失修，30%的道钉浮离，不起作用，轨距严重超临修扩轨，是造成这起事故的主要原因。

2. 龙煤矿业集团鸡西分公司工务部门日常检查制度不落实，是造成这起事故的另一原因。正阳工务工区工长没有按照《铁路线路修理规则》定期检查线路，没有线路检查手册。

3. 龙煤矿业集团鸡西分公司管理层日常对专用铁道线路质量检查不到位，对线路安全隐患没有及时发现和处理。

4. 事故发生后，龙煤矿业集团鸡西分公司隐瞒事故，造成脱轨车辆编入列车，致使事故升级。

三、事故责任

龙煤矿业集团鸡西分公司负事故全部责任。

四、采取措施

1. 将事故通报全公司，吸取这起事故教训。

2. 要求龙煤集团鸡西分公司对管辖工务段进行整顿，完善各项管理制度及作业标准。

3. 要求龙煤集团鸡西分公司对管辖内线路质量全部检查一遍，对存在的问题立即进行整治。

200

沪昆线机车溜逸一般 C 类事故

一、事故概况

2008 年 10 月 28 日 13 时 30 分，娄底市西恩铁路运输有限公司 SY 1722 号自备机车(蒸汽机车)在西恩铁路专用线内因机车风泵故障无制动作用，机班在处理故障过程中，严重违反防止机车车辆溜逸的有关规定，防溜铁鞋放置不符合要求，导致机车发生溜逸。顺 7.6‰下坡道专用线溜逸 1 446 m，进入沪昆线胜昔桥站内安全线，撞上土挡后在 K 1218＋546 处脱轨。构成铁路交通一般 C 类事故。

二、原因分析

娄底市西恩铁路运输有限公司自备机车司乘人员在专用线内维修机车过程中，违反铁道部《关于印发〈防止机车车辆溜逸管理办法〉的通知》（铁运〔2006〕145 号文件）中第五章第二十三条、第三十四条："各类机车车辆的防溜措施，均须确认止轮牢固可靠，使用铁鞋防溜时，鞋尖应紧贴车轮踏面，牢靠固定"和"机车乘务员必须坚守岗位，不得二人同时离开司机室，并对车列和机车实施制动"的规定。在机车风泵故障，失去制动效能的情况下，两名机车司乘人员同时离开机车下车修理，司机室无人值乘，放置的防溜铁鞋未紧贴车轮踏面，安放不稳固，以致被溜逸的机车碰下钢轨而失去制动作用，导致机车发生溜逸后进入沪昆线胜昔桥站内安全线，撞土挡后脱轨，是造成此次事故的直接原因。

三、事故责任

娄底市西恩铁路运输有限公司负事故全部责任。

四、采取措施

1. 娄底市西恩铁路运输有限公司要按照"四不放过"的要求，组织召开事故分析会，认真分析事故原因，吸取事故教训，举一反三，深层次地查找安全隐患，并按照厂规厂纪给予事故责任人及有关人员严肃处理，杜绝类似事故再次发生。

2. 娄底市西恩铁路运输有限公司要完善作业标准，加强现场安全控制，切实加强职工的安全教育和培训，严格执行标准化作业制度，杜绝违章和简化作业的现象发生。现场作业必须严格执行铁道部《关于印发〈防止机车车辆溜逸管理办法〉

的通知》(铁运〔20006〕145 号文件)的有关规定,做好机车车辆防溜工作。

3. 娄底车务段要加强对厂矿自备机车作业的安全管理和监督检查,尤其要加强对机车车辆防溜等重点部位和薄弱环节的安全卡控。

201

阳涉线阳电 2 次货物列车冒进出站信号一般 C 类事故

一、事故概况

2008 年 11 月 4 日 3 时 15 分,阳涉公司 DF_{12}0043 号机车在阳涉线麻田至和顺间牵引阳电 2 次货物(空车 47 辆,总重 1 064 t,换长 56.4)从麻田镇开车,泽诚站 3 时 37 分通过,计划本次列车进粟城站 2 道停车,本次列车机车乘务员麻田镇站开车前,违章输入补机车次,改变了列车运行监控记录器的控制模式,解除了"运器"对列车运行的控制,运行中又由于机车乘务员精神不振、注意力不集中,未确认信号,导致列车于 3 时 58 分冒进粟城站 2 道关闭的出站信号,将 1 号道岔挤坏后停车。构成铁路交通一般 C 类事故。

二、原因分析

阳电 2 次列车司机开车前未按规定正确使用监控装置,错误输入开车车次,副司机监控工作不到位,运行途中,司机、副司机精神不佳,盲目臆测,违章蛮干是造成事故的主要原因。

三、事故责任

阳涉铁路有限责任公司负事故全部责任,中断安全成绩。

四、采取措施

1. 阳涉铁路公司要加强安全管理,眼睛向内,深刻吸取事故教训,狠抓作业标准,真正在抓落实上下功夫,做到一抓到底,举一反三，引以为戒。

2. 北京铁路安全监督管理办公室要加强对合资地方铁路的监管和事故管理，定期进行安全检查，帮助提高安全管理水平。

3. 阳涉公司要教育机车乘务员强化班前休息，确保当班精力充沛，出勤时有针对性开好小组预想会。加强运行中的互控、自控、他控的三控措施。正确使用监控装置，禁止盲目改变监控装置运行模式。机务中心运器分析人员应对退勤乘务员全程作业，进行检索分析，值班员应对退勤乘务员卡死关键，发现问题及时向值班主任汇报，进行处理。

202

陇海线 10414 次货物列车货物被盗坠落一般 C 类事故

一、事故概况

2008 年 11 月 11 日 22 时 23 分，10414 次货物列车装载货物电解铜块被盗，掀落车下砸坏信号设备，造成郑州局管内陇海上行线洛阳西—洛阳站间 6964G(上行二接近)后遗留红光带，6964 信号机点红灯。22 时 24 分，洛阳站电务值班人员接车站值班员通知，迅速赶到运转室确认故障现象后，立即通知电务维修人员及洛阳车间技术员等赶赴现场处理，23 时 16 分故障处理完毕。延时 53 分。构成铁路交通一般 C 类事故。

二、原因分析

直接原因为 10414 次货物列车装载货物电解铜块被盗，掀落车下砸坏信号设备所致。

三、事故责任

列郑州铁路洛阳电务段非责任事故。对郑州铁路公安局洛阳公安处按事故考核。

203

鹰厦线道路交通事故迫使列车停车一般 C 类事故

一、事故概况

2008 年 12 月 2 日 22 时 3 左右，地方一村民驾驶龙马牌农用车（闽 0870046）回村时，为避让路边小商店雨棚，车辆后厢右侧将鹰厦线 K476＋250 处接触网支柱撞裂、倾斜，下车检查后发现接触网支柱未倒，趁夜间无人发现，驾车逃逸回家睡觉。因 112 号接触网支柱设在 300 m 半径曲线上，撞裂的 112 号接触网支柱随着网线的拉力折断倒在线路上，并将电力网带断后停电。112 号（中锚柱）支柱折断，支持装置脱落，中锚绳、中锚辅助绳脱落，99 号～122 号定位向北偏移。46202 次列车司机运行至 K476＋600 处被迫停车。构成铁路交通一般 C 类事故。

二、原因分析

根据漳平派出所和地方交警现场勘察取证，造成这起事故的直接原因是漳平市和平镇和平村一村民驾驶车牌号为闽 0870046 的龙马车，后车厢门的插销因颠簸松动弹出，车厢后门打开刮到 112 号接触网支柱，造成支柱断裂倾倒。

三、事故责任

漳平市和平镇和平村该村民负事故全部责任，承担事故造成的全部损失。

四、采取措施

1. 鉴于鹰厦线 K476＋250 上行运行左侧前 46 m 处为 20‰的下坡道（机耕道），工务部门应将被村民破坏了防撞桩修复并延伸至 K476＋269 m 桥头处，以防止道路车辆对铁路设施设备的造成损坏而危及行车安全。

2. 公安护路部门要加强对线路两侧村庄和道路巡视的检查力度，发现铁路防护设施损坏、不全，应及时通知有关单位进行维修补齐。

204

阳涉铁路 D4 次货物列车冒进出站信号一般 C 类事故

一、事故概况

2008 年 12 月 16 日，阳涉铁路 DF_{8B}5511 号机车牵引 D4 次货物列车（编组 52 辆，总重 4 737t，换长 65.8）6 时 38 分和顺县站开车，运行至北亩站进站，信号显示双黄灯进入侧线 1 道准备停车。7 时 35 分，列车按规定速度进入站内 1 道中部停车，停车后，列车尾部未全部进站，司机将运器转入调车状态后，二次起动将列车拉入站内。起动后司机、副司机疲劳打盹，致使列车于 7 时 38 分冒进 1 道出站信号，进入安全线，机车撞上土挡。造成机车排障器损坏，安全线土挡被撞坏。构成铁路交通一般 C 类事故。

二、原因分析

列车进入北亩站 1 道停车后，2 次起动由于信号连续掉码，司机将运器转入调车状态，盲目改变监控模式；列车 2 次起动后，司机、副司机精神不振，盲目臆测，是造成事故的主要原因。

三、事故责任

阳涉铁路有限责任公司负事故全部责任。

四、采取措施

1. 阳涉铁路公司要加强安全管理，要眼睛向内，深刻吸取事故教训，狠抓作业标准，真正在抓落实上下功夫，做到一抓到底，举一反三，引以为戒。

2. 北京铁路安全监督管理办公室要加强对合资地方铁路的监管和事故管理，定期进行安全检查，帮助提高安全管理水平。

3. 阳涉公司要加大对当班乘务员监控装置的使用及退勤后的分析，加大考核力度。强化乘务员班前休息，确保当班精神集中。制定干部全天候包乘制度，抓好指导司机夜班的添乘抽查工作。

4. 杜绝盲目改变运器模式，乘务员退勤时，运器分析人员必须按规定程序进行分析，发现问题及时向值班主任汇报。

5. 尽快安装机车运行远程监控装置，加大监控力度。

205

京沪线接触网断线一般 C 类事故

一、事故概况

2008 年 12 月 26 日 9 时 14 分，镇江世创通讯技术有限公司施工人员在京沪线镇江南—三山间 K1 220＋700 处镇江市谷阳路二环上跨铁路桥上进行穿越光缆施工作业时，用于牵拉光缆的铁丝从桥上坠落，搭在京沪线上、下行接触网承力索上，导致上、下行接触网承力索短路烧断。经抢修上、下行线路分别于 10 时 40 分和 10 时 47 分恢复供电，电力机车在上行线 K1 220＋400～K1 220＋750 处、下行线 K1 220＋860～K1 220＋570 处降弓运行。共计影响 70 趟旅客列车特别是动车组列车运行晚点。接触网承力索抢修和修复以及更换钢轨直接费用 84.2111 万元。构成铁路交通一般 C 类事故。

二、原因分析

镇江世创通讯技术有限公司违反《中华人民共和国铁路法》第四十条、《铁路运输安全保护条例》第二十三条的相关规定，在未与铁路有关单位联系的情况下，擅自安排组长带领 5 名职工进行穿越光缆施工，因施工人员对用于牵拉光缆的铁丝未及时回收，置放不妥，有一根约 30 m 长的铁丝从双幅桥面间垂直于线路的空当中坠落，搭落在接触网承力索上，导致接触网发生短路烧损熔断，是造成本起事故发生的直接原因。

三、事故责任

镇江世创通信技术有限公司负事故全部责任。

四、采取措施

各设备管理单位要认真吸取事故教训，举一反三，严格执行《铁路运输安全保护条例》的有关规定，加强对铁路线路安全保护区范围内的各种设施状况和各类施工作业的检查监督。路局要组织相关产权单位全面排查隐患、落实整改措施，确保运输设备的正常运用和列车运行安全。